utb 6134

utb.

Eine Arbeitsgemeinschaft der Verlage

Brill | Schöningh – Fink · Paderborn
Brill | Vandenhoeck & Ruprecht · Göttingen – Böhlau · Wien · Köln
Verlag Barbara Budrich · Opladen · Toronto
facultas · Wien
Haupt Verlag · Bern
Verlag Julius Klinkhardt · Bad Heilbrunn
Mohr Siebeck · Tübingen
Narr Francke Attempto Verlag – expert verlag · Tübingen
Psychiatrie Verlag · Köln
Ernst Reinhardt Verlag · München
transcript Verlag · Bielefeld
Verlag Eugen Ulmer · Stuttgart
UVK Verlag · München
Waxmann · Münster · New York
wbv Publikation · Bielefeld
Wochenschau Verlag · Frankfurt am Main

Holger Lindemann

Einführung in die systemisch-lösungsorientierte Gesprächsführung und Beratung

Vandenhoeck & Ruprecht

Prof. Dr. Holger Lindemann ist Erziehungswissenschaftler, Supervisor, Coach, Organisationsberater und Mediator, zertifizierter Lehrender (SG/DGSF) für Systemische Beratung, Coaching, Supervision und Organisationsentwicklung. Er ist Professor für Entwicklungspsychologie und Systemische Beratung an der Medical School Berlin und Leiter des HafenCity Instituts für Systemische Ausbildung (HISA) in Hamburg.

Online-Angebote oder elektronische Ausgaben sind erhältlich unter **www.utb.de**

Mit 14 Abbildungen und 13 Tabellen

Bibliografische Information der Deutschen Nationalbibliothek
Die Deutsche Nationalbibliothek verzeichnet diese Publikation in der Deutschen Nationalbibliografie; detaillierte bibliografische Daten sind im Internet über https://dnb.de abrufbar.

Umschlagabbildung: Daniel Bauer
Abbildungen und Illustrationen: Holger Lindemann

Umschlaggestaltung: siegel konzeption | gestaltung, Stuttgart
Satz: SchwabScantechnik, Göttingen
Druck und Bindung: Elanders Waiblingen GmbH
Printed in the EU

Vandenhoeck & Ruprecht Verlage | www.vandenhoeck-ruprecht-verlage.com
E-Mail: info@v-r.de

UTB-Band-Nr. 6134
ISBN 978-3-8252-6134-4

Inhalt

Einleitung

Dieses Buch stellt die Grundlagen systemisch-lösungsorientierter Gesprächsführung und Beratung dar, die in allen Formen von Gesprächen genutzt werden können. Es ist eine kompakte Zusammenfassung zentraler Bestandteile der Lehrbuchreihe »Systemisch-lösungsorientierte Gesprächsführung«, die in Zusammenarbeit mit mehreren Kolleginnen und Kollegen für spezielle Handlungsfelder mit zahlreichen praxisbezogenen Beispielen, Übungen und Tipps entstanden ist. In diesen Lehrbüchern finden sich detailliertere Anleitungen für die Handlungsfelder Beratung, Coaching, Supervision und Therapie (Lindemann, 2023b), Schule (Lindemann, 2017a) und Kindertageseinrichtungen (Lindemann, Günster-Schöning, Lahrkamp u. Siller, 2021). Zusätzlich nimmt ein Band der Reihe die Mediation und Konfliktklärung in den Fokus (Lindemann, Mayer u. Osterfeld, 2023) und ein weiterer widmet sich den umfassenden Anforderungen an Führungskräfte im Bereich der Gesprächsführung (Lindemann, von Ameln u. Siller, 2023). Gleichgültig wie unterschiedlich die vorangehend aufgezählten Handlungsfelder und Schwerpunkte sind, gemeinsam ist allen der ihnen eigene zentrale Stellenwert der Gesprächsführung.

Diese Einführung ist für alle Personen geeignet, die Gespräche führen, die im professionellen Rahmen beratend tätig sind oder sich im Zuge ihrer Ausbildung oder ihres Studiums auf eine solche Tätigkeit vorbereiten. Der mögliche Einsatzbereich der hier vermittelten Kompetenzen umfasst pädagogische und psychologische Handlungsfelder ebenso wie die Arbeit in Wirtschaftsbetrieben, Politik, Behörden, Vereinen oder im Gesundheitssystem.

Die Einführung enthält die Grundlagen und Basistechniken sowie die zentralen 19 Bausteine der Gesprächsführung und Beratung, mit deren Hilfe sich unterschiedliche Gesprächssituationen individuell planen lassen. Mit einiger Übung dauern viele Bausteine oder einzelne Schritte nur Sekunden oder wenige Minuten. Sie können im Verlauf eines Gesprächs in verschiedenen Kombinationen genutzt werden. In der Regel sind nie alle Bausteine notwendig, wobei einige im Verlauf eines Gesprächs auch mehrfach genutzt werden können. Mit zunehmender Übung werden die erlernten Schritte zu einem Handlungsrepertoire, das frei variiert werden kann. Mit wachsender Erfahrung bildet sich ein eigener Stil heraus, der jede professionelle Gesprächsführung und Beratung kennzeichnet.

Sehen Sie die Basistechniken und Bausteine als Unterstützung für Ihren Lernweg. Sie dienen dazu, Gespräche zu strukturieren und praktische Erfahrungen zu reflektieren. Es ist ratsam, den individuellen Lernweg mit fachlicher Anleitung und kollegialem Feedback zu ergänzen. Eine umfassendere Übersicht systemischer Vorgehensweisen finden Sie in dem Lehrbuch »Systemisch-lösungsorientierte Gesprächsführung in Beratung, Coaching, Supervision und Therapie« (Lindemann, 2023b).

Gesprächsführung und Beratung unterliegen in den unterschiedlichsten Handlungsfeldern jeweils anderen Sprachgepflogenheiten. Je nach Kontext wird von Ratsuchenden, Kundinnen, Klienten, Patientinnen, Coachees usw. gesprochen. Diese Einführung verwendet durchgehend die am weitesten gefassten Begriffe Teilnehmende, Anwesende oder Beteiligte.

Um Leserinnen und Leser gleichermaßen anzusprechen, werden in dieser Einführung zwei Formen gendergerechter Sprache angewendet: Entweder werden beide grammatikalischen Geschlechter genannt oder es erfolgt – vor allem bei Aufzählungen – eine durchmischte Nennung (Randomisierung), in der mal die weibliche, mal die männliche Form gebraucht wird. In Beispielen wurde darauf geachtet, dass beide Geschlechter ausgewogen Berücksichtigung finden. Ohne Differenzierung der Geschlechter werden neutrale Begriffe wie Lehrkräfte, Gesprächsführung, Schulleitung, Teilnehmende oder Beteiligte verwendet, da sie immer die Funktion und keine konkrete Person bezeichnen.

1 Definitionen und Grundlagen

Die nachfolgenden Definitionen helfen dabei, die hier für die Praxis der Gesprächsführung vorgeschlagene systemisch-lösungsorientierte Grundhaltung zu verstehen.

1.1 Was ist Gesprächsführung? Was ist Beratung?

Gesprächsführung wird in dieser Einführung als Oberbegriff für alle Formen von Gesprächen verwendet, in denen mindestens eine Person eine strukturierende, leitende oder moderierende Rolle einnimmt. Dazu zählen etwa das therapeutische Gespräch, das Beratungsgespräch, das Konfliktgespräch, das Einstellungsgespräch, das Personalgespräch, das Verkaufsgespräch und dergleichen mehr.

Beratung gibt es in den verschiedensten Formen und mit sehr unterschiedlichen Zielsetzungen wie Erziehungsberatung, Familienberatung, Fachberatung, Organisationsberatung, Lebensberatung, Karriereberatung, Finanzberatung oder Studienberatung. Die Grundidee der Beratung ist, dass ein »Klient« oder eine »Kundin« einen Rat sucht und diesbezüglich eine Beraterin oder einen Berater beauftragt. Beratung hat immer einen mehr oder weniger festgelegten fachlichen Bezug. Familienberatung, Lebensberatung, Karriereberatung, Finanzberatung und Studienberatung sind häufig schon spezifischer auf bestimmte Themen ausgerichtet. Auch Beratungsformate wie Coaching, Supervision, Therapie, Psychotherapie oder Mediation lassen sich unter dem Oberbegriff Beratung zusammenfassen.

Beraterinnen und Berater sind zum einen Fachpersonen für Aspekte der **Prozessgestaltung** (z. B. Gespräche führen, Praxisreflexion, Fallbesprechungen, Gestaltung organisationaler Veränderung, Evaluation), zum anderen in der Regel aber auch für bestimmte **Inhalte** (z. B. Erziehung, Entwicklung, Verhaltensauffälligkeiten, Therapie, Migration, Medizin, Altersvorsorge, Finanzen, Hausbau, Ernährung).

Dem allgemeinen Verständnis von Beratung liegt zugrunde, dass Beratung durch unabhängige, neutrale und bestenfalls externe Beraterinnen und Berater durchgeführt wird. Das heißt, sie gehören nicht zu der Organisation, der Familie, der Schule usw., in der die Beratung stattfindet. Sie sind in die Themen und Anliegen der Beteiligten nicht persönlich involviert und von möglichen Ergebnissen der Beratung oder von dort erarbeiteten Entscheidungen nicht betroffen. Viele Beratungsangebote, wie Finanz- oder Bauberatung, Fitness- oder Lifestylecoaching, müssen in dieser Definition einerseits eher als Verkaufsgespräche betrachtet werden, da das Ergebnis der Beratung mit einem Verkaufsabschluss und dem Erhalt einer Provision in Zusammenhang steht, andererseits handelt es sich teilweise auch eher um Trainingsverfahren, falls etwa ein bereits feststehendes, wenn auch individuell angepasstes, Übungsprogramm durchgeführt wird.

Bei vielen weiteren Personen, die die Gesprächsführung übernehmen oder die beratend tätig sind, ohne dass sie einen direkten Vorteil aus den Ergebnissen einer Beratung ziehen oder ein spezifisches Programm anbieten, müssen die Aspekte der Unabhängigkeit und Neutralität ebenfalls kritisch betrachtet werden. Hierzu zählen z. B. Führungskräfte, Team- und Gruppenleitungen, Stationsärztinnen, Betreuer oder Kolleginnen, die gegenüber den Gesprächsbeteiligten auch noch andere Rollen und Funktionen erfüllen. Sie sind nicht unabhängig, sondern immer selbst Teil von Themen und Anliegen, da diese ihren direkten Arbeitsplatz, ihren Aufgaben- oder Verantwortungsbereich betreffen. Sie sind unter Umständen handelnder und verantwortlicher Bestandteil der Umsetzung von Vereinbarungen und der Gestaltung von Veränderungen. Im Gespräch verfolgen sie bisweilen eigene Ziele oder einen bestimmten Auftrag, z. B. als Führungskraft oder als Vertreterin einer Organisation. Wer innerhalb des eigenen Systems berät, ist zwangsläufig involviert, abhängig, beteiligt und trägt sowohl zur Entstehung und Aufrechterhaltung von Problemen als auch zu deren Lösung bei.

Bei Gesprächen und Beratungen, die diese Personen durchführen, gilt es daher, drei Aspekte im Blick zu haben: die eigene Fachkompetenz, die eigene Prozesskompetenz und die eigene Involviertheit. Bei der Vorbereitung von Gesprächen und Beratungen sollten daher immer eigene Vorüberlegungen bezogen auf diese drei Bereiche erfolgen:

Fachkompetenz

- Welches Fachwissen habe ich?
- Welches Fachwissen habe ich über das zu klärende Thema?
- Was ist meine fachliche Expertise?
- Was ist meine inhaltliche Position als Fachkraft?
- Was ist mein Auftrag als Fachberaterin oder -berater?
- Worüber weiß ich nichts und wie kann ich diese Unwissenheit nutzen?

Prozesskompetenz

- Was ist meine Prozess-Expertise?
- Welche Kompetenzen habe ich in der Gestaltung von Beratungs-, Veränderungs- und Entwicklungsprozessen?
- Soll ich ein Gespräch moderieren und anleiten?
- Was ist meine Position als verantwortliche Leitung eines Gesprächs oder eines Klärungsprozesses?
- Was ist mein Auftrag als Prozessberaterin oder -berater?

Eigene Involviertheit

- Was ist meine Expertise als beteiligte Person?
- Welche praktischen Kompetenzen habe ich für die Aufgaben, die sich aus der Klärung des Themas ergeben können?
- Welche praktischen Kompetenzen habe ich für die Umsetzung von Veränderungen?
- Was ist mein Auftrag als beteiligte Person in der praktischen Arbeit?

Den jeweiligen Auftrag und die eigene Rolle für sich zu klären, ist ein zentraler Aspekt im Zusammenspiel von Fachkompetenz, Prozesskompetenz und eigener Involviertheit in Umsetzungs- oder Veränderungsprozessen.

Bei jedem professionellen Gespräch und jeder Beratung kann ein innerer Rollenkonflikt zwischen der eigenen Involviertheit und den neutralen Funktionen der Gesprächsführung und Beratung entstehen, die man einnehmen soll. Dieser Rollenkonflikt kann wie in Tabelle 1 dargestellt werden.

Tabelle 1: Gegenüberstellung von Fachkompetenz, Prozesskompetenz und eigener Involviertheit

Fachkompetenz	Prozesskompetenz	eigene Involviertheit
Fachwissen	Prozesswissen	Ressortwissen
Fachwissen vermitteln	Austausch moderieren	eigene Sichtweise einbringen
Fachperson als Experte oder Expertin für Inhalte	Fachperson als Expertin oder Experte für die Strukturierung und die Gestaltung von Abläufen	Fachperson für den eigenen Arbeitsbereich und die eigenen Belange
Antworten geben	Fragen stellen	eigene Sichtweise darstellen
Darstellen, Erklären, Modellieren	Starten, Steuern, Stoppen, Strukturieren, Visualisieren	eigene Eindrücke, Ideen und Vorschläge einbringen
Fachberatung	Prozessberatung und Moderation	Beiträge leisten
eine fachliche Sichtweise einbringen	unterschiedliche Sichtweisen moderieren	eine persönliche und fachliche Sichtweise einbringen
Ergebnisorientierung	Beziehungsorientierung	Handlungs- und Klärungsorientierung
Distanz einhalten	Distanz einhalten	Beteiligtsein
Verantwortung für Informationen übernehmen	Verantwortung für den Verlauf übernehmen	Verantwortung für den eigenen Beitrag übernehmen
fachliche Position beziehen	Allparteilichkeit wahren	eigene Position darstellen

Alle Personen, die professionell Gesprächsführungen übernehmen oder beratend tätig sind, sollten sich also bezogen auf ein anstehendes Gespräch oder ein zu beratendes Thema als Fachperson definieren und vorab klären, worin die eigenen fachlichen Kompetenzen bestehen. Außerdem sollten sie als Prozessverantwortliche prüfen, über welche Kompetenzen der Prozessgestaltung sie verfügen, und klären, in welchem Maße sie selbst in Themen, Beziehungen und Zielsetzungen involviert sind.

1.2 Systemisches Denken und Lösungsorientierung

Systemisch-lösungsorientierte Gesprächsführung meint, aus einer spezifischen Weltsicht und Haltung heraus zu agieren und die Gesprächsführung zu gestalten. Im Folgenden wird näher ausgeführt, was darunter zu verstehen ist.

1.2.1 Was ist ein System?

Die Frage ist nicht so leicht zu beantworten, weil der Systembegriff äußerst unspezifisch und auf vieles anwendbar ist und nichts Originäres bezeichnet. Nicht nur Dinge, die »System« in ihrem Namen tragen (z. B. Abwassersystem, Schulsystem, Gesellschaftssystem, Nervensystem, Planentensystem) sind Systeme, sondern auch alles andere (z. B. Wissenschaften, Familien, Unternehmen, Kulturen, Bildung, Sprachen, Moleküle). Systeme müssen noch nicht einmal aus materiellen Einzelteilen bestehen, sondern können als »Gedankensystem« auch aus abstrakten Begriffen zusammengesetzt sein. Der Systembegriff ist äußerst allgemein, da er auf alles anwendbar ist:

Ein System ist ein Gebilde, das aus verschiedenen Einzelteilen (Komponenten) zusammengesetzt ist. Zwischen diesen Einzelteilen bestehen Beziehungen (Relationen). Die einfachste Form eines Systems besteht aus zwei Dingen und deren Verbindung miteinander.
Dadurch, dass Komponenten und Relationen eines Systems festgelegt werden, erhält das System eine Systemgrenze. Diese Grenze trennt das System von seiner Systemumwelt, also von allen Komponenten und Relationen, die nicht Bestandteil des beschriebenen Systems sind.

Was die Definition abstrahiert ausdrückt, veranschaulicht das nachfolgende konkrete Beispiel.

Beispiel
Beschreibt man z. B. einen Wald als System, lassen sich die einzelnen Bäume und die Landschaft als Komponenten betrachten und die Beziehung zwischen ihnen definieren, etwa welche Bäume und Baumsorten wie an welchen Stellen der Landschaft wachsen usw.

Alles außer den Bäumen und der Landschaft gehört in dieser Betrachtung nicht zum System, sondern zu dessen Umwelt.

Es ist aber auch möglich, einen einzelnen Baum als System zu beschreiben: Der Baum besteht aus mehreren einzelnen Bestandteilen wie Wurzeln, Stamm, Ästen, Blättern und Blüten (Komponenten), die miteinander verbunden sind (Relation). In einem solchen Fall gehören die anderen Bäume oder die Landschaft nicht mehr zum System, sondern zu dessen Umwelt.

Genauso gut kann auch ein Blatt, eine Zelle oder ein Atom als System beschrieben werden. Komponenten und Relationen lassen sich mit beliebigem Fokus benennen und konkretisieren, immer verbunden mit dem Ziehen von Systemgrenzen und der Festlegung der Systemumwelt.

Diese Möglichkeit, durch verschiedene Systemebenen zu zoomen, funktioniert auch in die andere Richtung. Schaut man z. B. auf weitere Bestandteile des Waldes, wie Blumen, Gräser und Tiere, Wanderer und Moutainbikerinnen, Förster und Jägerinnen, steigt die Komplexität der Beschreibung. Wälder können auch als Teile des weltweiten Klima- oder Wirtschaftssystems betrachtet werden.

Beobachterinnen und Beobachter bestimmen durch ihre persönliche Auswahl und Beschreibung die Größe, Detaillierung und Komplexität des Systems, das sie beschreiben.

Je nachdem, welche Komponenten man für seine Systembeschreibung wählt, nimmt ein System (sub-)atomare oder globale Ausmaße an. Wer noch größer denkt, beschreibt das Sonnensystem, in dem die Erde nur ein Planet von vielen ist, oder gleich das ganze Universum, in dem weder Wald noch Erde eine entscheidende Rolle spielen. Durch diese unterschiedlichen Systembeschreibungen können nicht nur die verschiedensten Dinge miteinander, sondern auch verschiedene Systeme zueinander in Beziehung gesetzt werden, z. B. ein Team zu einer Abteilung, eine Abteilung zum Unternehmen, ein Unternehmen zum Wirtschaftssystem. Jedes System kann als Untersystem oder Teilsystem eines anderen Systems betrachtet werden. Im Allgemeinen lassen sich technische, biologische, soziale und psychische Systeme unterscheiden.

Systeme sind immer Beschreibungen einer Beobachterin oder eines Beobachters und keine von vornherein bestehenden Gegebenheiten. Systeme sind beobachtungsabhängige Beschreibungen. Die infrage kommenden Komponenten und Relationen bei der Beschreibung eines Systems hängen von der beobachtenden Person ab, von ihren individuellen Sichtweisen, Erfahrungen, Vorlieben, Abneigungen und »blinden Flecken«. Die griechische Bedeutung des Wortes System (»Zusammenstellen« oder »Zusammenstellung«) weist bereits auf die aktive Tätigkeit hin, die hinter jeder Systembeschreibung liegt. Wenn Beobachterinnen und Beobachter »systematisieren«, reduzieren sie die Komplexität möglicher Beobachtungen. Sie konkretisieren ihre Beobachtungen hinsichtlich der für sie relevanten Komponenten und Relationen. Eine unabhängige, außenstehende Beobachtung, die objektiv beschreibt, was tatsächlich passiert, kann es nicht geben. In dieser Auffassung kann es »Objektivität« und »absolute Wahrheit« nicht geben, da alles Wissen als Ergebnis individueller und sozialer Konstruktionsprozesse betrachtet wird. Bestenfalls können wir uns auf Gemeinsamkeiten in unseren Wahrnehmungen und Beschreibungen einigen, aber nie deren Allgemeingültigkeit für uns in Anspruch nehmen.

Zusammenfassend lässt sich Folgendes über Systeme festhalten:

- Es gibt keine Systeme »an sich«.
- Systeme werden durch Beschreibungen von Beobachterinnen und Beobachtern konstruiert, die Komponenten voneinander unterscheiden, definieren und zueinander in Beziehung setzen.
- Durch ihre Systembeschreibung entscheiden Beobachterinnen und Beobachter, was zum System gehört und was nicht. Sie legen die Systemgrenze zwischen System und Systemumwelt fest.

1.2.2 Systembeschreibung als Einigungsprozess

Jede Beschreibung eines Systems schließt andere Beschreibungen aus. Wer ein System beschreibt, sagt, welche Komponenten dazugehören und wie sie miteinander in Beziehung stehen, was zum System und was zu seiner Umwelt gehört. Kommunikationen teilen die Welt nicht mit – indem sie abbilden und beschreiben, wie sie ist –, sie teilen die Welt ein, indem sie Unterscheidungen treffen und diese kommunikativ aufrechterhalten (vgl. Luhmann, 1990, S. 27). Diese Sichtweise von Beobachtung als Systembeschreibung hat weitreichende Konsequenzen für die Gesprächsführung, wie das folgende Beispiel veranschaulicht.

In Abbildung 1 ist ein sogenanntes »multistabiles Muster« zu sehen, ein Bild, in dem mehrere Musterbildungen möglich sind. Sie haben die Aufgabe, eine Linie um das Muster zu zeichnen, das Sie in der Abbildung sehen.

Abbildung 1: Multistabiles Muster (Stadler u. Kruse, 1992, S. 149)

Das Problem bei der Erfüllung der gestellten Aufgabe ist, dass es viele Möglichkeiten gibt, ein Muster zu sehen und einzuzeichnen. »Das Muster«

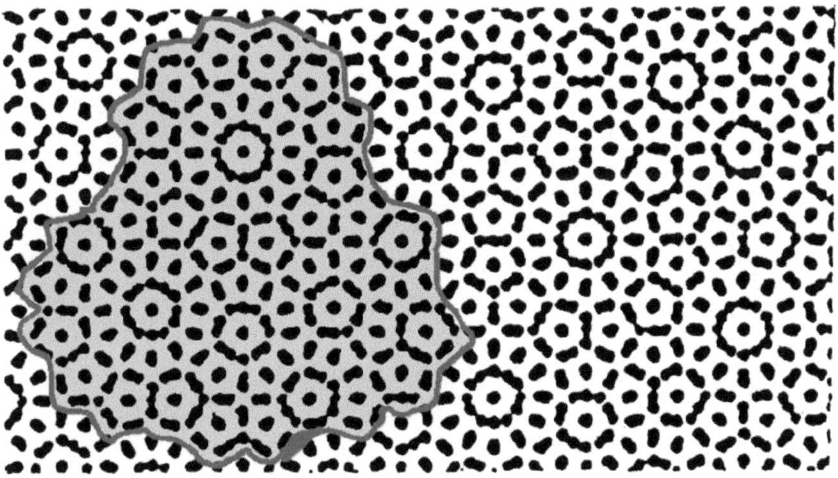

Abbildungen 2, 3 und 4: Verschiedene Möglichkeiten der Musterbildung (»Systembeschreibungen«)

gibt es nicht. Genauso ist es mit der Beschreibung eines Systems. Es gibt unzählige Möglichkeiten, es zu beschreiben (Abbildungen 2 bis 4). »Das System« gibt es nicht.

In allen Bereichen, in denen Zusammenhänge – also Systeme – beschrieben werden, besteht die gleiche Mehrdeutigkeit und Vielfalt möglicher Beschreibungen wie in den Abbildungen (vgl. Abbildungen 2–4). Wir kommen in unserem Alltag aber nicht umhin, zu beschreiben, wie etwas ist, wie wir etwas sehen, wie bestimmte Dinge zusammenhängen. Immer wenn wir etwas beschreiben, schließen wir dadurch andere Beschreibungen aus – obwohl diese ebenso denkbar sind. Die Frage, woraus das »relevante System« besteht – also welche Bestandteile bezogen auf ein bestimmtes Thema oder eine bestimmte Fragestellung wie miteinander zusammenhängen – lässt sich auf ganz unterschiedliche Weise beantworten. Im Grunde genommen müssten wir fortwährend sagen: Es könnte so sein …, aber auch so … oder so … oder so … oder so …

Dass wir eine bestimmte Sicht haben und vertreten bzw. oft nur ein bestimmtes (Verhaltens-)Muster beschreiben, ist auch nicht ungewöhnlich oder verwerflich. Wir sollten uns aber stets vergegenwärtigen, dass es noch unzählige andere Beschreibungsmöglichkeiten gibt, die gleichberechtigt nebeneinanderstehen. Unsere Haltung gegenüber unseren eigenen und den Beschreibungen anderer Personen ist ein entscheidender Faktor dafür, wie wir anderen begegnen, miteinander kommunizieren und Vereinbarungen anstreben.

Jede Konkretisierung eines bestimmten Musters (jede Systembeschreibung) erschwert es im ersten Moment, andere Muster (Systembeschreibungen) überhaupt noch wahrzunehmen. Jede Systembeschreibung schließt erst einmal andere Möglichkeiten der Beschreibung aus. Anstatt jedoch darüber zu streiten, welches Muster »das richtige«, »das wahre« oder »das hilfreichste« ist, bedeutet systemisch zu denken, erst einmal anzuerkennen, dass jede Musterbildung möglich und damit gleichberechtigt ist. Jede Diskussion darüber, welche Systembeschreibung den Vorrang haben soll, hilft einer Verständigung nicht weiter. Sinnvoller scheint es festzustellen, welche Gemeinsamkeiten (Schnittmengen) zwischen den verschiedenen Sichtweisen bestehen und was die Sichtweisen voneinander unterscheidet (Abbildung 5). Eine gemeinsame Systembeschreibung ist bestenfalls ein Austausch- und Einigungsprozess. Wird hingegen von der Wahrheit oder Objektivität einer bestimmten Systembeschreibung ausgegangen, münden Unterschiede in den Sichtweisen mehrerer Personen schnell in Versuchen, das Gegenüber zu überzeugen, in Rechthaberei oder im Bemühen, die eigene Sichtweise mit Machtmitteln durchzusetzen.

Für einen gleichberechtigten Austausch von Systembeschreibungen ist die Gelassenheit notwendig, den anderen nicht von der eigenen Sichtweise

Abbildung 5: Überschneidungen verschiedener Musterbildungen (»Systembeschreibungen«)

überzeugen zu wollen – oder gar zu müssen –, sondern die Mehrdeutigkeit der Welt und unserer Beobachtungen als selbstverständlich zu akzeptieren. Ausgehend von dieser Grundhaltung beginnt die Suche nach einer gemeinsamen Systembeschreibung bzw. nach einer ersten gemeinsamen Arbeitshypothese, die man im Folgenden zusammen überprüfen möchte und dann erweitert, einengt, verändert und erneut überprüft. Alles andere wäre ein Ausdruck von Macht: Wer schafft es, seine Systembeschreibung durchzusetzen – die Erzieherin, der Schulleiter, die Ärztin, der Vater, die Therapeutin, der Vorgesetzte, die Geschäftsführerin usw.? Systembeschreibungen entstehen nicht nur in Kommunikationen, sie benötigen auch weiteren Austausch, um sie miteinander abzugleichen, weiterzuentwickeln und in Form gemeinsamer Handlungen wirksam werden zu lassen. »Wahrheit« ist in dieser Betrachtungsweise nie absolut, sondern wandelbar und perspektivenabhängig. Sie ist immer nur eine momentane Übereinkunft, eine Einigung zwischen Beobachterinnen und Beobachtern.

Diese Orientierung auf Einigungsprozesse und Kommunikation findet sich auch bei dem Philosophen Karl Jaspers: »Wahrheit ist, was uns verbindet – und: in der Kommunikation hat Wahrheit ihren Ursprung. Der Mensch findet in der Welt den anderen Menschen als die einzige Wirklichkeit, mit der er sich verstehen und verlässlich verbünden kann« (Jaspers, 1948, S. 38). Jaspers führt klar aus, welchen Stellenwert Wahrheit haben kann: »Aber Wahrheit ist in der Tat in niemandes Besitz als endgültige und absolute. Wahrheit suchen, das heißt immer, zur Kommunikation bereit sein, Kommunikation auch von anderen erwarten« (Jaspers, 1949, S. 199).

Man muss also vor allem mit vielen anderen Beobachterinnen und Beobachtern kooperieren, da jeder etwas anderes sieht und andere Zusammenhänge erkennt, will man sich »Wahrheit« im Sinne einer kommunikativen Einigung annähern. Beobachtung wird hier zu einem gemeinschaftlichen und interdisziplinären Prozess. Die vergebliche Suche nach Objektivität oder der einen, allgemeingültigen Wahrheit wird ersetzt durch Einigungen im Kontext einer vorhandenen Perspektivenvielfalt. Neben den Sichtweisen von Fachleuten im Sinne einer Interdisziplinarität ist es ebenso wichtig, die Sichtweisen der sogenannten Laien bzw. der direkt Betroffenen einzubeziehen. Beobachtung wird dann zu einer gemeinschaftlichen Aufgabe im Austausch über subjektive Beobachtungen und Sichtweisen.

Für das systemische Denken bedeutet das eben Geschilderte, dass Beschreibungen die Zustimmung anderer Personen brauchen, um einen Wert zu erlangen, der über den rein subjektiven Eindruck hinausgeht. Was gemeinhin als »objektive Beschreibung« oder als »objektive Beobachtung« betrachtet wird, ist bestenfalls eine soziale Übereinkunft über bestimmte Beschreibungen und Beschreibungsmuster, die in bestimmten Situationen zur Geltung kommen.

Zu den vorherigen Aussagen über Systeme lässt sich ergänzen:

- Systeme sind nicht nur individuelle, sondern auch gemeinschaftliche Beschreibungen.
- Systeme entstehen als Kommunikationen in sozialen Zusammenhängen.
- Entscheidend für den Bestand eines Systems bzw. einer Systembeschreibung ist, dass sie fortwährend in unserem Denken und unserer Kommunikation erzeugt werden.
- Um die Vielfalt möglicher Systembeschreibungen für das eigene Handeln nutzbar zu machen, braucht man Kommunikation.
- Für den Vergleich von Systembeschreibungen ist die grundsätzliche Akzeptanz von Mehrdeutigkeiten, anderen Sichtweisen und vielfältigen Beschreibungsmöglichkeiten hilfreich.

- Unsere eigene Haltung gegenüber anderen Menschen und ihren verschiedenen Sichtweisen ist der entscheidende Faktor, der eine wertschätzende Kommunikation über Gemeinsamkeiten und Unterschiede ermöglichen kann.

1.2.3 Was ist Selbstorganisation?

Neben der Frage »Was ist ein System?« stellt sich die Frage: »Wie funktionieren Systeme?« Bei einfachen Systemen, wie einer Maschine, mag dies noch zu beantworten sein. Bei **komplexen Systemen** ist die Frage nach der Funktionsweise aber nicht mehr durch lineare Ursache-Wirkungs-Mechanismen zu beschreiben, denn komplexe Systeme sind geprägt von Entwicklung, Wachstum und Interaktion, sie sind keine statischen Objekte. Zu den komplexen Systemen zählen z. B. Lebewesen, psychische Systeme, Ökosysteme oder soziale Systeme, wie Familien, Organisationen oder Gesellschaften.

Eine grundlegende Erkenntnis der Theorie komplexer Systeme (Synergetik) besteht darin, dass sich in ihnen Wirkungen entfalten und Strukturen entstehen, die sich nicht mehr aus den Beiträgen der einzelnen Systembestandteile erklären lassen. Dieses Phänomen bezeichnet man als Selbstorganisation.

Selbstorganisation als nichtsteuerbare Musterentstehung

Selbstorganisation im Sinne der Systemtheorie von Niklas Luhmann und der Synergetik von Hermann Haken bedeutet nichts anderes, als dass komplexe Systeme – aufgrund des Zusammenwirkens ihrer Bestandteile – Strukturen und Muster ausbilden und dass diese nicht durch äußere Steuerung determiniert sind. Selbstorganisation beschreibt das spontane Entstehen von Mustern »ohne ordnende Hand« (Haken, 1991, S. 133; an der Heiden, 1992, S. 72).

Was auch immer sich an Ordnungen oder Mustern durch Selbstorganisationsprozesse herausbildet, ist nicht unbedingt wünschenswert oder gar gewollt. Auch Psychosen, Krankheiten, Krieg, Diktaturen, Diskriminierung, Bankenkrisen, Massentierhaltung, Wetterlagen, Brandrodung, Überfischung, Klimaerwärmung und Überschwemmungen sind Ergebnisse von Selbstorganisationsprozessen komplexer Systeme. Selbstorganisation ist weder gut noch schlecht noch wünschenswert. Der Begriff beschreibt lediglich, nach welchen Prinzipien komplexe Systeme funktionieren.

Komplexe Systeme erlauben bestenfalls eine **indirekte Beeinflussung**, da sie aufgrund ihrer selbstorganisierenden Eigenschaften nicht linear gesteuert werden können. Da keine Steuerung oder lineare Verursachung möglich ist, wird für jede Form der Einflussnahme auch der Begriff der »Perturbation«, also »**Verstörung**« verwendet (Maturana u. Varela, 1987, S. 27). Man kann verstörend auf komplexe Systeme einwirken, woraufhin sich erneut Muster herausbilden werden. Welche Muster dies aber sein werden, hängt von so vielen Faktoren ab, dass sie prinzipiell unvorhersagbar sind. Selbstorganisation ist also weder machbar noch steuerbar, weder »an sich« wünschenswert noch abzulehnen, sondern schlicht zu berücksichtigen, sobald man komplexe Systeme beobachtet oder versucht, ziel- und ergebnisorientiert in ihre Dynamik einzugreifen.

In diesem Zusammenhang ist es auch wichtig, auf eine missverständliche Verwendung des Begriffs »Selbstorganisation« hinzuweisen, die sich in vielen Bereichen findet. Mit Wortkombinationen, wie »selbstorganisiertes Unternehmen«, »selbstorganisierte Teams« oder »selbstorganisierter Unterricht« wird der Begriff »Selbstorganisation« im Sinne einer Handlungsstrategie verwendet und nicht im Sinne einer allgemeingültigen Funktionsbeschreibung. Diese Idee der Machbarkeit von Selbstorganisation ist in Handlungsfeldern wie der Sozialen Arbeit, Schulpädagogik, Organisationsentwicklung oder Unternehmensführung ein gern verwendeter – und leider unpräziser – Gemeinplatz. Paradoxerweise werden unter dem Label »Selbstorganisation« die verschiedensten Versuche der Beeinflussung und Steuerung zusammengefasst, obwohl die Theorie der Selbstorganisation mit einer grundlegenden Anerkennung der prinzipiellen Nichtsteuerbarkeit komplexer Systeme einhergeht (Haken u. Schiepek, 2006, S. 47 ff.).

Musterbildung als Beobachterperspektive

In komplexen Systemen entstehen also spontan Ordnungsmuster. Diese Musterbildung kann nicht gesteuert werden, es lassen sich lediglich die vorhandenen Muster »verstören«, um dadurch neue Musterbildungen anzuregen. Hinzu kommt, dass es immer Beobachterinnen und Beobachter sind, die Ordnungen und Muster gemäß ihrer Wahrnehmung und Erfahrung beschreiben bzw. konstruieren und diese nicht in einem »tatsächlichen Sinn« erkennen können (Küppers u. Krohn, 1992, S. 11 f.). Die Beobachterperspektive ist für ein Verständnis der **Mustererkennung** bezogen auf Selbstorganisationsprozesse entscheidend, da nur solche Muster erkannt bzw. konstruiert werden können, die zu den Erfahrungen, Kenntnissen und Gewohnheiten der beobachtenden Person passen. Mustererkennung findet grundsätzlich innerhalb unserer Wahrnehmung statt und bezieht sich nicht auf irgendwelche vermeintlich »tatsächlichen« Muster in der Außenwelt. Sie ist gänzlich eine Konstruktion von Zusammenhängen, Gemeinsamkeiten und Unterschieden in unserer Wahrnehmung. Es wäre also eindeutiger, anstelle von Mustererkennung von »Musterbildung« oder »Musterbeschreibung« zu sprechen.

Wie in dem Beispiel zu den Abbildungen 1 bis 5 erläutert, handelt es sich bei Musterbildungsprozessen immer um eine Verdichtung von Wahrnehmung zu einem stabilen Zusammenhangsgeflecht. In der Vielfalt möglicher Muster und Zusammenhänge ist Musterbildung generell eine Komplexitätsreduktion. Ist ein Muster erkannt, gebildet oder beschrieben, bleibt zudem noch ein ebenso weites Feld der Bewertung dieser Muster. Verschiedene Personen können, auch wenn sie ähnliche Musterbeschreibungen vornehmen, diese ganz unterschiedlich bewerten.

Bezogen auf Selbstorganisation bedeutet dies, dass bei der Musterbildung stets berücksichtigt werden sollte, dass wir komplexe, zirkuläre und nicht-lineare Dynamiken beobachten. Ein Muster – im Sinne einer Systembeschreibung – ist also immer nur eine Momentaufnahme eines sich ständig bewegenden und entwickelnden Systems, in dem sich Dynamiken verdichten, abschwächen, auflösen, aufschaukeln oder zu spontanen Musterneubildungen führen können.

Beeinflussung der Vernetzungsdichte

Was bezogen auf soziale Systeme erweitert oder reduziert werden kann, ist der Rahmen, in dem die Selbstorganisation stattfindet. Die Komplexität und Vernetzungsdichte von sozialen Systemen kann z. B. dadurch erhöht werden, dass Gruppenzusammensetzungen verändert werden, dass in verschiedenen Konstellationen an verschiedenen Orten mit wechselnden Personen gearbeitet wird oder dass einzelnen Personen mehr Entscheidungsmöglichkeiten zugesprochen werden.

Eine Erhöhung der Vernetzungsdichte führt aber nicht zwangsläufig zu wünschenswerten Musterbildungen, sondern kann auch in Überforderung und Orientierungslosigkeit münden. In einer globalisierten und digitalisierten Welt besteht ohnehin eine extrem hohe Vernetzungsdichte, was sich in Musterbildungen zeigt, die sowohl positiv als auch negativ bewertet werden können. Zu diesen Musterbildungen gehören z. B. kultureller Austausch, weltweiter Warenhandel, hohe Mobilität, ebenso wie die Verbreitung von Pandemien oder die digitale Beeinflussung von Wahlen und die gezielte Verbreitung von Fake News.

Bezogen auf eine formulierte Zielsetzung zur Beeinflussung komplexer Systeme kann es daher eine durchaus sinnvolle Strategie sein, Vernetzungsdichte zu reduzieren, um gewünschte Musterbildungen zu begünstigen bzw. zu erschweren. Dies gilt für umfassende Systeme wie die Weltwirtschaft ebenso wie für abgegrenztere Systeme wie etwa eine Familie. Braucht eine Person, die ein Gespräch oder eine Beratung in Anspruch nimmt, bezogen auf ihr Anliegen ein »mehr an Kontakten und Möglichkeiten« oder eine »Fokussierung und Begrenzung von Kontakten und Möglichkeiten«? Diese Frage lässt sich nicht allgemeingültig beantworten. Grundsätzlich können aufgrund der Hypothesen der beteiligten Personen Handlungen geplant und durchgeführt werden, woraufhin abzuwarten bleibt, welche Veränderungen bzw. Musterbildungen daraus entstehen.

Die Reduktion von Freiheitsgraden für Selbstorganisationsprozesse kann also ebenso zielführend sein wie ihre Erhöhung. Eine Eingrenzung oder Erweiterung des Rahmens beeinflusst bestenfalls (oder schlimmstenfalls) die Möglichkeiten der Musterbildung.

1.2.4 Was ist systemisch?

Nachfolgend wird in Form von vier Leitsätzen zusammengefasst, was unter dem Adjektiv »systemisch« verstanden werden kann. Diese Zusammenfassung bezieht sich vor allem auf die Implikationen systemischen Denkens für die Gesprächsführung und ließe sich sicherlich noch um weitere Aspekte ergänzen.

1. Perspektivenvielfalt

Vorangehend wurde bereits erläutert, dass alle Personen, Dinge und ihre Zusammenhänge untereinander als System beschrieben werden können: Systeme sind zunächst eine Ansammlung von Einzelteilen, die auf eine bestimmte Art und Weise zusammenwirken und daher etwas Gemeinsames (»das System«) bilden. Ein einzelner Mensch kann als System beschrieben werden, ebenso wie ein Paar, eine Familie, aber auch ein Kindergarten, eine Schulklasse oder ein Stadtteil. Was als System beschrieben wird, hängt in hohem Maße von der Person ab, die es beschreibt. Die Beschreibungen eines Kindes durch einen Erzieher, eine Lehrerin, einen Praktikanten, eine Ergotherapeutin, einen Vater, eine Richterin, einen Arzt und durch ein anderes Kind unterscheiden sich wahrscheinlich erheblich voneinander. Wer etwas beobachtet, tut dies unter anderem aufgrund seiner Erfahrung, seiner Vorlieben und Interessen, seiner Herkunft und Ausbildung, seines Wissens, seiner Ziele und Beobachtungsschwerpunkte. Jeder konstruiert sich seine ganz eigene Sichtweise des Systems, und da wir viele Menschen mit vielen verschiedenen Perspektiven sind, herrscht zwangsläufig Perspektivenvielfalt, die es anzuerkennen gilt.

Ein erster Leitsatz systemischen Denkens könnte also lauten:
Bedenke, dass es sehr viele Sichtweisen einer Sache (bzw. Beschreibungen eines Systems) gibt, die alle ihre Berechtigung haben. Jeder Mensch kann ein System immer nur so beschreiben, wie es seiner Erfahrung, seinen Vorlieben und Interessen, seiner Herkunft, seiner Ausbildung, seinem Wissen und seinen Zielen und Beobachtungsgewohnheiten entspricht.

2. Lösungsvielfalt

In einem System ist alles miteinander verbunden, vergleichbar einem Mobile oder einem Spinnennetz. Egal, an welcher Stelle man diese anstößt, alle Teile bewegen sich. Um ein bestimmtes Teil eines Systems in Bewegung zu bringen, muss man also nicht direkt an diesem Teil ansetzen, sondern kann eine ganz andere Stelle dafür wählen. Häufig funktioniert der direkte Weg auch gar nicht, da es keinen unmittelbaren Zugriff gibt (z. B. beim Versuch, als Erzieherin direkt in das Geschehen in der Familie eines Kindes einzugreifen). Zudem sind komplexe Systeme, unter Gesichtspunkten der

Selbstorganisation, nicht derart einfach zu beeinflussen. Eine gewünschte Musterunterbrechung, wie etwa eine Verhaltensänderung, kann bestenfalls durch eine gezielte Verstörung des Systems provoziert, aber nicht gesteuert werden. Dabei ist offen, worin diese Verstörung besteht und was sie auslöst bzw. bewirkt. Es gibt also vielfältige Möglichkeiten, etwas im System zu verändern, es existiert immer eine Lösungsvielfalt.

Ein zweiter Leitsatz systemischen Denkens könnte also lauten:
Bedenke, dass es viele Möglichkeiten gibt, ein Ziel oder eine Lösung zu erreichen. Der direkte Weg zu einem Ziel ist nicht unbedingt zugänglich oder kann sogar ganz versperrt sein, daher wird es auch immer Umwege geben.

3. Unvorhersagbarkeit

Nur die allerwenigsten Systeme funktionieren vorhersagbar und lassen sich von außen steuern. Es ist z. B. für komplexe Systeme wie Menschen und den Umgang mit ihnen unmöglich, so etwas wie eine endgültige Bedienungsanleitung zu schreiben und sie auf immer gleiche Weise gezielt zu einer Veränderung ihrer Handlungen zu bewegen. Was übrig bleibt, um auf Menschen – etwa in der Pädagogik, Therapie oder Mitarbeiterführung – Einfluss zu nehmen, ist eine ständige Abfolge des Beobachtens, der Hypothesenbildung, des Ausprobierens und erneuten Beobachtens. Ausprobiert wird, etwas anders zu tun als sonst, um dadurch das herrschende Muster im System zu unterbrechen bzw. zu verstören. Was dabei herauskommt, bleibt stets unvorhersehbar.

Ein dritter Leitsatz systemischen Denkens könnte also lauten:
Für komplexe Systeme ist es aufgrund ihrer Vielschichtigkeit und Selbstorganisation unmöglich, einfache Ursache-Wirkungs-Prinzipien aufzustellen. Deshalb kann es für sie keine allgemeingültigen Handlungsanleitungen geben. Was in der einen Situation und für die eine Person gut funktioniert hat, kann für eine andere Person unter anderen oder den gleichen Umständen genau das Falsche sein. Kurz gesagt: Es ist nicht vorhersagbar, was wann funktioniert bzw. nicht funktioniert.

4. Einigungsprozesse

Das Beobachten und Beschreiben von Systemen und der Versuch, auf sie einzuwirken, ist keine Frage »richtiger« oder »falscher« Sichtweisen, sondern eine gemeinschaftliche Aufgabe des Aushandelns und der Einigung, bei der alle Beteiligten ihre Sichtweise gleichermaßen einbringen.

Ein vierter Leitsatz systemischen Denkens könnte also lauten:
Bedenke, dass es oft entscheidend ist, ob die Beteiligten ihre Beobachtungen und Beschreibungen miteinander teilen und bei dem Versuch, auf ein System einzuwirken, zusammenarbeiten.

5. Metakommunikation

Es ist immer wieder hilfreich, das eigene Beobachten und Beschreiben auf einer Metaebene zu reflektieren und darüber mit anderen Personen zu sprechen. Das Beobachten der Beobachtung wird auch als »Beobachtung zweiter Ordnung« bezeichnet (von Foerster, 1993, S. 50). Damit wird sowohl der Idee einer objektiven Realität eine Absage erteilt als auch verdeutlicht, dass jede Form der Metakommunikation die Perspektiven erweitert.

Ein fünfter Leitsatz systemischen Denkens könnte also lauten:
Bedenke, dass deine Beobachtungen und Beschreibungen aufgrund deiner Gewohnheiten, deiner Herkunft, deiner Ausbildung und anderer Aspekte deines Gewordenseins blinde Flecken aufweisen. Beobachte dich selbst beim Beobachten und beschreibe, wie du beschreibst. Setze dich kritisch mit deinen Beobachtungen und Beschreibungen auseinander und pflege Formen der Metareflexion und Metakommunikation.

1.2.5 Was ist Lösungs- und Ressourcenorientierung?

In dieser Einführung ist es wichtig, zwischen Problemen, Ressourcen und Lösungen zu unterscheiden und dies bei der Beschreibung des jeweils relevanten Systems zu berücksichtigen. Allein letzteres zu umreißen, einzugrenzen und zu erweitern, eröffnet neue Sichtweisen und Handlungsmöglichkeiten. Alles, was in Systembeschreibungen benannt wird, kann als

Beitrag zum Problem oder zur Lösung betrachtet werden. Jede Eingrenzung oder Erweiterung der Elemente des relevanten Systems ist daher möglicherweise hilfreich. Neue Elemente können zu Perspektivenwechseln führen und andere Problem- und Lösungsbeschreibungen anregen.

Bei der Beschreibung des relevanten Systems stellt sich neben der Frage nach einer Verknüpfung verschiedener Sichtweisen auch die Frage, welche Elemente für das System überhaupt relevant sind. Neben materiellen Aspekten gehören auch immaterielle, ideelle und fiktive Aspekte der Lebenswelt der beteiligten Personen zum relevanten System. Die Beschreibung des relevanten Systems besteht aus vielfältigen Elementen und deren Beziehungen untereinander (Abbildung 6):

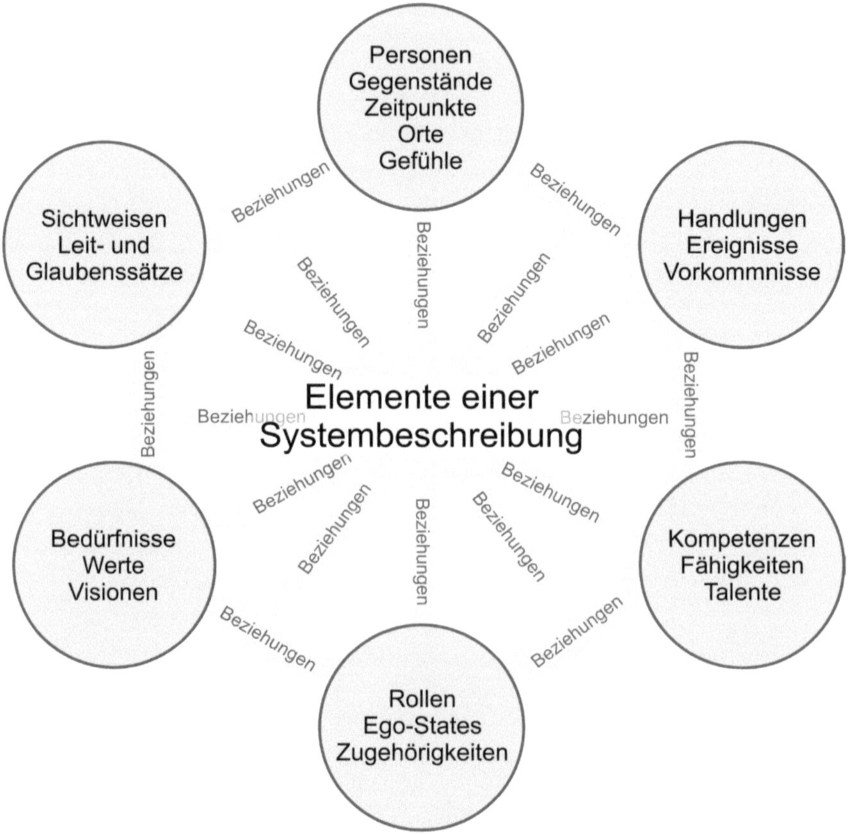

Abbildung 6: Mögliche Elemente einer Systembeschreibung

Ein weiter Blick auf das relevante System ist immer sinnvoll. Anstatt das Verhalten in einer bestimmten Situation zu verändern, können auch andere Elemente des Systems verändert werden, wie Rahmenbedingungen, zeitliche Abläufe, Anforderungen oder die Bewertung der Situation. Eine Sichtweise, die versucht, viele Elemente und Systemzusammenhänge zu erfassen und einzubeziehen, schafft grundsätzlich eine größere Fülle von Handlungsmöglichkeiten, als es eine alleinige Fixierung auf ein Problem und seine Behebung erlaubt.

Zur Beschreibung und Exploration des relevanten Systems kann man wie folgt vorgehen: Aus allen möglichen Elementen und Beziehungen, die den Systemzusammenhang zu beschreiben in der Lage wären, können zunächst diejenigen ausgesucht werden, die für eine Fragestellung oder ein Problem relevant erscheinen (**das relevante System**). Diese Elemente des relevanten Systems können aufgeteilt werden in Elemente,

- die zum Bestehen eines Problems beitragen (**Probleme**)
- und die dem Problem entgegenwirken, eine Alternative zum Problem darstellen, zu einer Verbesserung der Situation beitragen, eine Veränderung bewirken könnten oder die helfen, die Situation auszuhalten (**Ressourcen**).

Handlungsplanung und Veränderungen ergeben sich dann aus der Entscheidung, auf welche Elemente des relevanten Systems man einwirken möchte (Lösungen). Doch Lösungen für einzelne Probleme bestehen nie linear und ausschließlich in der Bekämpfung von Problemen, sondern können sich auch auf ganz andere beobachtete Aspekte des Systems beziehen. Zur Lösung beitragen kann vor allem ein Bewusstmachen und Stärken vorhandener Ressourcen.

Daher wird in einer lösungsorientierten Sichtweise der Fokus stärker auf die Ressourcen und die Beschreibung möglicher Lösungen gelegt, während die Analyse und Beschreibung von Problemen eine eher untergeordnete Rolle spielen, wobei diese auf das Negative konzentrierte Systembeschreibung mehr unserer Gewohnheit entspricht. Kreist ein Gespräch eher um das Problem, lässt sich manchmal kein Ausweg aus der Problembeschreibung finden und es entwickelt sich eine emotionale Abwärtsspirale, die auch als »Problemtrance« bezeichnet wird (Schmidt, 2005, S. 44). Ressourcen- und Lösungsorientierung stellen selbst häufig schon einen wichtigen Perspektivenwechsel dar.

Sicherlich kann es eine entlastende Funktion für Gesprächsbeteiligte haben, ihr Problem zu schildern. Oft haben sie auch das Bedürfnis, sich jemandem anzuvertrauen und in ihrem Leid gewürdigt zu werden. Es gilt daher, empathisch und behutsam den Punkt zu finden, an dem eine Hinwendung zu Lösungen und Ressourcen sinnvoll ist. Dieser Punkt ist bei vielen Personen schon zu Beginn gegeben und es kann für sie eine – wenn auch ungewohnte – Entlastung sein, dass ihr Problem nicht »verstanden« oder »analysiert« werden muss, und sie ihren Blick auf Lösungen und Ressourcen richten dürfen.

Unter Ressourcen kann hierbei alles verstanden werden, was funktioniert, unterstützt, hilfreich ist und eine Ausnahme vom Problem darstellt. Jedes Element der Systembeschreibung kann im Grunde genommen als »Teil des Problems«, als »Ressource«, als »neutral« oder als »irrelevant« gewertet werden. Bei der Beschreibung des relevanten Systems kann der Fokus dann stärker auf der Problembeschreibung oder stärker auf der Beschreibung von Ressourcen liegen oder versuchen, beides in Betracht zu ziehen, um eine Lösung zu erreichen.

Der Ablauf der Systembeschreibung und eine ressourcenorientierte Schwerpunktsetzung ist in Abbildung 7 dargestellt.

Eine (systemische) Veränderung der Sichtweise erhöht das Verständnis sowie die Anzahl der Erklärungen einer Situation und damit auch die Handlungsmöglichkeiten. Für welche Handlungen man sich daraufhin entscheidet, hängt nicht allein von der Sichtweise ab, sondern von den eigenen Kompetenzen, Ressourcen, Vorlieben und vielen anderen Faktoren:

- Will man beobachtete Probleme beheben oder wahrgenommene Stärken und Ressourcen fördern?
- Welcher Eingriff ist am einfachsten durchzuführen oder erhält am meisten Unterstützung durch andere?
- Was ist überhaupt mein Handlungsfeld, meine Aufgabe, mein Auftrag?

Es gibt in der Gesprächsführung und Beratung zwei grundlegende Möglichkeiten der Fokussierung: die Beschäftigung mit Problemen oder die Beschäftigung mit Ressourcen. In allen helfenden Berufen – etwa bei Ärzten, Therapeutinnen, Sozialarbeitern, Erzieherinnen, Lehrkräften und Personalentwicklerinnen – ist man eher gewohnt, sich an Problemfaktoren abzuarbeiten: Krankheiten werden geheilt, schlechte Kindheitserfahrungen werden

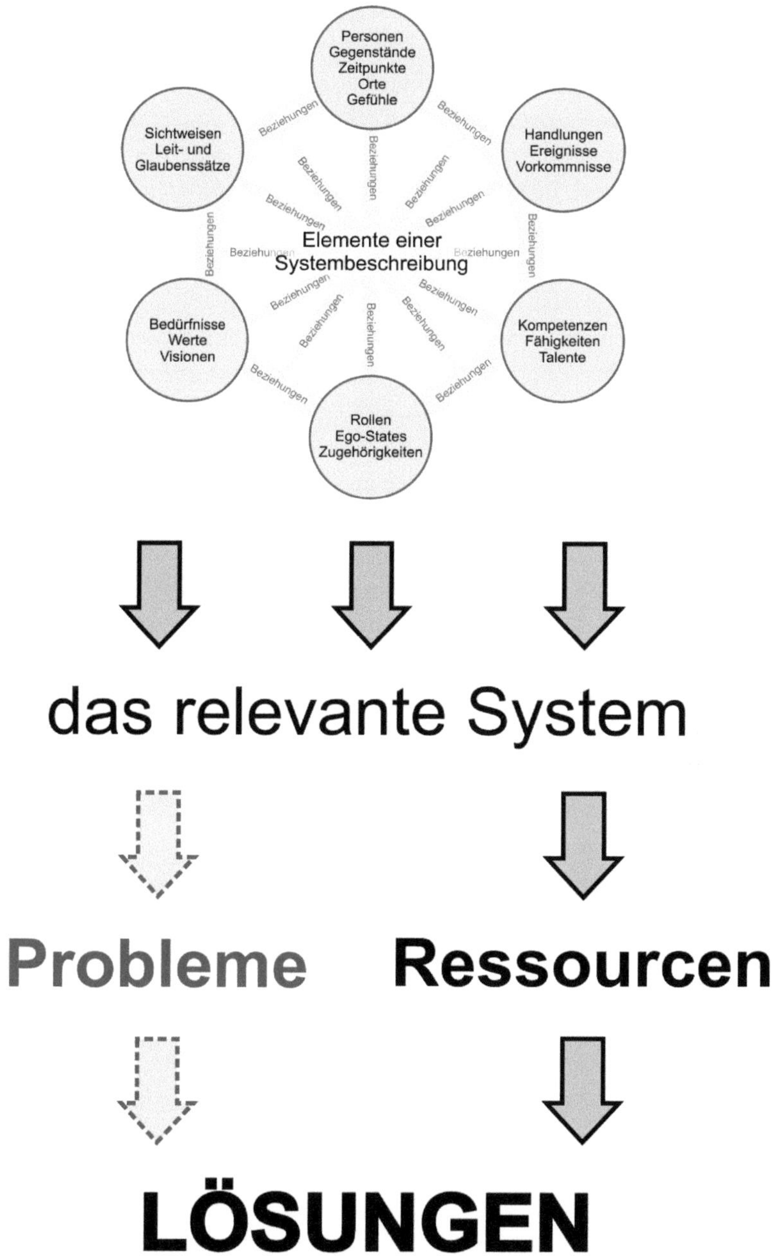

Abbildung 7: Weg der Systembeschreibung

aufgearbeitet, Familien in kritischen Situationen wird geholfen, Leistungsmängel werden trainiert, kindliche Verhaltensauffälligkeiten bearbeitet. Man beschäftigt sich intensiv mit verhaltensauffälligen und lernschwachen Kindern. Der Blick für Störungen, Mängel, Schwächen, Fehler und Defizite ist sehr gut entwickelt, der Blick für Stärken und Ressourcen weniger.

Dass in helfenden Berufen davon ausgegangen wird, jemand benötige Hilfe, versteht sich von selbst. Die Sichtweise, mit der man dies tut, und die Faktoren, die man dabei in einen Lösungsversuch einbezieht, sind dadurch jedoch nicht vorgegeben. Anstatt zu fragen, wie man etwa bestimmte Verhaltensweisen vermeidet, kann man auch fragen, wo diese Verhaltensweisen nicht auftauchen bzw. wo hilfreiche Verhaltensweisen gezeigt werden, und daraufhin in diesen Situationen wertschätzend und bestärkend wirken. Dieser »Dreh in der Beobachtung« findet sich in vielen Disziplinen z. B. unter dem Stichwort der Salutogenese (Gesundheitsentstehung). Es wird nicht geschaut, was krank macht – um diese Faktoren auszuschalten –, sondern was gesund macht, um diese Faktoren zu stärken (vgl. Antonovsky, 1997).

Die Sichtweise einer »Schatzsuche statt Fehlerfahndung« (Schiffer, 2001), die Idee, »von den Stärken auszugehen« (Eggert, 1997), oder der Perspektivenwechsel »vom Defizit zum Profizit« (Balgo, 1997) und von der »Ursachensuche zu systemischem Denken« (Lindemann, 2003) sind nicht neu und finden sich disziplinübergreifend etwa auch in der Mitarbeiter- und Unternehmensführung, Entwicklungszusammenarbeit und im Umweltschutz. Dabei sollten Probleme keinesfalls ignoriert oder unbeachtet gelassen werden, sondern die Herangehensweise sollte geändert werden, um den Schwerpunkt von der Vermeidung problematischer Aspekte zur Stärkung hilfreicher Aspekte zu verlagern. Anstatt etwas zu unterlassen oder zu bekämpfen, steht im Vordergrund, etwas, das gut funktioniert, zu verstärken und nach Ausnahmen von beobachteten Problemen zu suchen.

Stellt man sich den Umgang mit Problemen als eine Reise vor, liegt der Schwerpunkt in dieser lösungs- und ressourcenorientierten Sichtweise auf der Frage, wohin man reisen möchte, und nicht darauf, von welchem Ort man fortwill. Es liegt ein entscheidender Unterschied darin, ob man eine Lösung als »Bewegung auf etwas zu« (handeln, erreichen) oder als »Bewegung von etwas weg« (unterlassen, vermeiden) betrachtet (vgl. Andreas u. Faulkner, 2005, S. 62 ff.). Anstatt »Lass das!« zu formulieren, ist es viel hilfreicher, »Tu das!« zu beschreiben.

Wenn man sich primär zum Ziel setzt, etwas zu unterlassen, bleibt die Frage offen, was man denn *stattdessen* tun möchte. Bekämpft man eine Drogensucht, stellt sich z. B. die Frage: Was ist eine attraktive Alternative? Ein gutes Ziel beinhaltet in dieser Sichtweise immer die Anwesenheit von etwas.

In der Tradition der lösungsorientierten Gesprächsführung, Beratung und Therapie werden Beobachtung und Intervention bewusst auf Lösungen und vorhandene Ressourcen gelenkt, während die Probleme selbst weniger Beachtung finden und man »Problemsprache« möglichst vermeidet (siehe z. B. De Jong u. Berg, 1998; Steiner u. Berg, 2005). Der Fokus liegt in der systemisch-lösungsorientierten Gesprächsführung auf Aspekten wie:

- Ausnahmen von geschilderten Problemen,
- bisher erfolgreichen Strategien,
- guten Erfahrungen und Erfolgen,
- vorhandenen Fähigkeiten und Stärken,
- hilfreichen Personen (z. B. Freunde, Mentorinnen, Nachbarn),
- Vorlieben und Neigungen,
- Wünschen und Visionen.

Der lösungs- und ressourcenorientierte Perspektivenwechsel erweitert den uns vertrauteren Blick auf Mängel und Unzulänglichkeiten sowie deren Kompensation oder Behebung auf all jene Bereiche, die in einer solchen Problemfokussierung oft ausgeblendet werden.

Wie handelt man, wenn man systemisch-lösungsorientiert denkt?

Aus systemischer Sicht kann jede Handlung hilfreiche oder hinderliche Entwicklungen anstoßen. Handlungen, die an sich »systemisch« oder »unsystemisch« sind, gibt es deshalb nicht. »Systemisch« ist eher als eine Denk- und Reflexionsweise denn als handelnde Praxis zu verstehen: »Wenn sich systemische Praxis vor allem als angewandte Erkenntnistheorie versteht […], dann ›gibt‹ es keine spezifische systemische Methode. […] Es geht also nicht darum, eine eigene ›Schule‹ mit einer spezifischen Praxis vorzustellen: ›Handlungen ›an sich‹ können zwar bestimmte Wirkungen haben oder auf Motive zurückzuführen sein, die der Beobachter dann auch bewerten kann, aber sie ›sind‹ genauso wenig systemisch, wie sie ‚›katholisch‹ oder ›grün‹ sind‹« (von Schlippe, 2015, S. 14; mit Bezug zu einem Zitat von Simon, 2012, S. 13).

»Angewandte Erkenntnistheorie« meint hierbei nicht eine »Umsetzung« des Konstruktivismus oder der Systemtheorie, sondern eine Haltung des ständigen kritischen Hinterfragens. Da jede konkrete Handlung die Vielfalt der Möglichkeiten auf ein singuläres Ereignis reduziert und somit andere Optionen ausschließt, kann sie zwar systemisch reflektiert werden, aber nicht systemisch sein. »Systemisch« ist in erster Linie eine Denkfigur und Haltung der Welt anderen Menschen gegenüber. Das Denken selbst kann auch nur schwer als systemisch bezeichnet werden. Mara Selvini Palazzoli äußerte dies bereits 1979 in einem Interview folgendermaßen: »Heute bin ich überzeugt, während jeder proklamiert ›ich bin systemisch‹ [...] ist niemand wirklich systemisch: Es ist unmöglich, wirklich oder systemisch zu denken, weil wir Sprache benutzen – und die Sprache ist linear« (Selvini Palazzoli, 1979/2017, S. 34).

Wenn von »systemischem Handeln«, »systemischen Methoden«, »systemischer Beratung und Therapie«, »systemischer Gesprächsführung« und dergleichen gesprochen wird, müsste immer auch angemerkt werden, dass jede Erklärung und Konkretisierung und auch jede Handlung die Vielfalt der Möglichkeiten begrenzt, und daher strenggenommen nicht »systemisch« sein kann. »Systemisch« bezeichnet also eher eine Denkfigur und Haltung, weniger eine Handlung oder eine bestimmte Vorgehensweise.

1.2.6 Grundhaltungen systemisch-lösungsorientierter Gesprächsführung und Beratung

In allen systemischen Therapie-, Beratungs- und Gesprächsführungskonzepten werden spezifische Grundhaltungen benannt, die vor allem die Beziehungsgestaltung zwischen der gesprächsführenden bzw. beratenden Person und den Beteiligten beschreiben sollen (De Jong u. Berg, 1998, S. 359–372; König u. Vollmer, 2000, S. 256–266; Radatz, 2002, S. 31–55; Schwing u. Fryszer, 2006, S. 30; von Schlippe u. Schweitzer, 2012, S. 199–211; Hanswille, 2016, S. 25 ff.).

Diese Grundhaltungen beziehen sich in der Regel auf die Position unabhängiger Gesprächsführung und Beratung durch Personen, die selbst nicht dem System angehören, in dem die Gesprächsführung oder Beratung stattfindet. Auch wenn sich Aspekte systemischer Haltung verallgemeinern lassen, so muss doch darauf hingewiesen werden, dass sie sich nicht ohne Weiteres auf andere Praxisfelder, wie etwa Lehre, Unterricht, Pädagogik oder Mitarbeiterführung übertragen lassen. In lehrenden, erziehenden oder führenden Tätigkeiten bestehen kontextuell verankerte Werte und eine persönliche Involviertheit, die den maßgeblichen Voraussetzungen einer unabhängigen und neutralen Gesprächsführung und Beratung widersprechen und daher einer Verallgemeinerung systemischer Haltung entgegenstehen. Daher muss systemische Haltung als verallgemeinerte Weltsicht in vielen Bereichen, in denen beratende Tätigkeiten durchgeführt werden, kritisch hinterfragt werden. Aufgrund möglicher Zugehörigkeit, Abhängigkeit, einer Doppelfunktion von Fach- und Prozessverantwortung und eigener Involviertheit oder aufgrund zu erfüllender Aufträge von Dritten (z. B. Ämter, Behörden, Gerichte, Träger, Arbeitgeber, Geschäftsführung) erfüllen sie die Voraussetzungen für eine Einnahme der für unabhängige Gesprächsführung und Beratung beschriebenen Grundhaltungen nur in sehr eingeschränktem Maße. Deshalb ist es zwingend, die Grundhaltungen systemischer Gesprächsführung in den praktisch bestehenden Spannungsfeldern zu beschreiben, um die Situation abzubilden, die Berater, Case Managerin, Coach, Personalerin, Führungskraft, Therapeutin, Sozialarbeiter, Fachberatung, Supervisorin oder andere professionell beratende Personen in der Praxis vorfinden.

Reinert Hanswille unterscheidet in Anlehnung an Lynn Hoffman für die systemische Haltung fünf Formen der Neutralität (Hanswille, 2016, S. 25 ff.; vgl. Hoffman, 1996, S. 67). Es lassen sich weitere Aspekte systemischer Haltung benennen, die sich mit Themen wie Macht, Emotionsregulation, Werteorientierung oder Vertrauen befassen (Barthelmess, 2016; Erpenbeck, 2018). Diese sollen hier aber nicht weiter ausgeführt werden.

Die nachfolgend thematisierten **Aspekte der Neutralität** bilden kein feststehendes Dogma. Sie beschreiben vielmehr, dass die beratende Person das Maß ihrer Neutralität kontinuierlich reflektieren muss, um zu entscheiden, inwieweit es ihr Handeln und ihre Vorgehensweisen beeinflusst (Hanswille, 2016, S. 25). Personen, die die Gesprächsführung übernehmen oder im weitesten Sinne beratend tätig sind, befinden sich immer in einem Spannungsfeld zwischen Neutralität, Parteilichkeit und eigener Involviertheit.

1. Beziehungsneutralität

Beraterinnen und Berater verhalten sich bezüglich der teilnehmenden und abwesenden Systemmitglieder (Familie, Ehepartnerin, Team, Unternehmen) neutral. Sie ergreifen keine Partei für einzelne anwesende oder abwesende

Personen oder für einzelne Persönlichkeits- oder Rollenanteile der Beteiligten (Hanswille, 2016, S. 26).

Allparteilichkeit und Parteilichkeit

In der systemischen Haltung ist Parteilichkeit unter dem Gesichtspunkt der Beziehungsneutralität nur im Sinne einer Allparteilichkeit denkbar, also der gleichermaßen unterstützenden Haltung gegenüber allen Beteiligten. Diese ist vor allem immer dann geboten, wenn mehrere Personen beteiligt sind, zwischen denen gegebenenfalls vermittelt und Einigungen herbeigeführt werden sollen. Allparteilichkeit richtet sich dabei nicht nur auf anwesende, sondern auch auf abwesende Personen, und ist daher eine auf das gesamte System bezogene, »vielgerichtete Parteilichkeit« (Boszormenyi-Nagy u. Spark, 1981, S. 184). Die Grundhaltung der Neutralität lässt auch Raum für eine »periodische Parteilichkeit« (Hanswille, 2016, S. 26).

In Beratung, Coaching oder Therapie – vor allem von Einzelpersonen – wird Parteinahme bzw. parteiliche Unterstützung oft erwartet. Parteilichkeit heißt aber keinesfalls, dass man sich unhinterfragt zum Erfüllungsgehilfen der Wünsche einzelner beteiligter Personen machen soll. Sofern andere Personen des relevanten Systems nicht direkt geschädigt werden, darf die Gesprächsführende durchaus unterstützend und ermutigend – im Sinne eines Empowerments – Partei ergreifen. Es kann aber auch hierbei eine neutrale oder allparteiliche Haltung gewahrt werden, vor allem hinsichtlich abwesender beteiligter Personen. Das Maß der Parteinahme ist letztlich eine ethische Frage, die hinsichtlich der eigenen Werte und der möglichen Konsequenzen beantwortet werden sollte (siehe im Folgenden »Problemneutralität«).

Beratungskontakt und persönlicher oder beruflicher Kontakt

In einigen Formen der Beratung und des Coachings sind persönliche – private oder berufliche – Kontakte oder Beziehungen kein Hinderungsgrund, um beratend tätig zu sein, etwa in kollegialen Beratungsformen oder wenn eine Mentorenfunktion übernommen wird. In vielen Arbeitsfeldern, in denen Aspekte systemischer Gesprächsführung Anwendung finden, sind Sie sogar von vornherein in einer **Doppelrolle** als Person, die nicht nur als Gesprächsführung oder beratend tätig ist, sondern auch andere Aufgaben erfüllt, z. B. als Mitarbeiter einer Kindertagesstätte, der Elterngespräche moderiert, als Stationsärztin, die Angehörigen- oder Patientengespräche führt, als Mitarbeiter einer Wohngruppe, der Jugendliche berät oder als Therapeutin einer stationären Einrichtung, zu deren Aufgaben sowohl Gruppendienste als auch Beratungen gehören oder als Führungskraft, die Mitarbeitergespräche führt. Wo auch immer man sich in einer Doppelrolle befindet, muss gut reflektiert werden, welche eigene Involviertheit bei den Themen und Anliegen der beteiligten Personen besteht. Doppel- oder Mehrfachrollen sollten auf jeden Fall transparent angesprochen und geklärt werden.

Auch in Arbeitsfeldern, in denen keine Doppelrollen bestehen, die über den Gesprächs- oder Beratungskontakt hinausreichen, sollten darüber hinausgehende persönliche Kontakte oder Beziehungen vermieden werden, etwa in der Ehe-, Erziehungs-, Familien- oder Drogenberatung, ebenso in Supervision und Mediation. In der Therapie sind Kontakte, die über die therapeutische Arbeit hinausgehen, sogar durch die Berufsordnungen der Landeskammern untersagt.

Freiwilligkeit und Verpflichtung

Ein weiterer Aspekt, der hinsichtlich der Beziehungsneutralität ergänzt werden kann, ist die Freiwilligkeit bzw. Verpflichtung der Teilnehmenden zur Inanspruchnahme des Gesprächs- oder Beratungsangebotes. Unabhängige Gesprächsführung oder Beratung geht von der Freiwilligkeit der Beteiligten aus. Die Beteiligten wollen etwas klären und haben ein Anliegen. Häufig besteht aber auch eine Verpflichtung, etwa bei einer Supervision mit Kolleginnen und Kollegen, bei zu erfüllenden gerichtlichen Auflagen zur Beratung in einer Familienberatungsstelle oder bei Empfehlung (oder gar Anordnung) eines Coachings durch einen Vorgesetzten oder weil eine beteiligte Person sich nur auf Drängen anderer, z. B. des Ehepartners, zur Teilnehme bereit erklärt hat. Eine Nichtteilnahme ist dann ohne Gesichtsverlust oder gar weitergehende Konsequenzen nicht möglich. Nicht zuletzt ist die Person, die die Gesprächsführung oder Beratung übernimmt, selbst oft dazu verpflichtet, ein Gespräch zu führen. Sie kann den Auftrag nicht ohne Weiteres ablehnen, hat gegebenenfalls eine übergeordnete Verpflichtung, die nicht direkt von den Teilnehmenden stammt. Dieses Spannungsfeld sollte in jeder Form des Gesprächs oder der Beratung beachtet werden, damit man nicht einfach nur als verlängerter Arm der Personen oder Instanzen betrachtet wird, die das Gespräch oder die Beratung angeordnet haben.

Unabhängigkeit und Abhängigkeit

Beratung findet bestenfalls möglichst unabhängig von ihren Auftraggeberinnen und Auftraggebern statt. Beratende erhalten zwar ein auftragsbezogenes Honorar, stehen aber ansonsten weder finanziell, ideell noch persönlich in einem Abhängigkeitsverhältnis zu den Beteiligten. Dies ist in vielen beruflichen Kontexten häufig nicht der Fall. Beratende vertreten oftmals auch die Organisation, in der sie angestellt sind: die Klinik, die Firma, die Leistungsanbieterin, den Träger, die Behörde oder auch nur sich selbst, als eine Person, die durch ein Beratungsangebot Geld verdient. Dies trifft erst recht zu, sollten sie im Rahmen kollegialer Beratung oder kollegialen Coachings mehr oder weniger direkte Kolleginnen und Kollegen beraten, gegebenenfalls sogar als deren vorgesetzte Führungsperson. Immer wenn Beratende auf bestimmte Formen des Wohlwollens oder der Unterstützung des Gegenübers angewiesen sind, um ihre Arbeit machen zu können, und dieses Abhängigkeitsverhältnis nicht ohne größere Nachteile beenden können, befinden sie sich nicht in einer unabhängigen Position. Das Maß der Abhängigkeit schwankt hierbei erheblich. Dies zu reflektieren und gegenüber den Teilnehmenden transparent zu machen, gehört zu einer professionellen Haltung.

Es ist zwingend notwendig, Formen »kollegialer Beratung« und »kollegialen Coachings« von Formen »professioneller Beratung« und »professionellen Coachings« zu unterscheiden und diese Rahmung transparent und reflexiv in der Auftragsklärung deutlich zu machen (RTC, 2018, S. 3 f.).

Augenhöhe und Hierarchie

Gespräche als gleichberechtigte Gesprächspartner auf Augenhöhe zu führen, stellt einen oft erwarteten und zu erfüllenden Anspruch dar. Zum einen gilt es für gesprächsführende Personen, auf die Augenhöhe zwischen den Teilnehmenden eines Gesprächs- oder Beratungsangebotes zu achten und gleichzeitig bestehende Hierarchien zu bedenken. Das kann in Paar- und Familienkonstellationen ebenso bedeutsam werden wie bei hierarchieübergreifenden Gesprächs- und Beratungsangeboten im beruflichen Kontext. Es kann in implizit oder explizit hierarchisch strukturierten Systemen schnell passieren, dass die beauftragte Person durch ein Familienmitglied, durch Vorstände oder Geschäftsführungen unter »Erfüllungsdruck« für die Durchsetzung ihrer Ziele gesetzt wird und eine Funktion als »Erfüllungsgehilfe« zugewiesen bekommen soll.

Auch hier gilt das **Prinzip der Transparenz**: Es sollte deutlich gemacht werden, in welchen Bereichen die Beteiligten – vor allem in der kollegialen Beratung und im kollegialen Coaching auch die beratende Person – auf Augenhöhe verhandeln, gemeinsam planen und Ideen austauschen und in welchen Bereichen einige Beteiligte lediglich um eine Meinung oder einen Vorschlag gebeten werden, Entscheidungen aber durch andere getroffen werden.

2. Konstruktneutralität

Beraterinnen und Berater verhalten sich gegenüber den Erklärungen, Begründungen, Meinungen, Sichtweisen, Gefühlen, kurz den Konstruktionen der direkt und indirekt Beteiligten neutral (Hanswille, 2016, S. 26). Diese Form der Neutralität ist für eine systemisch-lösungsorientierte Gesprächsführung zentral. Jede Sichtweise sollte als individuell passend und gleichwertig betrachtet werden. Der Begriff der Neutralität ist hierbei nicht als »Abwesenheit eigener Meinungen und Sichtweisen« gedacht, sondern als gleichberechtigte Einordnung der eigenen Meinung unter die verschiedenen anderen Meinungen und Sichtweisen der Beteiligten (von Schlippe u. Schweitzer, 2012, S. 205 f.).

Unwissenheit, respektvolle Neugier und Fachlichkeit

Der Vorteil externer, unabhängiger Gesprächsführung und Beratung besteht häufig gerade darin, dass diese nicht vom Fach ist, was die Inhalte der Gespräche betrifft. Sie kann also sehr leicht ohne fachliche Vorbehalte einen interdisziplinären Austausch anleiten und gänzlich die Verantwortung für die Gestaltung des Gesprächs- oder Beratungsprozesses übernehmen, ohne sich für Inhalte zuständig fühlen zu müssen. Betrachtet man alle am Gespräch Beteiligten als Fachleute, als »Experten für sich selbst und ihre eigenen Belange«, ist es nicht schwer, das eigene Fachwissen in den Hintergrund zu stellen. Man könnte diese Haltung auch als **Konstruktoffenheit** bezeichnen. Die in der systemischen Literatur häufig beschriebenen Grundhaltungen des »Nichtwissens« und der »respektvollen Neugier« umfassen genau diese Haltung, die ein grundlegendes und authentisches Interesse an den Wirklichkeitskonstruktionen der beteiligten Personen zum Ausdruck bringt (De Jong u. Berg, 1998, S. 46 ff.; Anderson, 2005).

In allen Gesprächs- und Beratungsformen entstehen aber auch Anlässe, in denen die gesprächsführende Person nicht nur neutral die Konstruktionen der direkt und indirekt Beteiligten moderiert und sie dabei unterstützt, ihre Sichtweisen selbsttätig zu erweitern, sondern in denen ihr Fachwissen gefragt ist, sei es als Psychologin, Pädagoge, Betriebswirtin, Sozialarbeiter, Fachberaterin usw. Hierbei ist ihr Wissen über den Gegenstandbereich gefragt, wie Gesundheit, Karriereplanung, Familiendynamik, psychische Störungen, Unternehmensführung und dergleichen.

Es hat sich in der Beratung bewährt, die eigene Fachlichkeit weder zu verstecken noch im Sinne von Ratschlägen darzubieten, sondern über die gemeinsame Nutzung erklärender Modelle Anregungen zu geben. In diesen Fällen sollte das Einbringen des eigenen Fachwissens aber nicht die Form eines »Besserwissens« annehmen, stattdessen sollte die beratende Person ihre Expertise als eine weitere Sichtweise einbringen. Hierbei kann Beratung durchaus einen edukativen Charakter bekommen. Sie erläutert dann z. B. ein Führungsmodell, ein Persönlichkeitsmodell, ein Störungsmodell, ein Kommunikationsmodell und erarbeitet im Anschluss gemeinsam mit den Beteiligten Interpretationen, Hypothesen und mögliche Veränderungsschritte. Die beratende Person sollte sich mit eigenen Hypothesen und Erklärungen zurückhalten (Radatz, 2002, S. 54 f.).

Das eingebrachte Wissen zu nutzen, seine Nützlichkeit zu bewerten, es auf die eigene Situation anzuwenden und in Handlungsplanungen einzubeziehen, liegt wieder gänzlich bei den Teilnehmenden (von Schlippe u. Schweitzer, 2012, S. 204). Diese Form der Befähigung (»Empowerment«) ist ein zentrales Element systemischer Arbeit, da das Gegenüber immer zu eigenen Perspektivenwechseln angeleitet wird, diese sowie deren Interpretation aber nicht durch die beratende Person vorweggenommen werden (De Jong u. Berg, 1998, S. 33 f.). Die prozessorientierte Sichtweise der Konstruktneutralität wird hierbei durch das Einbringen der eigenen Fachlichkeit ergänzt.

3. Problemneutralität

Beraterinnen und Berater verhalten sich gegenüber den geschilderten störenden Verhaltensweisen und Problemen neutral. Sie werten diese nicht, sondern fördern Problembeschreibungen, die auch die Funktion oder den Sinn des Problems erkennen lassen und fokussieren auf vorhandene Ressourcen (Hanswille, 2016, S. 26). Die Wertneutralität ist vor allem in Situationen zu beachten, in denen mehrere Personen direkt und indirekt beteiligt sind, die

die Situation ganz unterschiedlich werten. Eine gute Möglichkeit, Neutralität zu wahren, besteht dann z. B. darin, die bestehenden Wertunterschiede transparent zu machen und graduelle Veränderungen herauszuarbeiten.

Wertfreiheit und Werteorientierung

In vielen beratenden Situationen vertritt die gesprächsführende oder beratende Person zumindest implizit auch Werte einer Gruppe oder Organisation, bei der sie angestellt ist. Diese Werte können Gleichbehandlung, Demokratie, Bildung, Mitbestimmung, Gesundheit und viele andere Aspekte betreffen, wie eine Haltung zu Gewalt in der Familie, Vernachlässigung, Kindeswohlgefährdung, Drogenkonsum, Prostitution oder Religion. In der systemischen Gesprächsführung und Beratung ist es sicherlich hilfreich, diese Werte nicht offensiv und explizit nach außen zu tragen, Teilnehmende nicht direkt zu konfrontieren. Diese sollen aus einer systemischen Sicht ja eher die Chance bekommen, ihre eigenen Werte zu klären und Einigungen zwischen den direkt und indirekt beteiligten Systemmitgliedern zu erreichen. Dennoch wissen die Anwesenden in der Regel um den Wertehorizont des beratenden Angebotes, dem sie sich anvertrauen. Diese Werte senden daher auch immer eine verdeckte Botschaft der Zugehörigkeit.

Es gibt zudem Gesprächs- und Beratungsfälle, in denen der beratenden Person die Neutralität aufgrund eigener Erfahrungen und Betroffenheit schwerfällt, und sie bestimmten Themen innerlich in einem Maße wertend gegenübersteht, dass eine fachlich sinnvolle Wertfreiheit zusätzlich erschwert ist. Diese Themen können z. B. Scheidung, häusliche Gewalt oder die Aufgabenverteilung in Paarbeziehungen betreffen. Hier sollte die gesprächsführende Person das Gespräch oder den Auftrag gegebenenfalls nicht übernehmen und stattdessen auf passende Angebote (z. B. Mediation, Beratungs- oder Clearingstellen) oder auf geeignete Kolleginnen und Kollegen verweisen. Es ist ebenso denkbar, die neutrale Position aufzugeben und offen in eine parteiliche Unterstützung zu wechseln. Dies fällt dann aber nicht mehr unter eine neutrale Gesprächsführung oder Beratung gemäß einer systemischen Haltung und erfüllt gegebenenfalls zusätzlich eine Schutzfunktion, etwa beim Eingreifen in diskriminierende oder gewalttätige Situationen, bei Mobbing oder Kindeswohlgefährdung. Dieser Schritt zu einer parteilichen Unterstützung sollte in Form einer wertschätzenden und reflektierten Rückmeldung an die beteiligten Personen und nicht impulsiv erfolgen.

Gegebenenfalls kann anschließend mit einigen der beteiligten Personen unter Wahrung einer systemischen Haltung weitergearbeitet werden. Es wird aber durch die Parteinahme eine deutliche Grenze zur Allparteilichkeit gezogen.

Verschwiegenheit und Offenbarung

Die Haltung der Problemneutralität – so hilfreich sie ist – stößt in allen Gesprächs- und Beratungsformen an die Grenzen der Offenbarungspflicht bzw. des Offenbarungsrechts, wenn gerade begangene oder geplante Straftaten beschrieben werden sowie bei akuten Gefahren oder Notstand. Zu den Themen, in denen die Problemneutralität aufgegeben werden kann, oder sogar sollte, gehören z. B. Kindeswohlgefährdung, extreme Körperverletzung, Totschlag, Raub, Erpressung, Menschenraub.

Neben dem Einnehmen einer klaren ethischen Position stehen der beratenden Person die Möglichkeiten offen, begrenzende Maßnahmen einzuleiten – etwa eine Meldung beim Jugendamt oder eine Dienstaufsichtsbeschwerde –, klare Bedingungen an die Weiterführung der Beratung zu stellen: »Solange nicht gewährleistet ist, dass …« oder die Beratung abzubrechen: »Unter diesen Bedingungen bin ich nicht bereit …« (von Schlippe u. Schweitzer, 2012, S. 202 f.). In derartigen Fällen kann auch die Unterstützung durch andere schweigepflichtige Gruppen, etwa durch eigene Supervision, ein vertrauliches Gespräch mit einer dienstvorgesetzten Person oder durch eine Rechtsberatung, eine gute Entscheidungshilfe darstellen.

4. Lösungsneutralität

Beraterinnen und Berater verhalten sich gegenüber den Lösungsideen der direkt und indirekt Beteiligten neutral (Hanswille, 2016, S. 26). Die Lösungsmöglichkeiten können im Gespräch exploriert und erweitert, geordnet und durch die Beteiligten bewertet werden. Eine Einigung über passende Sichtweisen und Lösungsschritte findet jedoch bestenfalls zwischen den Beteiligten statt, ohne dass die gesprächsführende oder beratende Person dieser Einigung oder den damit verbundenen Wertungen zustimmen muss.

Lösungsoffenheit und Lösungsbetroffenheit

Beratung bedeutet zunächst, Sichtweisen und Lösungsoptionen hypothetisch aus verschiedenen Perspektiven auszuweiten. Auch wenn Beraterinnen und Berater eigenes Wissen (Konstruktionen) eingebracht haben, sollte es dabei nur darum gehen, die Sichtweisen der Beteiligten auf mögliche Beschreibungen und Lösungen hierdurch zu erweitern. Die Aufgabe, diese Beschreibungen und Lösungen zu konkretisieren, verbleibt im relevanten System und sollte nicht durch gesprächsführende oder beratende Personen vorgegeben werden. Andernfalls läuft sie Gefahr, Ratschläge zu erteilen und dadurch den Anschein zu erwecken, die Verantwortung für das Gelingen, aber auch das Misslingen möglicher (»richtiger«) Lösungen zu übernehmen. Sie können Wissen beisteuern, aber keine Lösungen verordnen (Radatz, 2002, S. 88 ff.).

Fragt man die Teilnehmerinnen und Teilnehmer in Workshops und Ausbildungskursen, wofür sie als beratende Person verantwortlich sind, fallen Äußerungen wie: »dass wir ein gutes Ergebnis erzielen«, »dass sich alle gut verstehen«, »dass es friedlich und kooperativ zugeht«, »dass wir eine Lösung finden«, »dass alle Themen besprochen werden können«, »dass alle frei und offen ihre Meinung äußern können«, »dass am Ende alle zufrieden nach Hause gehen«.

All dies sind *nicht* die Aufgaben der beratenden Person. Wenn man sich derartige Ziele setzt, übernimmt man eine stellvertretende Verantwortung für die Beteiligten. Bezogen auf die Prozess- und Ergebnisverantwortung der Gesprächsführung und Beratung können zwei Thesen aufgestellt werden:

1. Jede beteiligte Person ist für sich selbst verantwortlich: für die eigenen Redebeiträge, das eigene Wohlbefinden, die eigenen Gefühle und die eigene Zufriedenheit. Bei der Übernahme dieser Eigenverantwortung kann jede beteiligte Person durch die Gesprächsführung ermutigt und unterstützt werden. Sie kann ihm bzw. ihr aber nicht abgenommen werden.
2. Die gesprächsführende Person ist für die Gestaltung des Gesprächs- oder Beratungsprozesses verantwortlich. Kurz gesagt: Sie hat für die Einhaltung der Regeln und Abläufe Sorge zu tragen. Sie kann Phasen starten, steuern und stoppen. Sie kann unterbrechen, abbremsen und zusammenfassen. Sie strukturiert und visualisiert. Sie kann auch loben, ermutigen und ermahnen. Sie ist hingegen nicht verantwortlich für die Ergebnisse und auch nicht für das Verhalten der anderen Anwesenden. Die Verantwortung für die Ergebnisse und ihr eigenes Verhalten bleibt bei den Beteiligten.

Hierbei wird erneut die Schwierigkeit der Doppelrolle von Personen deutlich, die im Rahmen eines Gesprächs oder einer Beratung auch die Ziele einer Organisation oder eines Auftraggebers zu verfolgen haben, gegebenenfalls an der Umsetzung von Ergebnissen beteiligt sind und damit letztlich auch Verantwortung für die Ergebnisse tragen. Prinzipiell sollen Gespräche ergebnisoffen – also ohne vorher feststehende Resultate – geführt werden. Die Kunst einer Gesprächsführung und Beratung, in der eigene Anliegen oder Lösungsideen vorgestellt werden, besteht darin, diese an den entsprechenden Stellen des Gesprächs gleichberechtigt einzubringen, ohne die Machtposition der Gesprächsführung zur Durchsetzung der eigenen Interessen zu missbrauchen.

Ressourcenorientierung und Ressourcenverantwortung

Der Blick auf Ressourcen und die Orientierung an Lösungen ist letztlich zunächst eine Frage der Haltung, aber letztendlich auch eine Frage der Form der Gesprächsführung. Die Gefahr einer Gesprächsführung oder Beratung durch abhängige, involvierte und beteiligte Personen besteht darin, dass diese immer selbst für einen Teil der Zielerreichung oder z. B. für die Bereitstellung von materiellen, finanziellen, räumlichen, personellen oder zeitlichen Ressourcen zuständig sind. Dies gilt z. B. für Führungskräfte, die als Coach arbeiten, für Mitarbeiter kommunaler Beratungsstellen, die auch Ressourcen beantragen, Stellungnahmen schreiben oder gar Mittel bewilligen können. Therapeutinnen und Therapeuten, die z. B. im Klinikalltag auch Entscheidungen über die Bereitstellung von Ressourcen, die Medikation, eine Verlegung oder die Verlängerung des Klinikaufenthaltes treffen, befinden sich in dieser Position der Ressourcenverantwortung. Sie geraten leichter unter einen Rechtfertigungsdruck, da sie auch etwas zu verantworten haben. Externe und gänzlich unabhängige Personen haben es hier einfacher, da sie den Ball der Verantwortung für Ressourcen und Lösungen immer wieder an die Personen im System zurückspielen können. Die eigene Verantwortung für Ressourcen ändert zwar nichts an der lösungs- und ressourcenorientierten Grundhaltung, die für eine erfolgreiche Prozessgestaltung hilfreich ist, erfordert aber ein höheres Maß an Wachsamkeit, mit dem sich die gesprächsführende Person an der Identifikation von Ressourcen und der Suche nach Lösungen beteiligen sollte. Die eigene Involviertheit sollte reflektiert und transparent angesprochen werden.

5. Veränderungsneutralität

Gesprächsführende und beratende Personen verhalten sich neutral gegenüber den Tendenzen der Veränderung und der Beständigkeit im relevanten System (Hanswille, 2016, S. 26 f.). Wenn sich etwas verändert, verändert es sich. Wenn sich nichts verändert, verändert sich nichts. Auch die Entscheidung darüber, dass »alles so bleiben soll, wie es ist«, stellt ein mögliches und legitimes Ergebnis eines Gesprächs oder einer Beratung dar. Die gesprächsführende Person sollte auch gegenüber der Geschwindigkeit, Richtung und Ausprägung von Veränderungen neutral sein.

Veränderung/Nichtveränderung und eigene Veränderungswünsche

In der Gesprächsführung und Beratung kommt man immer wieder in den Konflikt, eigene Veränderungswünsche hinsichtlich des relevanten Systems zu entwickeln. Es gilt, sich der eigenen teilweise auch normativ geprägten Vorstellung »notwendiger« Veränderungen bewusst zu werden. Diese können dann transparent geäußert oder gegebenenfalls durch eine gelassenere Haltung ersetzt werden. Möglicherweise ist auch eine Auseinandersetzung mit der eigenen Biografie und den eigenen Lebensumständen für die gesprächsführende Person hilfreich, um diese Eigenanteile zu erkennen.

Zusammenfassung und Ergänzungen

Zusammenfassend könnte man sagen: Externe, unabhängige Personen haben es in der Gesprächsführung leichter als Personen, die selbst Mitglieder des Systems oder gar persönlich involviert sind. Systemmitglieder haben es stets (mindestens) mit einer Doppelrolle zu tun, wenn sie die Gesprächsführung oder Beratung übernehmen, wie Gesprächspartnerin und Kollegin, Berater und Schulleitung, Moderatorin und Chefin, Konfliktklärer und Vater, Gesprächsführer und ausführendes Organ einer Behörde. Sich dieser Doppelrolle bewusst zu sein, ist schon ein erster Schritt zu einer erfolgreichen, systemisch-lösungsorientierten Gesprächsführung.

Es gilt, die aufgezeigten Spannungsfelder im Rahmen der Gesprächsführung zu würdigen und sich klar und eindeutig in den eigenen Rollen zu positionieren. Die eigenen Rollen bewusst wahrzunehmen und deutlich voneinander abzugrenzen, stellt eine Herausforderung gelingender Gesprächsführung und Beratung dar. Allzu leicht gerät die gesprächsführende Person hierbei in eine »Ja, aber …«-Position, da immer beide Seiten der dargestellten Grundhaltungen ihre Berechtigung haben.

Die geschilderten Grundhaltungen werden ergänzt durch gesetzlich vorgeschriebene, vertraglich vereinbarte oder ethisch gebotene Werte:

- Vertraulichkeit,
- Wahrung des Datenschutzes,
- Wahrung der Menschenwürde.

Es gibt auch gesellschaftliche oder fachlich begründete Werte:

- Diversitätssensibilität,
- Kultursensibilität,
- Gendersensibilität,
- Akzeptanz von Vielfalt und Verschiedenheit,
- Empowerment,
- Selfgovernment,
- Respekt gegenüber Personen, Respektlosigkeit gegenüber Gewissheiten (Cecchin, Lane u. Rey, 1993).

Weiterhin kommen persönliche Werte hinzu:

- Empathie,
- Authentizität,
- Mitgefühl,
- Humor,
- Kreativität.

Es kann und sollte keine abschließende Auflistung von Werten und Haltungen geben. Es liegt an jeder beratend tätigen Person, diese immer wieder selbst zu reflektieren und sich von den Teilnehmenden, gegebenenfalls auch von Kolleginnen und Kollegen, hierzu Rückmeldungen einzuholen. Wichtig bei jeder Ausbildung zu einer beratenden Tätigkeit ist die fortlaufende Reflexion der eigenen Grundhaltung. Dies ist vor allem für die sogenannten »helfenden Berufe« sinnvoll, die allzu oft als wissende und entscheidende Instanzen verstanden werden (Hoffman, 1996, S. 124). Gleiches gilt auch für andere Personen in Funktionen mit weitreichender Entscheidungsbefugnis, wie z. B. Führungskräfte, Ärztinnen, Lehrkräfte, Stations- und Gruppenleitungen oder Richterinnen.

1.3 Anliegen- und Auftragsklärung

In vielen Situationen scheint es offensichtlich zu sein, warum ein Gespräch oder eine Beratung notwendig ist und wozu sie dienen soll: Erziehungsberatung, Suchtberatung, Familienberatung, Psychotherapie auf Grundlage einer diagnostischen Zuschreibung. Aber weder der Ausgangspunkt noch die Ziele eines Gesprächs oder einer Beratung sind, egal in welchem Kontext und in welchem Format diese stattfinden, selbstverständlich.

Bei Personen, die ein Gespräch oder eine Beratung suchen, zeigt sich, dass diese oft nur eine vage Idee von »Problemen« oder einem »Anliegen« haben, geschweige denn, dass sie über eine »Lösungsidee« oder »Zukunftsvision« verfügen. Gegebenenfalls kommen sie auch ohne ein eigenes Anliegen zu einem Termin, da sie denken, die gesprächsführende Person würde ihnen schon sagen, was ihr Problem ist und wie man es lösen kann.

Deshalb gehört es zu den Grundlagen systemischer Arbeit, in jedem Gespräch zu klären, warum die Teilnehmenden da sind, worüber sie reden möchten, was sie wollen und was für sie ein gutes Ergebnis des Gesprächs wäre. Um eine Struktur in die Anliegen- und Auftragsklärung zu bringen, werden in vielen Lehrbüchern und Ausbildungen vier Begriffe voneinander unterschieden (von Schlippe u. Schweitzer, 2012, S. 238–242): Anlass, Anliegen, Auftrag und Kontrakt. Hier wird der Begriff »Themen« ergänzt, Auftrag und Kontrakt werden differenziert.

Personen kommen aus einem bestimmten **Anlass** zu einem Gespräch oder einer Beratung, wo sie eines oder mehrere **Themen** besprechen sollen oder möchten. Zu jedem Thema haben sie spezifische **Anliegen**, also etwas, dass sie erreichen möchten. Für die Bearbeitung der Anliegen wird ein **Gesprächs- oder Beratungsauftrag** an die gesprächsführende Person gerichtet. Diesen Auftrag anzunehmen, stellt einen **Gesprächs- oder Beratungskontrakt** dar. Die involvierten Personen können im Rahmen des Gesprächs einen **Handlungsauftrag** erarbeiten und als **Handlungskontrakt** miteinander vereinbaren.

Eine explizite Benennung von Themen und eine Klärung der Anliegen stellt daher einen wichtigen Schritt in der systemisch-lösungsorientierten Gesprächsführung und Beratung dar und trägt entscheidend zu ihrem Gelingen bei. Aus systemischer Sicht muss Berücksichtigung finden, dass sich Wahrnehmungen und Bedürfnisse, Themen und Anliegen verschiedener direkt und indirekt beteiligter Personen voneinander unterscheiden. Bezogen auf das relevante System stehen also unter Umständen mehrere Anliegen nebeneinander. Hinzu kommt, dass die gesprächsführende oder beratende Person auch eine eigene Sichtweise auf mögliche Anliegen und Aufträge hat, eigene Hypothesen und Überlegungen.

Eine Anliegen- und Auftragsklärung dient sowohl dazu, dass sich die Teilnehmenden selbst Klarheit über Ausgangspunkte und Zielrichtungen eines Gesprächs oder einer Beratung verschaffen, als auch dazu, dass die gesprächsführende Person Klarheit über die Erwartungen erhält, die an sie gestellt werden. Letztlich geht es auch um die Entscheidung, ob teilnehmende Personen bereit sind, mit ihrem (geklärten) Auftrag weiterzuarbeiten, und ob die gesprächsführende Person einverstanden ist, den damit verbundenen Auftrag anzunehmen. Kurz gesagt: Das Ziel der Anliegen- und Auftragsklärung ist es herauszuarbeiten, worum es thematisch geht und welche Richtung dabei eingeschlagen werden soll, bevor man anfängt, inhaltlich einzusteigen.

Der Prozess der Anliegen- und Auftragsklärung ermöglicht zudem, eine Unterscheidung einzuführen zwischen den Zielen des Gesprächs (Gesprächs-/Beratungsziele) und den Zielen, die die Teilnehmenden gegebenenfalls für ihr Lebensumfeld erarbeiten (Handlungsziele). Diese Unterscheidung wird in → **Kapitel 2.5.3 »Gesprächsziele und Handlungsziele«** noch genauer dargestellt.

Zu Beginn eines Gesprächs können Sie durch gezieltes Nachfragen erfahren, welche Themen die Teilnehmenden besprechen möchten, was sie sich wünschen und welche Erwartungen sie an das Gespräch und an Sie als gesprächsführende Person haben. Auch Verneinungs- und Verschlimmerungsfragen können hierbei eingesetzt werden. Im Folgenden werden die einzelnen Aspekte der Anliegen- und Auftragsklärung ausführlicher dargestellt und Beispiele für Fragen gegeben, mit deren Hilfe die Klärung gestaltet werden kann.

Themen

> »Was sind die Themen, die Sie hier bearbeiten möchten?«
> »Über welches Thema sollte hier auf gar keinen Fall gesprochen werden?«
> »Welche Themen sollten hier aus der Sicht von Personen besprochen werden, die nicht anwesend sind?«

Themen sollten, um zielführend bearbeitet werden zu können, ausreichend konkret formuliert sein, z. B., indem sie räumlich, sächlich, zeitlich und personal kontextualisiert sind. Die Themensammlung stellt im Verlauf der Gesprächsführung und Beratung einen wichtigen Baustein dar (→ Kapitel 4.6 »Baustein 6: Themensammlung«).

Anlass

> »Warum wollen, sollen oder müssen Sie dieses Gespräch führen?«
> »Was ist vorgefallen oder geplant, was ein Gespräch notwendig macht?«
> »Warum melden Sie sich jetzt zur Beratung?«

Der Anlass für ein Gespräch oder eine Beratung kann vielfältig sein: ein Lebensereignis, ein Hausbau, eine Firmenfusion, eine Krise, ein bisher unerreichtes Ziel, ein Todesfall oder auch Unstimmigkeiten mit dem Partner oder der Partnerin, mit Nachbarn, Kolleginnen oder Vorgesetzten. Der Anlass besteht vielleicht auch darin, dass jedes Jahr eine bestimmte Anzahl von Gesprächs- oder Beratungsterminen vom Arbeitgeber gefordert und finanziert wird. Beratung findet mitunter auf Empfehlung statt. Auch können Teilnehmende von anderen Personen zum Gespräch oder zur Beratung geschickt oder mitgenommen worden sein. Ein Gespräch oder eine Beratung wird zudem unter Umständen von anderen Personen angeordnet. Andere Begriffe für Anlass wären Auslöser oder Initialzündung.

Anliegen

> »Was möchten die Gesprächsbeteiligten gern erreichen?«
> »Was ist den direkt Beteiligten wichtig?«
> »Was ist anderen, nicht direkt Beteiligten wichtig?«
> »Was will ich – bei eigener Involviertheit – selbst bewirken?«

Auch wenn ein Anlass für ein Gespräch oder eine Beratung besteht, bedeutet dies nicht, dass die direkt oder indirekt Beteiligten auch etwas wollen. Anliegen entstehen dadurch, dass ein Wunsch nach Veränderung oder Aufrechterhaltung vorliegt oder etwas so wird wie früher, etwas wieder passiert, nicht wieder vorkommt, dass etwas getan wird. Oft ist den Anwesenden aber auch gar nicht klar, was genau ihr Anliegen ist. Es ist möglicherweise eher ein diffuser Wunsch nach Veränderung, der sie in den Gesprächstermin trägt. Das Anliegen herauszuarbeiten und zu hinterfragen, ist ein wichtiger Schritt systemischer Vorgehensweise. Allein schon die Formulierung eines Anliegens kann dazu beitragen, dass es sich gut bearbeiten lässt. Schwierig wird es immer dann, wenn Anliegen darin bestehen, etwas zu lassen, mit etwas aufzuhören, oder falls sie so formuliert sind, dass andere Personen etwas tun oder lassen sollen. Diese Anliegen sind als Zielperspektiven wenig hilfreich, da sie nur durch Vermeidung oder Unterdrückung zu erreichen sind (»weg von« statt »hin zu«) bzw. nicht im direkten Einflussbereich der Beteiligten liegen. Es ist grundlegend, die Anliegen der beteiligten Personen wertschätzend zu erfragen und zuzuhören.

Aufträge

> »Wer will was von wem?«
> »Was wollen die Anwesenden von der gesprächsführenden Person?«
> »Was wollen sie voneinander?«
> »Was wollen sie von anderen?«

Die Gesprächsführung trägt die Verantwortung für die Gestaltung des Gesprächs. Sie übernimmt dabei aber nicht automatisch auch die Verantwortung für die Gestaltung der Lebenswirklichkeit anderer, beteiligter Personen, also für die Umsetzung bestimmter Handlungen und Maßnahmen oder für das Erreichen bestimmter Ziele. Ihr Auftrag besteht zunächst darin, ein Gespräch zu führen. Hierbei kann die beratende Person alle Techniken und Bausteine nutzen, über die Sie in diesem Buch etwas lesen. Es ist sinnvoll und klärend, zwischen »Aufträgen für das Gespräch« (Gesprächs-/Beratungsaufträge) und »Aufträgen für daraus entstehenden Handlungen und Maßnahmen« (Handlungsaufträge) zu unterscheiden.

> **Gesprächs-/Beratungsaufträge:**
> »Wenn Sie sich in einer Stunde, nachdem wir über Ihr Thema gesprochen haben, von mir verabschieden, was soll dann anders sein als jetzt?«
> »Was müssen wir in der halben Stunde, die wir noch Zeit haben, besprechen, und mit welchem Ergebnis wollen Sie am Ende des Gesprächs hier rausgehen?«
> »Ich habe gehört, was Sie für sich erreichen wollen (Anliegen). Und wie komme ich jetzt ins Spiel (Beratungsauftrag)?«

Ein Gespräch kann dazu dienen, sich auszusprechen, sich mitzuteilen, jemanden zu informieren, Ideen zu sammeln, einen Plan zu machen oder Aufgaben zu verteilen. Bei der Anliegen- und Auftragsklärung müssen Sie als gesprächsführende Person immer entscheiden, welche Gesprächs- bzw. Beratungsaufträge Sie bereit sind anzunehmen und welche Sie ablehnen sollten oder ablehnen möchten.

> **Handlungsaufträge:**
> »Welche Handlungen und Maßnahmen könnten helfen, die Anliegen und Erwartungen zu erfüllen?«
> »Wer könnte was und wann tun, um Probleme zu lösen und Entwicklungen voranzubringen?«
> »Was wollen die Anwesenden, das andere Personen tun?«
> »Was wollen die Anwesenden selbst tun?«

Bei allen Handlungsaufträgen, die aus einem Gespräch oder einer Beratung entstehen, muss überprüft werden, in wessen Zuständigkeitsbereich diese liegen. In der Begleitung durch eine unabhängige, nicht involvierte Person betreffen Handlungsaufträge in der Regel ausschließlich die anderen beteiligten Personen. Die Teilnehmenden erarbeiten im Gespräch oder in der Beratung Handlungen und Maßnahmen für ihren Lebensbereich und sind auch für deren Umsetzung verantwortlich. Gesprächsführende Personen unterstützen dabei, Handlungsoptionen zu reflektieren und Entscheidungen herbeizuführen, werden aber selbst nicht in der Umsetzung tätig. Die Verantwortung für Veränderung oder Nichtveränderung sowie für das Umsetzen von Handlungsideen liegt bei den anderen Gesprächsbeteiligten.

Für die gesprächsführende Person selbst ergeben sich in der Regel nur bei eigener Involviertheit Handlungsaufträge. Zum Beispiel wenn Sie als

Mitarbeitende einer Einrichtung oder Mitglied eines Teams die Gesprächsführung übernehmen. Sie fungieren dann immer in einer Doppelrolle als Gesprächsführung einerseits und als beteiligte Person andererseits.

Falls Sie als weisungsbefugte Person, etwa als Führungskraft, ein Gespräch führen, können Sie Handlungsaufträge – auch, wenn sie im Gespräch gegebenenfalls partizipativ und gemeinsam entwickelt wurden – sogar als Anweisung übertragen.

Anliegen und Aufträge können von Gespräch zu Gespräch, von Thema zu Thema sehr unterschiedlich aussehen. Eine Anliegen- und Auftragsklärung sollte deshalb für jedes Gespräch und jedes Thema durchgeführt werden.

Kontrakt

> »Wer einigt sich mit wem worauf?«
> »Was vereinbaren die Anwesenden mit der gesprächsführenden Person?«
> »Was vereinbaren sie miteinander?«
> »Was wollen sie mit anderen vereinbaren?«

Im Kontrakt werden Aufgaben und Grenzen der Gesprächsführung oder Beratung vereinbart. Das Schließen eines Kontraktes bedeutet die Annahme eines Auftrags. Es wird vereinbart, welche Aufgaben das Gespräch erfüllen soll und in einem weiteren Schritt, welche Aufgaben als Ergebnis des Gesprächs erledigt werden sollen. Es kann also auch hier, analog zu den Aufträgen, zwischen dem »Kontrakt für das Gespräch« (Gesprächs-/Beratungskontrakt) und dem »Kontrakt über daraus entstehende Handlungen und Maßnahmen« (Handlungskontrakt) unterschieden werden:

> **Gesprächs-/Beratungskontrakt:**
> »Auf welche Inhalte und welche Form der Zusammenarbeit können wir uns für dieses Gespräch einigen?«
> »Am Ende des Gesprächs wollen Sie also eine Übersicht haben, was Sie alles tun könnten, um die Absatzzahlen Ihrer Abteilung zu erhöhen.«
> »Es soll also entschieden werden, wer welche Aufgaben in dem neuen Projekt übernimmt.«
> »Sie möchten also gemeinsam Ideen sammeln, wie Sie zusammen als Familie entspannt Ihre Wochenenden verbringen können.«

Im Gesprächs- oder Beratungskontrakt – der oft nur mündlich geschlossen wird – können die gewünschten Ergebnisse, Aufgaben und Grenzen der beratenden Unterstützung vereinbart werden. In Einzelfällen kann es auch hilfreich sein, wenn festgehalten oder vereinbart wird, welche Aufgaben das Gespräch nicht erfüllen kann oder soll. Die beratende Person sollte immer einen Kontrakt mit anderen Beteiligten und Klientinnen herausarbeiten, den Sie auch selbst zu erfüllen bereit sind.

> **Handlungskontrakt:**
> »Auf welche Handlungen und Maßnahmen bezogen auf Ihr Thema und Ihre Anliegen können Sie sich einigen?«
> »Was wollen die Gesprächsbeteiligten als handelnde Personen tun? Wozu wollen sie sich selbst verpflichten?«
> »Auf welche Handlungen und Maßnahmen bezogen auf ihr Thema können sich die Anwesenden einigen?«
> »Was wollen Sie in der kommenden Woche ausprobieren? Und wie kann es Ihnen gelingen, das auch umzusetzen?«
> »Was wird als Ergebnis der Beratung wessen Aufgabe sein?«
> »Wer erledigt was bis wann?«

Der Handlungskontrakt bezieht sich auf das, was die involvierten Beteiligten tun wollen. In vielen Gesprächen und Beratungen geht es hierbei um eine Selbstverpflichtung für die Umsetzung der Vorhaben der beteiligten Personen. Aufgabe der gesprächsführenden Person ist es dann, das Schließen dieses Kontraktes zu begleiten.

Zusammenfassend kann man die verschiedenen Ebenen der Auftragsklärung wie in Abbildung 8 darstellen.

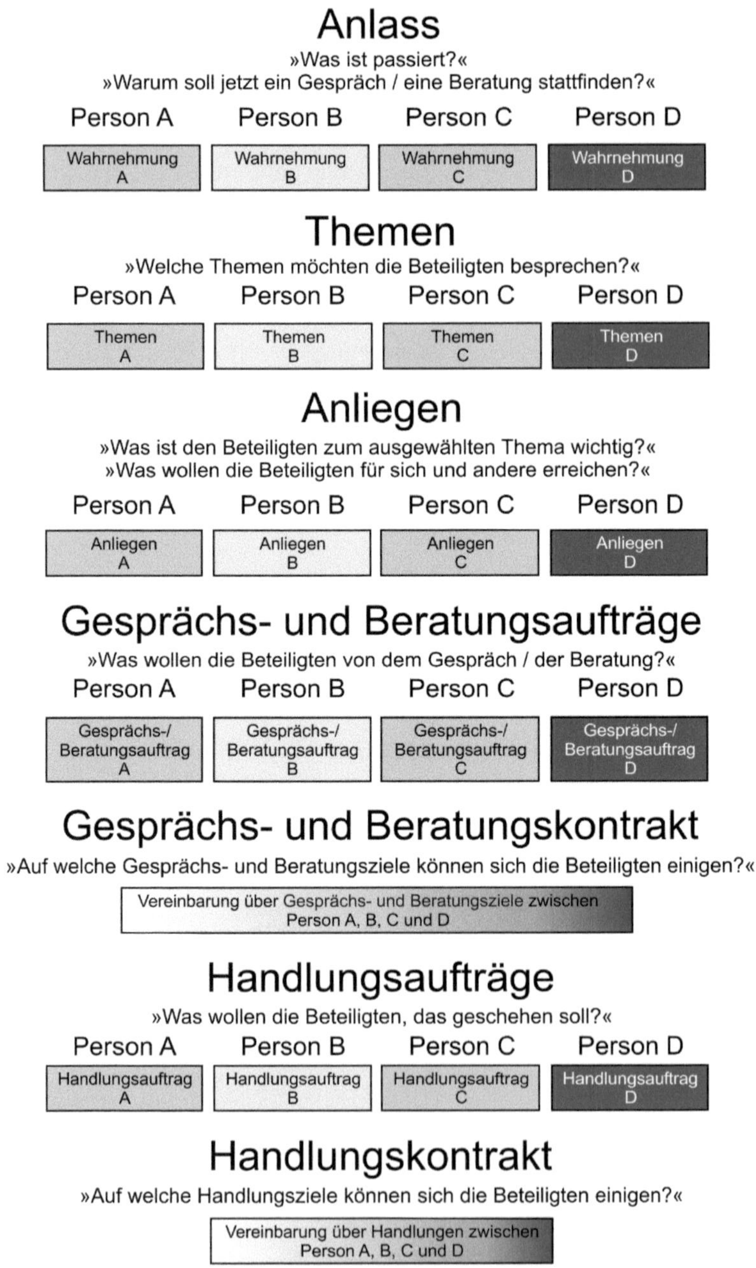

Abbildung 8: Anliegen- und Auftragsklärung zwischen vier Personen (A, B, C und D)

Bei jeder Auftragsklärung ist zu beachten, dass die gesprächsführende oder beratende Person auch klar herausstellt, welche Aufträge sie nicht bereit ist anzunehmen.

> »Ich kann Sie gern beim Ausfüllen des Antrags unterstützen. Das haben wir hier auch schon für andere Klienten gemacht. Allerdings müssen Sie sich selbst um das Antragsformular kümmern, es bei der Kreisverwaltung abholen und anschließend auch selbst wieder dort abgeben.«

Die einzelnen Elemente der Anliegen- und Auftragsklärung sind in den »Bausteinen der Gesprächsführung und Beratung« enthalten (→ Kapitel 3).

Anliegen und Aufträge nichtanwesender Personen

In den allermeisten Gesprächs- und Beratungssituationen ist die gesprächsführende Person nicht mit allen relevanten Personen konfrontiert und es gibt eigentlich weitere, nichtanwesende Personen, die in ein Thema oder Anliegen involviert sind. Nichtanwesende Beteiligte eines Teams oder einer Familie haben möglicherweise unausgesprochene oder ungehörte Aufträge, eigene Anliegen und Ziele bezogen auf das Gespräch. Vielleicht nehmen Personen auch im Auftrag oder auf Drängen anderer an einem Gespräch oder einer Beratung teil, wobei sie keine eigenen Themen bearbeiten sollen, sondern Themen, die andere für sie als wichtig erachten.

Nichtanwesende Personen haben oft eigene offene oder verdeckte Ziele, die auf das Gespräch einwirken. Zu diesen Personen bzw. Parteien können Geschäftsführung, Teamleitung, Team oder Behörden, wie z. B. Sozial- und Jugendämter, aber auch Angehörige wie Eltern oder Beziehungspartner gehören, die nicht zum Gespräch erscheinen, den Teilnehmenden aber Aufträge für den Termin mitgeben. Deshalb bringt eine anwesende Person häufig Aufträge weiterer Personen mit in das Gespräch. Ebenso kann es sein, dass die gesprächsführende Person zusätzliche Aufträge, z. B. von Kolleginnen oder Vorgesetzten, erhält.

Durch solche Dynamiken entstehen »Auftragsvielecke«, in denen in der Regel nicht alle Interessenträgerinnen im Gespräch zusammenkommen. Auftragsvielecke können z. B. bestehen aus:

- Chefin, Coachee, Coach;
- Einrichtungsleitung, Team, Supervisorin;
- Jugendamt, Familie, Beraterin;
- Jugendgericht, Jugendliche, Berater;
- Eltern, Kind, Therapeut;
- Großeltern, Vater, Mutter, Kind, Beraterin.

Im Sinne einer systemischen Haltung ist es für die gesprächsführende Person zunächst wichtig, sich dieser Auftragsvielfalt bewusst zu werden. Im Rahmen der Anliegen- und Auftragsklärung kann bei den direkt Anwesenden erfragt werden, welche Ziele sie selbst mit dem Beratungsgespräch verbinden und welche Aufträge sie noch von anderer Seite im sprichwörtlichen Gepäck haben.

Es sollte geklärt werden, ob das Gespräch ziel- und ergebnisoffen geführt werden kann. Diese Klärung des Gesprächsrahmens mit den teilnehmenden Personen führt dazu, dass diese sich auch selbst bewusst werden, welche Aufträge und Ziele sie selbst bezogen auf ein Gespräch haben und welche von anderer Seite aus bestehen. Für die gesprächsführende Person wird es hierdurch möglich, sich selbst zu positionieren. Sie kann dann entscheiden, welche Aufträge von Personen, die nicht direkt am Gespräch beteiligt sind, sie in Betracht ziehen möchte und welche sie gegebenenfalls auch ablehnt.

1.4 Rollenklärung

Die Rollenklärung ist ein wichtiger Teil gelingender Gesprächsführung. Sie dient dazu, Machtverhältnisse und Rollenerwartungen zu reflektieren. Für die gesprächsführende Person bietet sie die Gelegenheit, die eigene, neutrale Haltung und Aspekte eigener Involviertheit zu thematisieren.

1.4.1 Rollenklarheit: Wer von mir spricht mit wem von dir?

Zur Anliegen- und Auftragsklärung gehört auch, die Rollen der Beteiligten und die damit zusammenhängenden Anliegen und Aufträge zu besprechen. Für die gesprächsführende Person bedeutet dies, sich einige Fragen zu stellen:

> »Welche Rolle spiele ich für mein Gegenüber?«
> »In welcher Rolle möchte ich meinem Gegenüber gegenübertreten?«
> »Welche Rolle möchte ich in dem Gespräch nicht übernehmen?«
> »Die Einnahme welcher Rollen wird von mir erwartet? Und will ich diese Erwartung erfüllen?«

Abhängig von Situation und Kontext nehmen Menschen unterschiedliche **Rollen und Ego-States** ein. »Ego-State« ist ein Begriff, der aus der in den 1980er Jahren entwickelten Ego-State-Therapie von Helen und John Watkins stammt, die davon ausgeht, dass sich jede Persönlichkeit aus unterschiedlichen Ich-Anteilen zusammensetzt (Watkins u. Watkins, 2003). Je nachdem, wo und mit wem wir zusammen sind, schlüpfen wir bewusst oder unbewusst, willentlich oder unwillentlich in eine bestimmte Rolle bzw. zeigen uns in einem bestimmten Teil unserer Persönlichkeit. Im Laufe ihres Lebens entwickeln alle Menschen ihr eigenes Repertoire an familiären, privaten und beruflichen Rollen und Ego-States, etwa als Mutter oder Vater, Bruder oder Schwester, Tochter oder Sohn, oder auch als beste Freundin, Hobbygärtner, Joggerin, Florist, Handwerkerin, Umweltschützer, Musikerin oder Gourmet. Je nach Situation zeigen wir uns in einer der vielen verschiedenen Ausprägungen unserer Ego-States, wodurch sie sich zunehmend stabilisieren oder auch verändern und weiterentwickeln. Auch als beratende Person können Sie unterschiedliche Rollen einnehmen, etwa als Moderatorin, Fachkraft, Organisatorin, offenes Ohr, Ratgeberin oder Streitschlichter. Gelegentlich entstehen Gesprächssituationen, in denen man eher als Richterin, Ankläger, Kummerkasten, Ratgeberin, Rechtgeber oder Entscheiderin gefragt ist, also in Rollen, die man eher ablehnen sollte (→ **Kapitel 1.2.6 »Grundhaltungen systemisch-lösungsorientierter Gesprächsführung und Beratung«; 1.3 »Anliegen- und Auftragsklärung«**).

Diese Vielfalt innerer Rollen oder Persönlichkeitsanteile gibt es in jeder Person. Alle Menschen verfügen über ein Repertoire von Rollen oder **Ich-Zuständen**, das sich aufgrund eigener Erfahrungen, durch das Abschauen und Nachmachen von anderen, durch den eigenen Bildungsweg, erlernte Handlungsstrategien sowie das soziale und kulturelle Umfeld herausbildet. Einige dieser Rollen zählen wir sicherlich zu unserer Persönlichkeit, einige sind uns möglicherweise eher unangenehm oder wir empfinden sie – zumindest in einigen Situationen – gar als störend.

Manchmal entscheidet man sich bewusst dafür, eine bestimmte Rolle einzunehmen. Gelegentlich locken bestimmte Situationen aber auch eine unserer Rollen hervor, die wir eigentlich gar nicht zeigen wollten. Es ist gut vorstellbar, dass es solche Ego-States gibt, die gut miteinander harmonieren, ebenso gibt es welche, die miteinander im Widerstreit liegen. Dies betrifft nicht nur Rollen verschiedener Personen, sondern auch die Rollen in einem selbst. Innere Rollenkonflikte, Unentschlossenheit oder gar Zerrissenheit sind Anzeichen einer inneren Mehrstimmigkeit. Fragen Sie sich vor einem Gespräch:

> »Welche Rolle will ich in diesem Gespräch einnehmen?«
> »Welche meiner Rollen könnte hervorgelockt werden, obwohl ich sie lieber nicht zeigen möchte? Und wie könnte es mir gelingen, in einer anderen Rolle zu bleiben?«
> »Welche Rollen der am Gespräch beteiligten Personen könnten miteinander in Konflikt geraten?«

Sie können sich in Gesprächen dafür entscheiden, gewisse Aussagen aus einer bestimmten Rolle heraus zu treffen und das auch so kommunizieren:

> »Als Leiter der Beratungsstelle würde ich das folgendermaßen beschreiben: …«
> »Aus fachlicher Sicht sehe ich das so: …, als Vertreter der Unternehmensführung sehe ich es aber so: …«

Der Vorteil, aus verschiedenen vorher für sich selbst reflektierten Rollen zu sprechen, ist, dass Sie Dinge differenzierter und sortierter mitteilen können. Wenn Sie z. B. etwas als Führungskraft sagen, unterscheidet sich das von dem, was Sie als Freundin oder als Kollegin sagen würden.

Zur Arbeit mit Rollen, Ego-States und inneren Anteilen gibt es zahlreiche Modelle und Methoden (Watkins u. Watkins, 2003; Peichl, 2012; Fritzsche, 2013; Holmes, 2013; Emmerson, 2015; Schulz von Thun, 1989; Schulz von Thun u. Stegemann, 2004; Kumbier, 2016; für eine Übersicht: Lindemann, 2023a, 2023b).

1.4.2 Rollen und Grundhaltungen von Gesprächsbeteiligten

Menschen nehmen mit ganz unterschiedlichen Haltungen an Gesprächen oder an Beratung teil. Einige kommen freiwillig, einige werden geschickt oder mitgeschleppt, einige sehen sich als Opfer der Umstände, einige wollen Handlungsideen entwickeln, um anschließend selbst tätig werden zu können.

Diese verschiedenen Grundhaltungen der beteiligten Personen können in fünf Gruppen eingeteilt werden. Die Aufteilung basiert auf der Unterscheidung zwischen »Besuchern, Klagenden und Kunden«, die Steve de Shazer in der lösungsfokussierten Beratung vorgenommen hat (de Shazer, 1989, S. 102–109; De Jong u. Berg, 1998, S. 97–123). Diese drei ursprünglichen Grundhaltungen wurden für die systemisch-lösungsorientierte Gesprächsführung und Beratung, wie sie hier dargestellt wird, ausdifferenziert und ergänzt. Das liegt darin begründet, dass die Gruppendynamik in vielen Beratungsgesprächen, vor allem in organisationalen Kontexten, zusätzlich noch durch institutionelle Hierarchieunterschiede oder Machtverhältnisse geprägt ist. Die in der systemisch-lösungsorientierten Beratung beschriebene Grundhaltung des »Klagenden« wird daher in zwei Grundhaltungen unterschieden: Ausharrende und Anklagende. Eine weitere Grundhaltung wird ergänzt: »Bestimmerin« bzw. »Bestimmer«.

Die Beschreibung der Grundhaltungen, die Gesprächsbeteiligte einnehmen können, sollen nicht zur Klassifikation der Personen dienen, sondern zur Verdeutlichung der verschiedenen Haltungen, die sie im Verlauf eines oder mehrerer Gesprächstermine bezogen auf bestimmte Themen mitunter einnehmen. Während einer Beratung oder eines Gesprächs wechseln diese Haltungen durchaus. Eine Teilnehmende kann bezogen auf eines der Themen z. B. als Kundin auftreten, bezogen auf ein anderes als Klagende.

Die folgenden pointierten Beschreibungen veranschaulichen mögliche Grundhaltungen von Teilnehmenden, bei denen es für die gesprächsführende Person ratsam ist, unterschiedlich zu reagieren. Diese Beschreibungen sollen Teilnehmende keineswegs diffamieren oder in Schubladen stecken. Es geht nicht um ihre Persönlichkeit, sondern um ihre Haltung bezüglich eines Gesprächs, einer Beratung oder der dort angesprochenen Themen. Für die Vorbereitung auf Gespräche ist es hilfreich, eine Ahnung davon zu haben, mit welchen Grundhaltungen man in solchen Gesprächen konfrontiert sein kann.

Kundinnen und Kunden

Diese Personen haben ein eigenes Anliegen. Sie wollen etwas klären und hierzu einen eigenen Beitrag leisten. Sie erwarten, dass andere direkt oder indirekt Beteiligte etwas zur Bearbeitung eines Themas, zur Lösung eines Problems oder zur Gestaltung einer Veränderung beitragen, und sind auch bereit, selbst etwas zu tun.

> »Ich bin in diesem Gespräch zur Analyse und Verbesserung der Situation beteiligt. Ich sehe meinen eigenen Teil am Problem und an der Lösung, und bin bereit, etwas beizutragen!«

Bestimmerinnen und Bestimmer

Dies können alle Personen sein, die anderen sagen wollen, was sie zu tun haben. Möglicherweise betrifft sie ein Thema gar nicht, dennoch beschränken sie sich nur selten darauf, Sichtweisen zu äußern oder Vorschläge zu machen. Vielmehr wollen sie anderen vorschreiben, was zu tun ist. Bestimmer können Teammitglieder sein, die eine höhere hierarchische Position innehaben, die eine das Thema betreffende Fachqualifikation oder einen bestimmten sozialen Status z. B. aufgrund ihrer Dienstjahre aufweisen. Auch Erwachsene nehmen gegenüber Kindern oft diese Haltung ein, z. B. Eltern gegenüber ihren Kindern. Auch Professionelle finden sich gegenüber Laien oftmals in dieser Rolle wieder, deren Grundtenor lautet:

> »Es ist etwas zu tun. Ich weiß auch um alle Gegebenheiten und was zu tun ist! Wenn die anderen machen, was ich sage, wird alles gut!«

Besucherinnen und Besucher

Eine solche Haltung wird häufig von Personen eingenommen, die nicht aus eigenem Antrieb an dem Gespräch teilnehmen wollen. Sie wurden eingeladen, mitgebracht oder einbestellt, erkennen aber keine innere Notwendigkeit, sich zu beteiligen.

> »Ich weiß gar nicht, was ich hier eigentlich soll!«

Ausharrende

Eine solche Haltung kann von Teilnehmenden aus zwei Gründen eingenommen werden:

1. Andere anwesende oder abwesende Personen möchten etwas von ihnen, oder
2. sie selbst wünschen eine Veränderung, sehen aber keine Möglichkeit, etwas zum Thema oder zu einer Lösung beizutragen.

Ausharrende tendieren dazu, ein Thema oder eine Anforderung eher abzuwarten oder auszusitzen. Gegebenenfalls schmollen sie, zeigen sich hilflos oder verweigern sich ganz dem Gespräch. Im Gegensatz zu Besucherinnen und Besuchern erkennen sie, dass es einen Anlass oder Klärungsbedarf gibt, empfinden sich selbst aber als machtlos:

> »Es ist etwas zu tun, zu dessen Erledigung ich aber nichts beitragen kann. Ich kann nichts tun!«

Anklagende

Eine anklagende Haltung basiert ebenfalls darauf, dass andere etwas von dieser Person möchten oder sie selbst eine Veränderung wünscht. Anklagende fühlen sich nicht zuständig, sind überfordert oder der Meinung, sie werden ungerecht behandelt. Sie fühlen sich schnell angegriffen, oftmals haben sie etwas erlitten und sind darüber wütend. Es kann auch sein, dass Anklagenden etwas vorgeworfen wird, was sie selbst ganz anders beurteilen. Sie werden sich daher verteidigen und selbst Forderungen an andere stellen. Anklagende sind der folgenden inneren Auffassung:

> »Es ist etwas zu tun, zu dessen Erledigung ich nichts beitragen kann. Ich bin nicht schuld. Andere sind schuld. Deshalb müssen andere etwas tun!«

Für die Vorbereitung von Gesprächen ist es zunächst ausreichend, eine grundlegende Idee davon zu haben, mit welchen Grundhaltungen man es in der anstehenden Situation vermutlich zu tun bekommen wird. Oft kann eine solche Einschätzung nur vorgenommen werden, wenn man die Beteiligten bereits kennt und weiß, wie diese zu einzelnen Themen stehen. Vor allem, sobald man wiederholt Gespräche mit denselben Personen führt, lässt sich eine solche Einschätzung gut vornehmen.

1.4.3 Das Dramadreieck

Ein Modell, das sich zum Verständnis der Dynamik zwischen Gesprächsteilnehmern und Konfliktbeteiligten eignet, ist das sogenannte »Dramadreieck« von Stephen Karpman (Karpman, 1968; Stewart u. Joines, 2000, S. 338 ff.). Dem Dramadreieck zufolge nehmen Beteiligte in einem Konflikt eine der folgenden drei Rollen ein und wechseln zwischen ihnen:

1. »Täterin, Täter« (auch »Verfolgerin, Verfolger«, oder »Verbesserin, Verbesserer«),
2. »Opfer« oder »Objekt«,
3. »Retterin, Retter« (auch »Ratgeberin, Ratgeber«).

Welche der Rollen im Dramadreieck eingenommen werden, ist von Situation zu Situation unterschiedlich und hängt oft mit früher erfahrenen Situationen zusammen, in denen man selbst bestimmte Rollenerfahrungen gemacht oder andere Personen beobachtet hat. Sich der jeweils eingenommenen Rolle und der daraus entstehenden Dynamik bewusst zu sein, ist sehr hilfreich, wenn man wiederholende, unproduktive Muster unterbrechen möchte. Hierbei ist es ratsam, auf die offenen und verdeckten Botschaften zwischen den Beteiligten zu achten, um etwas über deren (verdeckte) Bedürfnisse zu erfahren.

In der Gesprächsführung sollte man – vor allem, sobald es um Konflikte geht – vermeiden, eine der drei im Dramadreieck beschriebenen Rollen einzunehmen. Vielmehr sollte man immer versuchen, sich außerhalb dieser Dynamik zu positionieren (Abbildung 9).

Die Rollen können in Gesprächen schneller wechseln, als man dessen gewahr wird. Fängt eine beteiligte Person an, aus einer der Rollen heraus zu kommunizieren, ist dies grundsätzlich auch eine verdeckte Botschaft an andere Beteiligte. Es ist ein »Kommunikationsangebot«, dem man folgen kann, und der Sog, eine der korrespondierenden Rollen einzunehmen, ist groß.

Die Dynamik zwischen den Rollen entsteht durch ihre wechselseitigen Zuweisungen und durch das Maß, in dem man die jeweilige Rolle für sich

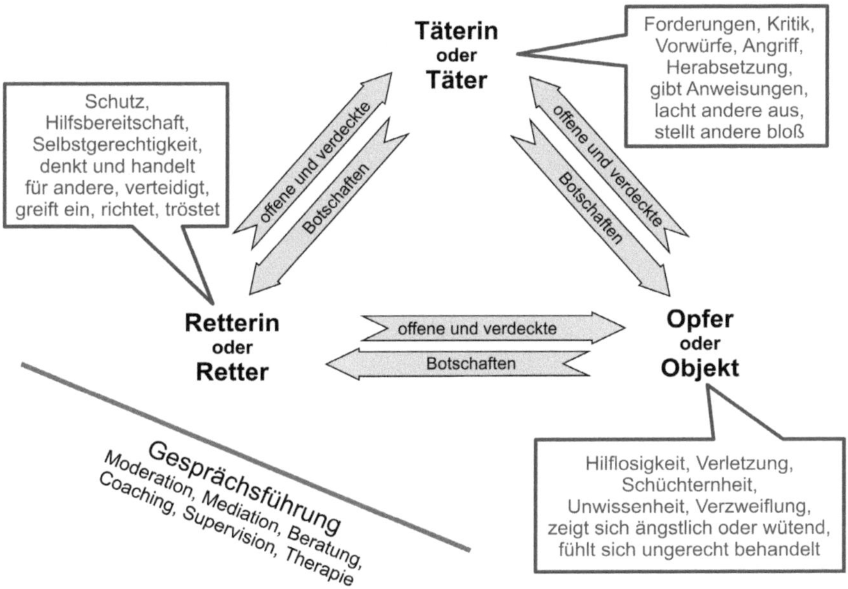

Abbildung 9: Das Dramadreieck

selbst annimmt. Letztlich geht es immer um Fragen von Richtig oder Falsch bzw. Schuld und Unschuld. Hierbei können die wechselseitigen Zuweisungen der Rollen sehr schnell wechseln, ein Beispiel:

> Teilnehmerin A macht einen Vorschlag (Verbesserin), was Teilnehmer B tun könnte. Teilnehmer B fühlt sich dadurch beleidigt und beschwert sich (Opfer). Teilnehmerin C kommt B zuhilfe (Retterin) und beschimpft Teilnehmerin A. Teilnehmerin A fühlt sich ungerecht behandelt und fängt an zu weinen (Opfer). Teilnehmer B kritisiert Teilnehmerin C, weil diese Teilnehmerin A zum Weinen gebracht hat und wird dadurch zum Retter von A, während Teilnehmerin C zur Täterin wird. Teilnehmerin C steht auf und verlässt wutschnaubend den Raum, weil sie sich missverstanden fühlt, wodurch sie nun ihrerseits die Position eines Opfers einnimmt.

Die offenen und verdeckten Botschaften zwischen den Rollen im Dramadreieck sind vielfältig.

Opfer:
»Sieht denn keiner, wie schlecht es mir geht?«
»Wenn ich mich schwach zeige, muss ich nichts tun!«
»Gib mir recht!«
»Ich will keine Verantwortung übernehmen!«
»Schenke mir Aufmerksamkeit!«
»Wer weint, hat recht!«

Täterin oder Täter:
»Ich bin sowieso schon die Außenseiterin, jetzt ist eh alles egal!«
»Wenn ich mich stur stelle, muss ich nicht mitarbeiten!«
»Biete mir Angriffsfläche, damit ich mich abreagieren kann!«
»Beachte mich!«
»Beweise mir, dass ich schlecht bin!«
»Ich kann nicht zugeben, dass ich falsch lag!«

Retterin oder Retter:
»Habe ich dich erwischt!«
»Ich weiß, was richtig ist!«
»Ich kann dich beschützen!«
»Wenn ich dich rette, bekomme ich Anerkennung!«
»Ich bin einer der Guten!«
»Ihr bekommt das nicht ohne meine Hilfe hin!«

Solche Rollenwechsel können sich in Gesprächen mehrfach vollziehen, erst recht, wenn die Gesprächsführung ebenfalls mitmischt. Eine vom Dramadreieck unabhängige Position zu erreichen, erfordert in der Doppelfunktion einer persönlich involvierten Gesprächsführung, die eigene Themen und Aufträge zu klären hat, eine große Rollenklarheit. Sicherlich wird man es nicht vermeiden können, gelegentlich als Retter/Ratgeber, Täter/Verfolger/Verbesserer oder Opfer/Objekt zu erscheinen, selbst wenn man sehr genau darauf achtet, diese Rollen nicht anzunehmen.

Damit eine unabhängige, unparteiische bzw. allparteiliche Haltung gelingen kann, sollten von Ihnen als beratender bzw. gesprächsführender Person einige Grundsätze beachtet werden:

- Stellen Sie sich nie auf die Seite einer Person oder Partei. Zeigen Sie Verständnis für jede Sichtweise und jedes Befinden.
- Bieten Sie nicht unaufgefordert Unterstützung an, sondern fragen Sie nach, welche Unterstützung gewünscht ist. Entscheiden Sie dann, welchen an Sie gerichteten Wünschen Sie – vor allem hinsichtlich Ihrer allparteilichen Position als Gesprächsführung – entsprechen möchten.
- Seien Sie keine Richterin. Moderieren Sie Entscheidungsprozesse, treffen Sie aber selbst keine Entscheidungen für andere.
- Übernehmen Sie die Verantwortung für die Gestaltung des Gesprächs, nicht für seine Ergebnisse.
- Werten Sie die Aussagen anderer Beteiligter möglichst nicht.
- Wenden Sie die Techniken »Lösungsorientiertes Paraphrasieren« (→ Kapitel 2.2.2) und »Ich-Botschaften« an (→ Kapitel 2.3.1).

2 Die Basistechniken

Die nachfolgenden Gesprächsführungs- und Fragetechniken bilden die Basis der systemisch-lösungsorientierten Gesprächsführung. Viele der vorgestellten Techniken können in allen Phasen der Gesprächsführung und Beratung eingesetzt werden, während sich einige nur für bestimmte Phasen eignen. Schwerpunkt dieser Einführung ist die methodische Grundausstattung, mit der die Gesprächsführung in verschiedenen Situationen gelingen kann. Weitere Techniken und Methoden – wie Ego-State-Arbeit, Figurenaufstellung, Aufstellung im Raum, Arbeiten mit Bildern und Metaphern und vieles mehr – können aus der vielfältigen Literatur zur Gesprächsführung und Beratung ergänzt werden (z. B. Lindemann, 2023a, 2023b; Schwing u. Fryszer, 2006).

2.1 Das Gegenüber zum Reden einladen

Es gibt in Gesprächen immer wieder Situationen, in denen die Gesprächsleitung mehr erfahren möchte vom Gegenüber, es dazu ermuntern möchte, etwas zu konkretisieren oder auszuführen. Dies ist z. B. durch direkte Fragen und Aufforderungen zu erreichen, wie:

> »Möchten Sie mir mehr darüber erzählen?«
> »Können Sie das genauer beschreiben?«
> »Können Sie das konkretisieren?«
> »Das will ich im Detail verstehen. Erzähle mir mehr!«

Dazu ergänzend gibt es einige Techniken, die das Reden und Konkretisieren von Gesprächspartnerinnen und -partnern auf einfache Weise unterstützen, ohne dass man diese direkt dazu auffordern muss. Um diese geht es in den folgenden Abschnitten.

2.1.1 Spiegeln

Das Spiegeln ist eine ganz einfache Technik, die schlicht darin besteht, ein Wort, einen Satzteil oder einen Satz eines Sprechers gezielt zu wiederholen. Diese Wiederholung ist gleichsam wie das Vorhalten eines Spiegels. Man kann diese Technik auch als »Echo« bezeichnen.

Die Wiederholung des Gesagten durch eine andere Person kann Inhalte einerseits hervorheben und andererseits infrage stellen. Im Sinne einer Rückversicherung gibt sie dem Sprecher die Möglichkeit, das Wiederholte zu bestätigen oder zu konkretisieren. Spiegeln lädt die Sprecherin oder den Sprecher in der Regel dazu ein, mehr zu erzählen.

> »Das haben wir hier noch nie gemacht.« – »Noch nie?« – »Na ja, einmal haben wir ...«
> »Lukas macht das immer!« »Immer?« »Nun, nicht immer. Also er hat auch schon mal ...«
> »Das hat mich schon ein bisschen geärgert.« – »Ein bisschen?« – »Nein, eigentlich war ich stinksauer, ...«
> »Und dann geht er so mir nichts dir nichts ohne Vorwarnung an die Decke.« – »Ohne Vorwarnung?« – »Na ja, da gibt es schon so kleine Anzeichen ...«
> »Mit den paar zusätzlichen Stunden können wir überhaupt nichts anfangen.« – »Überhaupt nichts?« – »Na ja, schon etwas, aber eben nicht genug.« – »Was genau könnten Sie denn mit den paar zusätzlichen Stunden anfangen?«

Besonders gut eignet sich das Spiegeln, um das Gegenüber genauer berichten zu lassen. In der Regel animiert es dazu, weiter auszuholen, zu konkretisieren und zu relativieren.

Ebenso bietet sich das Spiegeln als Entgegnung auf Verabsolutierungen an, wie *immer, nie, ständig, dauernd, absolut, jeder, alle, wahr, falsch, objektiv, bewiesenermaßen, tatsächlich* (→ **Kapitel 2.3.2 »Du-Botschaften und Killerphrasen«**).

2.1.2 »Was noch?«

Oft besteht die Gefahr, dass sich auf die ersten in einem Gespräch genannten Aspekte eines Themas beschränkt wird und der ganze weitere Verlauf auf diesen aufbaut, ohne mögliche weitere Aspekte und Ideen zu erkunden. Die zuerst genannten Punkte sind jedoch in der Regel die offensichtlichsten und banalsten, wohingegen tieferliegende, kreative oder auch verborgene Aspekte nicht direkt benannt werden. Bevor Sie also im Gespräch ein Thema oder eine Idee aufgreifen und vertiefen, eignen sich »Was-noch-Fragen«, um vollständigere und tiefgreifendere Beiträge zu fördern, die über das Erstgenannte und damit meist Offensichtliche hinausgehen.

> »Welche Themen möchten Sie besprechen? [...] Welche noch?«
> »Was schätzen Sie an Ihrem Sohn? [...] Was noch? [...] Und was noch?«
> »Wie stellen Sie sich das neue Raumkonzept vor? [...] Was noch?«
> »Was erwarten Sie von der Sprachförderung? [...] Was noch?«
> »Was könnten wir tun, um die Konflikte im Team zu verringern? [...] Was noch? [...] Und was noch?«

2.1.3 Pausen und Schweigen

Ein wichtiges Element der Gesprächsführung ist das Schweigen. Wenn Sie z. B. eine Frage stellen oder eine Erwiderung des Gegenübers erwarten, aber nicht direkt eine Reaktion erfolgt, neigen Sie möglicherweise dazu, die entstehende Stille dadurch zu beenden, dass Sie selbst etwas sagen oder zum nächsten Thema übergehen. Oft ist es aber so, dass Ihr Gegenüber Zeit für seine Antwort braucht. Vor allem, sobald es Ihnen gelungen ist, eine gute oder unerwartete Frage zu stellen, benötigt es unter Umständen länger für seine Entgegnung.

Auch gezielte Pausen sind eine Unterbrechung, die man dazu nutzen kann, die eigenen Gedanken zu sortieren. Selbst zu Beginn eines Gesprächs ist ein angeleiteter stiller Moment hilfreich, damit sich alle auf ihre Themen im Gespräch besinnen können:

> »Schön, dass Sie alle hier sind. Überlegen Sie bitte kurz, was Ihre Themen sind, die Sie gern besprechen möchten. Ich gebe Ihnen mal eine Minute Zeit, kurz in sich zu gehen.« (eine Minute Schweigen)
> »Um die gerade geäußerten Aspekte des Themas zu überdenken, schlage ich eine fünfminütige Unterbrechung vor. Ich möchte Sie darum bitten, diese Zeit nicht für Gespräche zu nutzen, sondern für sich selbst zu überlegen, wie wir mit der Situation weiter verfahren können.«

2.1.4 Aktives Zuhören, Cheerleading und Komplimente

Aktives Zuhören heißt, dem Gegenüber positive verbale und nonverbale Signale zu senden, die signalisieren, dass man zuhört. Dies können zustimmende und auffordernde Geräusche sein, ein bestätigendes Kopfnicken oder unterstützende Handgesten.

In einer erweiterten Form, die in Beratung und Coaching auch als **Cheerleading** bezeichnet wird, geht es um darüber hinausgehende Formen der positiven Unterstützung, wie z. B. kurze Worte oder Floskeln:

> »Wow!«
> »Ausgezeichnet!«
> »Ich bin ganz begeistert, wie viele Ideen Sie da gemeinsam entwickelt haben!«
> »Da haben Sie sich aber schon eine Menge Gedanken gemacht!«

Sie holen als gesprächsführende Person metaphorisch gesprochen Ihre Cheerleading-Pompons hervor und führen einen unterstützenden Tanz auf, streuen Konfetti und brennen ein Feuerwerk ab. Es geht um die Unterstützung bzw. das Empowerment »derjenigen, die das Spiel machen« aus einer »Position vom Spielfeldrand aus«. Ziel ist ein positives Feedback, das beim Gegenüber weitere positive Energien freisetzt. Diese stärkere, gegebenenfalls auch überzogene Form positiver Rückmeldung an das Gegenüber kann eine große Unterstützung sein, wenn sie gezielt eingesetzt wird. Vor allem bei Gesprächen mit Kindern und Jugendlichen ist diese Form des aktiven Zuhörens häufig sehr wirkungsvoll.

Aktives Zuhören und Cheerleading können durch ausformulierte **Komplimente** ergänzt werden:

> »Ich freue mich, dass Sie trotz des schwierigen Themas und der fortgeschrittenen Stunde so aktiv mitgearbeitet haben. Ich bin äußerst zuversichtlich, dass Sie mit den getroffenen Vereinbarungen einige Schritte in Richtung Ihres Zieles gehen können.«
> »Vielen Dank, dass Sie sich so emotional beteiligt und Ihr Herz ausgeschüttet haben. Ich finde es gut, dass Sie Ihrem Ärger in dieser Runde Luft machen konnten. Können wir nun den nächsten Schritt gehen und schauen, was wir gemeinsam verändern könnten, damit sich die Situation verbessert?«

Sowohl bei einfachen verbalen und nonverbalen Signalen als auch beim Cheerleading und bei Komplimenten sollten Sie darauf achten, dass diese natürlich und authentisch wirken. Sie sollten Ihren eigenen Stil des aktiven Zuhörens finden. Bei einigen Menschen ist dies nicht mehr als ein bestätigendes Brummen, bei anderen ein schallendes Lachen und ausgiebiges Gestikulieren. Probieren Sie aus, was zu Ihnen passt.

2.1.5 Rückmeldungen zur Körpersprache geben

Nicht zuletzt gehört zu diesem Bereich der Gesprächsführung das aktive Zuschauen, d. h., verbale Signale, zustimmende und ablehnende Rezeptionssignale und Körpersprache von Beteiligten wahrzunehmen und gegebenenfalls anzusprechen:

> »Sie schütteln gerade Ihren Kopf, was bedeutet das?«
> »Sie haben jetzt bereits einige Male auf die Uhr geschaut. Woran liegt das?«
> »Wenn Sie an dieser Stelle lachen, worüber?«
> »Sie sind während des Gesprächs immer weiter aus dem Kreis gerückt. Warum?«
> »Zu dieser Aussage habe ich zustimmendes Gemurmel und Kopfnicken wahrgenommen. Es scheint also auch noch anderen so zu gehen. Sehe ich das richtig?«
> »Sie machen gerade ein Gesicht, als hätten Sie auf eine besonders saure Zitrone gebissen. Möchten Sie gern etwas dazu sagen?«

Wichtig ist, dass verbale und nonverbale Reaktionen anderer Beteiligter wertschätzend thematisiert werden. Die Signale des Gegenübers sollten nicht bewertet oder angeklagt werden, sondern es soll durch offene Fragen die Möglichkeit gegeben werden, Signale in Worte zu fassen. Es geht nicht darum, das Gegenüber bloßzustellen, vielmehr soll ihm die Möglichkeit der sprachlichen Äußerung gegeben werden. In Tabelle 2 sind verschiedene Körpersignale zusammengefasst.

Tabelle 2: Übersicht über Körpersignale

Körperteil	Signale
Kopf/Gesicht	▪ Kopf schief legen ▪ Nicken ▪ Kopfschütteln ▪ Bewegung ▪ Rotwerden ▪ Stirnfalten ▪ Schweiß auf der Stirn
Augen	▪ Blickkontakt ▪ Senken des Blicks ▪ Schließen der Augen ▪ unstetes Umherblicken ▪ Blinzeln ▪ Augen verdrehen
Nase	▪ Nasenflügel zittern ▪ Nase rümpfen ▪ Schnaufen
Mund und Kiefer	▪ zitternde, bebende Lippen ▪ auf die Lippe beißen ▪ Mundwinkel verziehen ▪ Kiefer zusammenpressen ▪ lächeln oder grinsen
Stimme	▪ hoch – tief ▪ laut – leise ▪ langsam – schnell ▪ gepresst – abgehackt ▪ sanft – schrill ▪ Seufzen und Stöhnen
Nacken und Schultern	▪ Nacken reiben ▪ Hals bewegen ▪ rote Flecken am Hals bekommen ▪ Schultern hochziehen ▪ Schultern hängen lassen ▪ Schultern nach hinten ziehen
Hände und Arme	▪ Gestikulieren ▪ Zeigen und Deuten ▪ Hände oder Finger aneinander reiben ▪ Arme verschränken ▪ Bauch schützen bzw. festhalten

Körperteil	Signale
Beine und Füße	▪ mit den Füßen tippeln ▪ Beine überkreuzen ▪ Beine übereinanderschlagen ▪ breitbeinig sitzen ▪ Beine ausstrecken
Gesamteindruck	▪ ruhig – hektisch ▪ entspannt – angespannt ▪ steif – beweglich ▪ rund – eckig ▪ Atmung, Herzklopfen

Körpersignale sind zunächst nur Signale, die einen bewussten oder unbewussten Ausdruck von Gefühlen und Bedürfnissen darstellen. Diese wahrzunehmen und die Möglichkeit einer verbalen Erklärung zu bieten, eröffnet die Möglichkeit, diese Gefühle und Bedürfnisse, Zustimmung und auch Ablehnung explizit zu äußern. Gelegentlich sind Gesprächsteilnehmerinnen und -teilnehmer über ihre körperlichen Reaktionen sogar selbst überrascht, weil sie diese gar nicht wahrgenommen haben. Darauf angesprochen, reagieren Menschen sehr unterschiedlich: erleichtert, etwas sagen zu können, erstaunt über die eigene Reaktion, vielleicht fühlen sie sich auch ertappt oder verneinen die Reaktion. Das Aufgreifen von Körpersignalen durch die Gesprächsführung sollte intuitiv, wertschätzend und empathisch erfolgen. Eindeutige Regeln oder Anleitungen gibt es hierfür nicht.

2.1.6 Negative Gesprächssignale

Auch Zweifel und Widerspruch gehören zu den aktiven Rückmeldungen, die während eines Gesprächs gegeben werden. Diese reichen von Geräuschen wie Brummen und Schnauben und Gesten wie Kopfschütteln und Abwinken bis hin zu verbalen Äußerungen wie:

> »Na, na, na, na, na!«
> »Unglaublich!«
> »Niemals!«
> »Das hast du dir doch ausgedacht!«
> »Das meinst du doch nicht ernst!«

Die Gesprächsführung selbst sollte keine negativen Signale und Rückmeldungen geben. Ein gezielter Einsatz verbaler und nonverbaler Signale – etwa als Hinweis auf Regelverletzungen z. B. durch Zwischenrufe – kann jedoch sehr effektiv sein. Oft ist dies sogar hilfreicher als ein direktes Ansprechen von Fehlverhalten. Beschwichtigende Gesten mit den Händen oder ein Kopfschütteln mit hochgezogener Augenbraue können sehr wirkungsvoll sein. Ob diese in einer Gruppe zielführend eingesetzt werden können, lässt sich von der Gesprächsführung ausprobieren, die dabei einen eigenen Stil entwickelt. Auf jeden Fall ist es sinnvoll, zustimmende und auch ablehnende Signale der anderen Teilnehmerinnen und Teilnehmer zu beobachten und diese gegebenenfalls anzusprechen.

2.2 Gesprächsbeiträge zusammenfassen und ordnen

Gespräche strukturiert und ergebnisorientiert zu führen, verlangt von der Gesprächsführung, den Überblick über das bisher Gesagte zu behalten und gleichzeitig sicherzustellen, dass alle Beteiligten einander verstanden haben. Dabei unterstützen die folgenden Techniken.

2.2.1 Paraphrasieren

Das **Paraphrasieren** ist die wichtigste Gesprächsführungstechnik. Es geht darum, zusammenzufassen, was die Gesprächspartnerin oder der Gesprächspartner gesagt hat, und es auf den Punkt zu bringen. In vielen Phasen eines Gesprächs hilft dies dem Gegenüber dabei, Themen und Argumente zu sortieren und zu überprüfen, ob alles benannt wurde, was relevant ist.

> »Also Sie haben jetzt drei Themen benannt, die Sie hier besprechen möchten: 1. …, 2. …, 3. … Gibt es noch ein weiteres Thema, dass Sie besprechen möchten?«
> »Bezogen auf die motorische Entwicklung Ihrer Tochter sind Ihnen also vor allem zwei Dinge wichtig: 1. …, 2. … Gibt es sonst noch etwas?«
> »Für die Sanierung der Außenanlage sprechen aus Ihrer Sicht vier Argumente: 1. …, 2. …, 3. …, 4. … Sind das alle, oder gibt es noch ein weiteres Argument?«

Das Paraphrasieren sorgt dafür, dass alle Themen, Argumente, Wünsche, Befürchtungen usw. der Beteiligten auch geäußert werden. Sonst kann es schnell passieren, dass nur die offensichtlichsten Aspekte aufgeführt werden und einem weitere gar nicht in den Sinn kommen, weil man sich direkt an den zuerst genannten festhält. Für einige Beteiligte ist es zudem hilfreich und wohltuend, wenn man die vorgebrachten Punkte wiederholt, um nachzufragen, ob man sie richtig wiedergegeben hat. Dies signalisiert aktives Zuhören und ein Interesse daran, das Gegenüber zu verstehen. Der Wunsch, Gehör zu finden und verstanden zu werden, lässt sich so erfüllen.

Paraphrasieren erfordert vor allem die Fähigkeit, das Gegenüber von Zeit zu Zeit wertschätzend im Redefluss zu unterbrechen. Diese Unterbrechung kann ein sehr hilfreiches Strukturelement der Beratung darstellen, da es Klientinnen und Klienten dabei helfen kann, sich zu strukturieren, die eigenen Gedanken zu ordnen und bei einem Thema zu bleiben:

> »Darf ich Sie kurz unterbrechen, um einmal zusammenzufassen, was ich bisher von Ihnen gehört habe?«
> »Entschuldigen Sie, das war jetzt schon eine ganze Menge an Information. Darf ich kurz wiederholen, was ich bisher von dem, was Sie erzählt haben, verstanden habe?«
> »Können Sie hier bitte eine kurze Pause einlegen? Ich möchte das bisher Gesagte einmal ordnen und zusammenfassen. Passt das für Sie?«

2.2.2 Lösungsorientiertes Paraphrasieren

Ein Vorteil des Paraphrasierens ist, dass die Gesprächsführung die Formulierung der anderen Beteiligten in eine ressourcen- und lösungsorientierte Sprache übersetzen kann. Diese lösungsorientierte Übersetzungsarbeit besteht aus vier Strategien:

- Negative Formulierungen positiv umformulieren

Damit ein Gespräch nicht zu einem Klagen über Missstände und dem Beschreiben all der Dinge wird, die man nicht hat, können negativ formulierte Themen und Anliegen »positiviert« werden:

> »Die Vernachlässigung von Miriam durch ihre Eltern macht mir Angst.« – »Sie möchten also darüber sprechen, was Miriam braucht, um gut versorgt zu sein?«
> »Wir müssen diese chronische Unterversorgung im Mittagsdienst in den Griff bekommen.« – »Es geht dir also um die bessere Begleitung der Kinder beim Mittagessen?«
> »Mit den paar Stunden können wir ja nichts machen.« – »Möchtest du hier gemeinsam besprechen, was man mit den Stunden machen kann, die zur Verfügung stehen, oder darüber, was man machen könnte, wenn wir mehr Stunden hätten?«
> »Bertram muss aufhören so aufbrausend zu sein.« – »Geht es dir darum, wie wir damit umgehen, wenn Bertram aufbraust, oder darum, was wir dazu beitragen können, dass er anders reagieren kann?«

■ Wertungen und Beleidigungen entfernen

Damit durch die Formulierung eines Themas nicht bereits eine Bewertung vorweggenommen wird, sollten wertende Teile bei der Formulierung von Themen oder Anliegen nicht paraphrasiert werden. Die Beteiligten können daran anschließend neutraler und wertfreier an den Themen arbeiten:

> »Ständig sind Leas Hausschuhe weg oder kaputt. Können Sie nicht besser aufpassen?« – »Sie möchten also, dass Lea lernt, sorgsamer mit ihren Hausschuhen umzugehen. Wollen Sie mit uns darüber sprechen, wie wir sie dabei unterstützen können?«
> »Es geht um die mangelnde dialogische Haltung einiger Kolleginnen hier.« – »Sie möchten also über die Dialogfähigkeit sprechen?«
> »Es geht um diesen dämlichen und ungerechten Personaleinsatzplan.« – »Sie möchten also die Gestaltung der Personaleinsätze thematisieren?«
> »Die Unpünktlichkeit von Susanne bringt mich auf die Palme. Das verzögert den Beginn jeder Teamsitzung und wir überziehen daher ständig.« – »Du möchtest also zum einen die Teamsitzung zur vereinbarten Zeit gemeinsam beginnen. Zum anderen möchtest du die Inhalte, die wir uns vorgenommen haben, in der zur Verfügung stehenden Zeit bewältigen. Richtig?«
> »Diese ewig langen unverständlichen Protokolle sind das Papier nicht wert, auf dem sie gedruckt sind!« – »Es ist Ihnen also wichtig, den Umfang der Protokolle zu reduzieren und ihre Prägnanz zu erhöhen?«

Dogmatische und absolute Aussagen aufweichen

Damit ein Gespräch nicht zu einem Kampf um die »absolute Wahrheit« wird, können Aussagen aufgeweicht und erweitert werden:

»Andauernd macht er mir ungerechtfertigte Vorwürfe!« – »Was hat er genau gesagt? Wann? Wie oft?« oder: »Gibt es einen Teil der Vorwürfe, der Sie trifft, weil er ein bisschen zutrifft?« oder: »Wie müsste er seine Rückmeldung formulieren, damit Sie keinen Vorwurf darin hören?«
»Sie will sich nie die Zähne putzen!« – »Wie oft ist das in den letzten zwei Wochen passiert?« oder: »Erinnern Sie sich an eine Situation, in der es geklappt hat? Was war da anders?«
»Dieses ständige Gemecker nervt mich!« – »Wenn Ihre Frau Sie kritisiert, sind Sie verärgert. Können Sie mir sagen, wann das vorkommt und wie oft?« oder: »Können Sie eine Situation benennen, in der Ihre Frau Sie kritisiert hat und Sie die Kritik gut annehmen konnten?«
»Immer soll ich zusätzliche Aufgaben übernehmen!« – »Immer?«

Verniedlichende und ausweichende Formulierungen konkretisieren

Einen Gegensatz zu dogmatischen und verabsolutierenden Aussagen stellt das Herunterspielen und Kleinmachen von Vorschlägen und Schilderungen dar. Entfernt man beim Paraphrasieren diese einschränkenden Formulierungen, kann die Klientin oder der Klient überprüfen, was sie oder er gegebenenfalls deutlich zum Ausdruck bringen möchte:

»*Vielleicht* können wir ja mal versuchen, das etwas kürzer zu machen?« – »Ihr Vorschlag wäre also, den Zeitaufwand zu verringern?«
»Ich habe das Gefühl, das wäre *wahrscheinlich* nicht das Richtige für mich.« – »Sie würden also sagen: ›Das ist nichts für mich!‹?« Oder: »Es gibt also eine Wahrscheinlichkeit, dass Sie sagen: ›Das ist voll mein Ding‹? Was glauben Sie, wie hoch diese Wahrscheinlichkeit ist?«
»Na ja, *ein wenig* geärgert hat mich das vielleicht schon.« – »Sie waren also verärgert?«
»*Ein Stück weit* kann ich verstehen, dass sie das nicht ganz in Ordnung findet.« – »Sie haben also Verständnis dafür, dass Ihre Partnerin das ablehnt?«

> »Es gibt da schon so ein zwei *Problemchen*, über die man *bei Gelegenheit einmal sprechen könnte.*« – »Sie sehen also ein oder zwei Themen, für deren Klärung Sie einen Termin vereinbaren müssten? Wann wäre denn ein guter Zeitpunkt, diese Themen zu besprechen?«

Eine weitere Möglichkeit des lösungsorientierten Paraphrasierens ist das Umformulieren der Aussagen des Gegenübers als »Ich-Botschaft« (→ Kapitel 2.3.1) oder das »Übersetzen« in Aspekte der Gewaltfreien Kommunikation (→ Kapitel 2.3.3 »Gewaltfreie Kommunikation«). Zudem lassen sich mit »Skalierungsfragen« (→ Kapitel 2.4.2) absolute Aussagen zielgerichtet relativieren.

2.2.3 Schriftliches Paraphrasieren und Clustern

Eine verbale Zusammenfassung des Gesagten (Paraphrase) ist manchmal schnell vergessen. Den Beteiligten ist dann gar nicht mehr präsent, was bereits alles gesagt wurde, selbst in Fällen, in denen es deutlich paraphrasiert wurde. Lediglich die Gesprächsführung hat gegebenenfalls noch eine Übersicht über die genannten Themen und Argumente, vorausgesetzt, dass sie über ein gutes Gedächtnis verfügt oder sich Notizen gemacht hat. Auch hier helfen bestimmte Techniken dabei, dass alle Beteiligten während des Gesprächs den Überblick behalten.

■ Schriftliches Paraphrasieren

Moderationskarten können bereits parallel zur Erzählung von Teilnehmenden mit Stichworten und Kernaussagen beschriftet werden. Nach einer Unterbrechung können diese dann genutzt werden, um das Gehörte zusammenzufassen. Parallel dazu lassen sich die beschrifteten Karten auf dem Tisch oder Fußboden ausgelegen oder an eine Pinnwand anheften und anordnen. Dabei darf die aufgeschriebene Formulierung auch noch einmal hinterfragt werden. Wenn beim schriftlichen Paraphrasieren auch lösungsorientiert umformuliert wird, sollte man sich über die verwendete Formulierung rückversichern:

> »Ich möchte Sie hier kurz unterbrechen. Ich habe während Ihrer bisherigen Erzählung aufmerksam zugehört und die zentralen Begriffe auf Moderations-

karten notiert. Darf ich diese einmal vor Ihnen ausbreiten und Ihnen zusammenfassen, was ich bisher von Ihnen gehört habe?«
»Ich werde weitere Karten während des Gesprächs ergänzen. Schauen Sie bitte auch auf die Formulierungen, ob diese so für Sie in Ordnung sind und das treffen, was Sie aussagen wollen.«

Wurden die ersten Moderationskarten einmal ausgelegt oder an einer Pinnwand angepinnt, können nachfolgende Karten in schrittweisen Unterbrechungen oder parallel zum weiteren Gespräch ergänzt werden.

Für das Beschriften von Moderationskarten gibt es einige Grundsätze. Bei der Beratung mithilfe von Online-Plattformen gelten die nachfolgenden Aussagen in gleicher Weise bei der Nutzung digitaler Whiteboards und anderer Werkzeuge zur Visualisierung und Strukturierung:

- Pro Karte immer nur ein Thema gut leserlich mit maximal sechs Worten festhalten, besser nur mit ein bis drei Worten. Überschriften können durch Großbuchstaben gekennzeichnet werden. Nutzen Sie zur Beschriftung von Moderationskarten am besten nur schwarz schreibende Stifte.
- Die beschrifteten Karten werden so ausgelegt oder aufgehängt, dass alle Beteiligten sie gut sehen können.
- Wenn mit verschiedenfarbigen Moderationskarten gearbeitet wird, sollten die Farben für verschiedene Begriffskategorien stehen. Soll alles gleichberechtigt und zunächst wertfrei und neutral aufgenommen werden, verwenden Sie nur weiße Moderationskarten. Sollen die paraphrasierten Aussagen nach Kategorien unterschieden werden, bietet es sich an, sechs Bereiche farblich voneinander zu unterscheiden. Nachfolgend eine beispielhafte Zuordnung, die sich auch später in den »Bausteinen der Gesprächsführung und Beratung« wiederfindet (→ **Kapitel 3**):
  - Themen = weiße Moderationskarten,
  - Probleme = rote Moderationskarten,
  - Ressourcen = gelbe Moderationskarten,
  - Bedürfnisse und Werte = blaue Moderationskarten,
  - Handlungsideen und mögliche Maßnahmen = grüne Moderationskarten,
  - offene Fragen = orange Moderationskarten.

Es sollte vermieden werden, Themen oder Beiträge verschiedener Personen oder Gruppen durch verschiedenfarbige Karten zu unterscheiden, da sonst leicht der Eindruck entsteht, ein benanntes Thema wäre nur das Thema einer Person oder Gruppe. Es kann dann zu einer Aufrechnung führen: »Wenn wir eines von deinen Themen besprechen, will ich auch eines von meinen besprechen.« Oder: »Wenn du fünf Karten da liegen hast, brauche ich auch fünf.«

Vermeiden Sie es, durch die Farbe der Karten Wertungen nahezulegen, wie sehr wichtig, wichtig, weniger wichtig. Priorisierungen können besser durch die ausgelegte bzw. angepinnte Reihenfolge oder durch eine Abfrage mit Klebepunkten oder Skalierungen durchgeführt werden.

Clustern[1]

Grundsätzlich können Sie alle beschrifteten Moderationskarten sofort, parallel zum Gespräch, auslegen und Schritt für Schritt eine Ordnungsstruktur aufbauen, indem Sie die Karten immer wieder verschieben bzw. umhängen und neue Ordnungen erzeugen. Hierbei lassen sich die Teilnehmenden gut einbinden: »Wo, denken Sie, soll ich diese Karte zuordnen?« Die Gesprächsführung kann aber zunächst auch nur für sich mehrere Moderationskarten beschriften und diese erst im Anschluss gesammelt auslegen oder an eine Moderationswand pinnen. Bei einem solchen Vorgehen entsteht für die Teilnehmenden eine Pause, in der sie über das bisher Gesagte nachdenken können. Oft fallen ihnen dann Ergänzungen ein, die sie gern hinzufügen möchten.

Beim Sortieren bzw. Clustern der beschrifteten Karten werden diese nach Themen geordnet, Doppelnennungen werden zusammengefasst oder es werden Aussagen unterschiedlicher beteiligter Gruppen gegenübergestellt. Die Fragen, die beim Clustern beantwortet werden, lauten: Gibt es eine gemeinsame Überschrift für mehrere Themen oder Aussagen? Welche Karten gehören inhaltlich zusammen?

---

1 Ein »Cluster« ist ein Bündel, ein Haufen oder eine Gruppe. In der Moderation bezeichnet man zusammenhängende Aussagen als Cluster und das Herausstellen dieser Zusammenhänge als »Clustern«.

Für das Clustern lassen sich verschiedene Vorgehensweisen wählen:

- Bei kleinen Gruppen und einer geringen Anzahl von Karten können diese direkt vor den Beteiligten auf dem Fußboden oder Tisch ausgelegt werden. Hierbei sollte die Gesprächsführung darauf achten, dass alle Beteiligten die Karten gut lesen können.
- Wenn dann die zentralen oder zu bearbeitenden Karten ausgewählt sind, können diese an eine Pinnwand geheftet oder an eine Wand geklebt werden.
- Die Gesprächsführung sollte das Sortieren oder Aufhängen der Karten nie anderen Beteiligten überlassen. Sie würde dadurch ein Stück Definitionsmacht an Einzelne abgeben, was zu einem Ungleichgewicht in der Gruppe führen und als parteilich gewertet werden könnte. Auch würde sie dadurch die Chance verlieren, die Karten direkt zu kommentieren und ein eigenes Ordnungsschema anzuwenden.
- Will die Gesprächsführung hingegen schauen, welche Ordnung sich durch das Sortieren von anderen Beteiligten ergibt, kann sie dieses als Gruppenaufgabe an mehrere Personen abgeben oder einen entsprechenden Gruppenprozess moderieren.

Die Vorteile von schriftlichem Paraphrasieren und Clustern

Das schriftliche Paraphrasieren auf einzelnen Moderationskarten und das Clustern von Aussagen, die zusammengehören, bietet mehrere Vorteile:

1. Sprache ist linear. Um etwas bereits Gesagtes in Erinnerung zu behalten, wird es daher gern wiederholt. Durch schriftliches Paraphrasieren bleiben den Beteiligten die zentralen Gesprächsinhalte präsent, es gerät nichts in Vergessenheit und Wiederholungen sind unnötig.
2. Die Gesprächsführung kann wertschätzend darauf verweisen, dass etwas schon benannt wurde und dabei auf die entsprechende Moderationskarte zeigen.
3. Die Farben der Moderationskarten können genutzt werden, um einzelne Aussagen zu kennzeichnen, zuzuordnen und zu strukturieren, z. B.
   - nach thematischen Gesichtspunkten (z. B. grün für Aussagen zum geplanten Urlaub, blau für Aussagen zum Zusammenleben, gelb für Aussagen zu gemeinsamen Aktivitäten) oder

- nach Kriterien oder Funktionen (z. B. rot für Probleme, grün für Lösungsvorschläge bzw. Handlungsideen, blau für Bedürfnisse, gelb für Ressourcen, orange für offene Fragen).

4. Die einzelnen Moderationskarten lassen sich jederzeit in eine andere Reihenfolge bringen, ergänzen, sortieren oder in Gruppen (»Cluster«) ordnen. Gemeinsamkeiten, Unterschiede und Häufigkeit der Nennung können sichtbar gemacht werden.
5. Mit der Anordnung der Karten können Zusammenhänge, Unterschiede und Gemeinsamkeiten herausgestellt werden, sodass ein Überblick über die Gesamtheit der Themen und Argumente entsteht.
6. Ergebnisse einzelner Arbeitsschritte können fotografiert und als Ergebnis (»Foto-Protokoll«) an alle Beteiligten gemailt werden.
7. Die Gesprächsführung kann sich der Formulierung ihrer Paraphrase rückversichern (»Soll ich das so aufschreiben? Oder haben Sie einen anderen Vorschlag?«).
8. Durch das Aufschreiben kann die Gesprächsführung die Geschwindigkeit aus dem Gespräch nehmen, ohne einem anderen Beteiligten vorzuhalten, er sei zu schnell: »Geben Sie mir bitte noch einen Augenblick, um das zu notieren. Soll ich das so aufschreiben? Ist die Formulierung für Sie in Ordnung?«
9. Die Beteiligten haben mit den ausgelegten Moderationskarten oder der Pinnwand einen festen Ort, auf den sie schauen können. Sie müssen dadurch nicht unbedingt Blickkontakt aufnehmen, falls ihnen dieser unangenehm ist. Sie dürfen ihre Augen auf »die Sache« richten.
10. Dadurch, dass die zentralen Aussagen auf Moderationskarten sichtbar festgehalten sind, schauen die Beteiligten diese an, wenn andere sprechen oder es eine Pause gibt. Im Zuge dessen kommen sie oft auf weiterführende Gedanken, ihnen fallen Ergänzungen oder Veränderungen ein, die für den weiteren Gesprächsverlauf hilfreich sein können.

2.2.4 Priorisieren

Bei jedem Entscheidungsprozess, bei der Auswahl oder dem Ranking von Themen oder alternativen Handlungsoptionen kann es zu Unstimmigkeiten kommen. Falls sich die Beteiligten nicht einigen können, gibt es einige Möglichkeiten, Themen oder Handlungsoptionen gemeinsam auszuwählen und ihre Reihenfolge festzulegen.

Ein Stimmungsbild der Beteiligten einzuholen, ist umso schwieriger, je größer die Gruppe ist: Verbale Rückmeldungen brauchen Zeit. Wenn in einer Gruppe von 16 Personen jede Person auch nur zwei Minuten ihre Meinung äußert, ist eine halbe Stunde vergangen. Redezeitbegrenzungen sind zudem schwer einzuhalten, oft wird die Austauschrunde zusätzlich von einigen Wortführerinnen und -führern bestimmt und die Stilleren kommen nicht zu Wort, sodass am Ende häufig noch kein umfassendes Meinungsbild entstanden ist. In solchen Situationen gibt es folgende Möglichkeiten:

- **Die offene Abstimmung:** Alle Teilnehmenden bekommen eine abgezählte Anzahl Klebepunkte und kleben diese auf die Moderationskarten, deren Themen sie zuerst bearbeiten möchten.
- **Die verdeckte Abstimmung:** In großen Gruppen wird eine Liste der Themen oder Handlungsoptionen erstellt und an die Teilnehmenden ausgeteilt. Diese vergeben dann eine festgelegte Punktzahl auf die von ihnen favorisierten Themen.
- **Das Abwählen von Themen oder Handlungsoptionen:** Fällt es einer Gruppe schwer, Prioritäten oder eine Reihenfolge festzulegen, kann den Teilnehmenden auch ein Ausschlussverfahren angeboten werden, in dem sie festlegen, welche Themen nicht oder am wenigsten dringend besprochen werden sollen. Die Teilnehmenden platzieren in einem solchen Fall Klebepunkte auf den Karten, deren Themen ausgeschlossen werden sollen.
- **Das Ampelverfahren:** Will man die Auswahl und Abwahl von Themen oder Handlungsoptionen miteinander verbinden, bekommen die Teilnehmenden z. B. drei grüne und drei rote Klebepunkte zugeteilt, sodass sie in beide Richtungen eine Wahl treffen können. Will man eine Zwischenposition hinzuziehen, werden zusätzlich gelbe Klebepunkte verteilt.
- **Skalierung:** Soll eine feinere Abstufung vorgenommen werden, kann die Gesprächsführung eine Zahlenskala einsetzen, z. B. 1 bis 4, 1 bis 6, 1 bis 10. Teilnehmende bewerten die unterschiedlichen Themen, indem sie deren Wichtigkeit für sich mittels eines Skalenwertes verdeckt notieren. Bei einer 5er- oder 10er-Skala können die Teilnehmenden bei einer offenen Befragung auch die entsprechende Anzahl Finger hochhalten. Weiteres zu Skalierungen finden Sie in → **Kapitel 2.4.2 Skalierungsfragen**.
- **Online-Voting:** Eine Online-Umfrage mit einem der gängigen Tools (z. B. Microsoft Forms, Mentimeter, easyfeedback.de) ist eine etwas formalere

Möglichkeit, ein Stimmungsbild in einer Gruppe zu erheben. Die Vorteile dabei sind, dass sich die Teilnehmenden anonym zu mehreren Fragen äußern können und dass man die Ergebnisse in Echtzeit ins Plenum einspiegeln kann, um im Anschluss mit ihnen weiterzuarbeiten.

- **Aktionssoziometrie:** In diesem Fall bittet die Gesprächsführung die Teilnehmenden, aufzustehen und sich im Raum zu einer Skalierungsfrage zu positionieren. Moderationskarten mit den einzelnen Ziffern können unterstützend auf dem Boden ausliegen.
  Bei der Verteilung von Aufgaben oder der Entscheidung zwischen mehreren Optionen lassen sich die entsprechenden Karten auch als Felder auf dem Fußboden verteilen. Die Teilnehmenden werden aufgefordert, sich zu den Aufgaben oder Inhalten zu stellen, die sie gern übernehmen oder bearbeiten möchten. Bei einem solchen Vorgehen wird zusätzlich sichtbar, welche Aufgaben mehrere und welche vielleicht niemand übernehmen will. Es kann dann darüber gesprochen werden, wer in einer Gruppe welche Aufgaben wahrnimmt oder wen man für noch offene Aufgaben gewinnen könnte.

Bei allen Prozessen der Priorisierung und Entscheidungsfindung in Gruppen gibt es Gewinnerinnen und Gewinner sowie Verlierer und Verliererinnen, weil es sich prinzipiell um Mehrheitsentscheidungen handelt. Es sollte daher gut überlegt werden, ob ein Konsens erzielt werden sollte, oder ob man auch darüber spricht, was die überstimmten Personen als Ausgleich für ihre »Niederlage« erhalten könnten, sodass sie in der Lage sind, die getroffenen Entscheidungen gut mitzutragen und zu unterstützen.

2.2.5 Moderationsmaterialien

Besorgen Sie sich einen eigenen Koffer, eine Tasche oder Box mit wenigen, aber für die Gesprächsführung notwendigen Materialien von guter Qualität. Finden Sie heraus, was Sie wirklich verwenden und beschränken Sie sich auf das Wesentliche. In fertig bestückten, in der Regel sehr teuren Moderationskoffern findet sich Vieles, das kaum Verwendung findet und sehr schnell in Unordnung gerät. Stellen Sie sich daher besser eine eigene Tasche oder einen eigenen Koffer zusammen mit den Dingen, die Sie wirklich brauchen, sodass Sie für eine Gesprächsführung gut vorbereitet sind.

Für eine gute Moderation reichen in der Regel:

- **Rechteckige Moderationskarten** in verschiedenen Farben (Rot, Grün, Blau, Gelb, Orange, Weiß) und ausreichender Anzahl. Kreise, Ovale und dergleichen Formen gibt es zwar auch, die meisten Personen differenzieren aber eher über die Farbe als über die Form. Werden mehr Differenzierungsmöglichkeiten benötigt, sind die fünf bei Moderationskarten üblichen Farben in kräftigem und blassem Ton erhältlich, sodass letztlich elf unterschiedliche Farben zur Verfügung stehen.
- Ausreichend **schwarze Permanentmarker**, sodass in Einzel- oder Gruppenarbeitsphasen jede beteiligte Person einen Stift benutzen könnte, der auch aus der Entfernung gut sichtbar ist. Bei roter oder grüner Stiftfarbe ist das oft schwierig. Soll auch durch die Stiftfarbe differenziert werden, verwenden Sie schwarze, rote und grüne Stifte. Blau ist, gerade in Foto-Dokumentationen, dem Schwarz sehr ähnlich.
- **Klebefilm, Klebestift oder Pinnnadeln**, um die Moderationskarten aufzuhängen oder Poster mit ihnen zu gestalten. Auch Krepp- oder Malerklebeband eignet sich hier hervorragend, da es auf allen Untergründen haftet und keine Rückstände hinterlässt. Auf Metaplan- oder Pinnwänden ist es häufig leichter zu verwenden als Stecknadeln. Aus Kreppklebeband lassen sich auch leicht kleine »Haftröllchen« oder »Klebchen« formen, die sich auf der Rückseite von Moderationskarten anbringen lassen, um diese an den verschiedensten Untergründen anzukleben. So lassen sich die Karten schnell und ohne Beschädigung versetzen oder abnehmen.
- **Kleine (!) Klebepunkte**, wenn diese für Abstimmungsprozesse an die Beteiligten verteilt werden sollen (»Sie erhalten jetzt jeder drei Klebepunkte, die Sie auf die Ideen-Karten kleben können, die Ihnen am besten gefallen«). Praktisch sind Klebepunkte auf einem Abrollstreifen, so ist die gewünschte Anzahl von Klebepunkten leicht abgerissen und verteilt, ohne diese noch aufwendig zuschneiden zu müssen.
- Eine **Schere** oder einen Cutter, um gegebenenfalls etwas zuzuschneiden.
- Eine oder mehrere **Pinnwände**, **Wände** oder Türen, an denen Moderationskarten und Flipchart-Papier angeheftet oder aufgeklebt werden können. Bei hochkant aufgestellten Tischen lässt sich die Tischplatte ebenfalls als Klebefläche nutzen.

- **Flipchart-Papier und Flipchart-Ständer**, Pinnwand- oder Paketpapier, um Ergebnisse zu notieren oder um in Gruppenarbeitsphasen Plakate erstellen zu lassen.
- **Quadratische Notizzettel in verschiedenen Farben oder farbige Post-its** eignen sich besonders gut für das Arbeiten mit wenig Platz oder für das Sammeln von Begriffen, wenn diese später auf einem Flipchart oder Poster aufgeklebt werden sollen.

2.2.6 Brainstorming

Neben dem Sammeln und Clustern von Gesprächsbeiträgen gibt es weitere Möglichkeiten der Ideensammlung und der darauffolgenden Strukturierung der im Gespräch gesammelten Informationen, die vor allem beim Entwerfen von Lösungen Anwendung finden.

Das **Brainstorming** ist die wohl bekannteste Kreativmethode. Sie wird überall gebraucht, jeder scheint sie zu kennen und zu beherrschen. Leider wird sie in der Vielzahl der Anwendungen nicht richtig umgesetzt. Häufig zeigt sich, dass eine Gruppe kein Brainstorming macht, sondern einige Beteiligten Ideen nennen, die dann durch die Gruppe diskutiert werden. Wenn Moderationsmaterial zur Verfügung steht, wird dieses nicht zielführend oder sogar gar nicht verwendet. Es ist daher in vielen Beratungs- und Gesprächssituationen hilfreich, zu verdeutlichen, was Brainstorming bedeutet:

- In kurzer Zeit
- werden viele Ideen erzeugt und
- dabei auch ungewöhnliche Ideen zugelassen.
- Alle Ideen werden schriftlich oder visualisiert festhalten,
- ohne sie zu diskutieren und
- ohne sie zu bewerten.

Eine Möglichkeit, diese Kriterien zu erfüllen, zeigen die folgenden drei Schritte:

1. Jede beteiligte Person erhält einen Stift und einen Stapel Moderationskarten. Auf diesen sollen Ideen zum Thema notiert werden (z. B. Lösungsvorschläge, Handlungsideen, Maßnahmen), jeweils nur eine Idee pro Karte. Beschriebene Karten werden verdeckt zur Seite gelegt oder optio-

nal offen in die Mitte, wenn sich die Teilnehmerinnen und Teilnehmer von den Ideen der anderen inspirieren lassen sollen. Es wird während dieses Arbeitsschritts nicht gesprochen. Für diesen Schritt kann ein Zeitlimit festgelegt werden oder eine Person schaut, wann die ersten Beteiligten mit dem Schreiben fertig sind und gibt den verbleibenden dann eine »Restlaufzeit«.

2. Die beschrifteten Karten werden ausgelegt, sortiert und zusammengefasst (»geclustert«). In diesem Schritt werden die Ergebnisse geordnet und bewertet. Die Cluster können auch in Form einer Mindmap weiter differenziert werden (→ **Kapitel 2.2.7 »Visualisierungstechniken«**). Oft entstehen während des Ordnens noch weitere Ideen. Diese können ergänzt werden, bis die »Ideen-Landkarte« vollständig ist.
3. Abschließend werden die gesammelten Ideen, gegebenenfalls auch Teilideen, bewertet. Dies kann durch das Verteilen und Anbringen von Klebepunkten geschehen, indem etwa jeder Beteiligte fünf Klebepunkte auf die Ideenkarten klebt, die er bevorzugt.

Zum Brainstorming gibt es unzählige Variationen (siehe z. B. Gray, Brown u. Macanufo, 2011). Es können z. B. auch Bilder dazu gemalt werden, wie eine Situation nach ihrer Verbesserung aussehen soll. Bei der Betrachtung der Bilder werden Ideen gesammelt, wie man zu dem erwünschten Zustand kommen könnte.

Eine andere Möglichkeit ist das Sammeln von Ideen auf einem DIN-A4-Blatt, wobei alle Beteiligten reihum jeweils drei Ideen auf das Blatt schreiben. Dieses Weitergeben wird fünfmal wiederholt. Durch diese »Brainwriting«-Methode (sogenannte »6–3–5-Methode«: 6 Personen, 3 Ideen, 5 Durchgänge) entstehen bei der genannten Zusammensetzung und Vorgehensweise insgesamt 90 Ideen.

Da Teilnehmende im Brainstorming ihre Ideen ungefiltert sammeln, kann es sehr hilfreich sein, beim Zusammentragen der notierten Aussagen deren Formulierung zu überprüfen. Wertende, absolute und negative Aussagen lassen sich so unmittelbar lösungsorientiert umformulieren (→ **Kapitel 2.2.2 »Lösungsorientiertes Paraphrasieren«**).

Eine äußerst effektive Variation des Brainstormings ist das **Kopfstand-Brainstorming**. Hierbei wird nicht gesammelt, was man tun könnte, um eine Situation zu verbessern, sondern was man tun könnte, um sie zu verschlimmern. Es werden also Maßnahmen und Handlungsideen für das Gegenteil dessen gesammelt, was man erreichen möchte. Sobald diese Sammlung abgeschlossen ist, werden die Verschlimmerungen in eine Positivliste übertragen, indem man fragt: »Was könnten wir stattdessen tun?« Der so erarbeitete »Statt-Plan« wird dann genutzt, um Handlungen und Maßnahmen auszuwählen und Vereinbarungen zu treffen.

Beobachtet man solche Kreativprozesse, stellt man fest, dass die ersten Ideen oft nur das Offensichtliche und Banale abbilden. Wenn ein Brainstorming direkt durch eine Diskussion unterbrochen wird, bedeutet dies, dass die Diskussion droht, sich auch auf diese ersten Ideen zu beschränken, und dass tiefergehende Erkenntnisse ausbleiben. Es kommt in einem solchen Fall kein tatsächliches Brainstorming zustande.

2.2.7 Visualisierungstechniken

Ergänzend zum schriftlichen Paraphrasieren und Clustern können auch weitergehende Techniken der Visualisierung Verwendung finden. In diesem Kapitel geht es um Techniken, die in Gesprächsführung und Beratung dazu dienen können, den Zustand eines Systems darzustellen oder eine Ideensammlung zu strukturieren. Drei allgemeine Techniken werden in diesem Abschnitt vorgestellt: **Mindmaps, Systemlandkarten und Timelines.**

Mindmaps

Beim »schriftlichen Paraphrasieren und Clustern« (→ Kapitel 2.2.3) werden zunächst nur Systembestandteile gesammelt und in Gruppen zusammengefasst. Mindmapping geht über das Visualisieren und Clustern hinaus, da die gesammelten Elemente zueinander in Beziehung gesetzt werden.

Eine Mindmap oder Gedankenlandkarte setzt verschiedene Einzelelemente – wie Begriffe oder Ideen – miteinander in Beziehung. Dabei werden Begriffe und Ideen nach ihrer logischen Struktur, Zugehörigkeit oder Reihenfolge sortiert. Im Ursprungsmodell des Mindmapping gibt es einen zentralen Begriff oder ein zentrales Thema, von dem ausgehend sich Unterthemen immer weiter ausdifferenzieren (Abbildung 10). Das bereits beschriebene Clustern ist eine Vorstufe der Mindmap, da zunächst Ordnung in die Begriffe gebracht wird, bevor sie miteinander in Beziehung gesetzt werden.

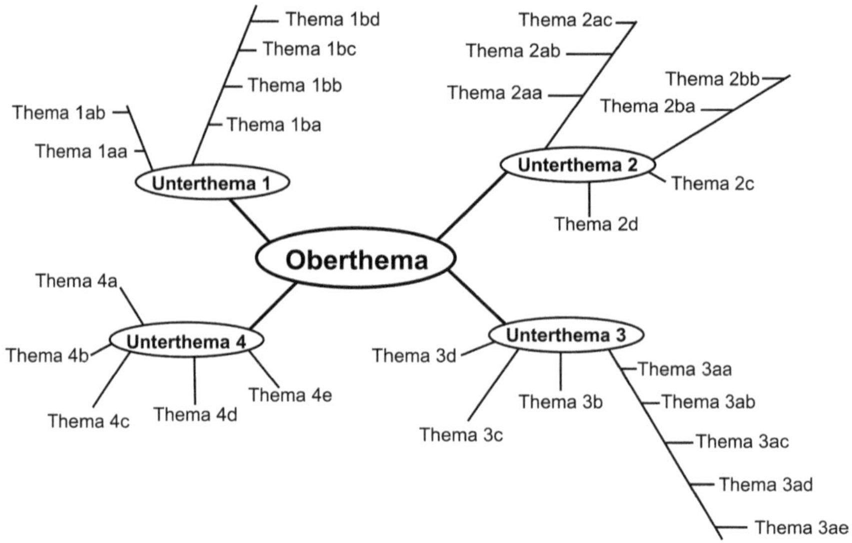

Abbildung 10: Beispiel einer Mindmap mit mehreren Themenclustern

Die Beziehungen zwischen Begriffen, Ideen oder Themen können in verschiedenen Mustern angeordnet sein, je nachdem, was damit verdeutlicht werden soll (Gray et al., 2011, S. 37–42). Sie lassen sich daher auch als Gegenüberstellung, Tabelle, Matrix, Netzwerk, Hierarchie und in vielen anderen Anordnungen visualisieren.

■ Systemlandkarten

Systemlandkarten visualisieren keine logischen Strukturen wie eine Mindmap, sondern Zusammenhänge und Beziehungen. Bezogen auf ein Thema oder eine Fragestellung werden in ihr alle Elemente des relevanten Systems gesammelt und als Beziehungsnetzwerk dargestellt (→ **Kapitel 1.2.5 »Was ist Lösungs- und Ressourcenorientierung?«**). Hierbei stehen die Nähe und Distanz zwischen den Elementen sowie die Qualität und Ausgestaltung der Beziehungen zwischen den Elementen im Vordergrund.

Die Beziehungen, Informations- und Kommunikationskanäle zwischen Personen lassen sich z. B. durch verschiedene Pfeile und Verbindungslinien kennzeichnen, wobei die Form, Dicke und Farbe der Striche auf Beziehungen,

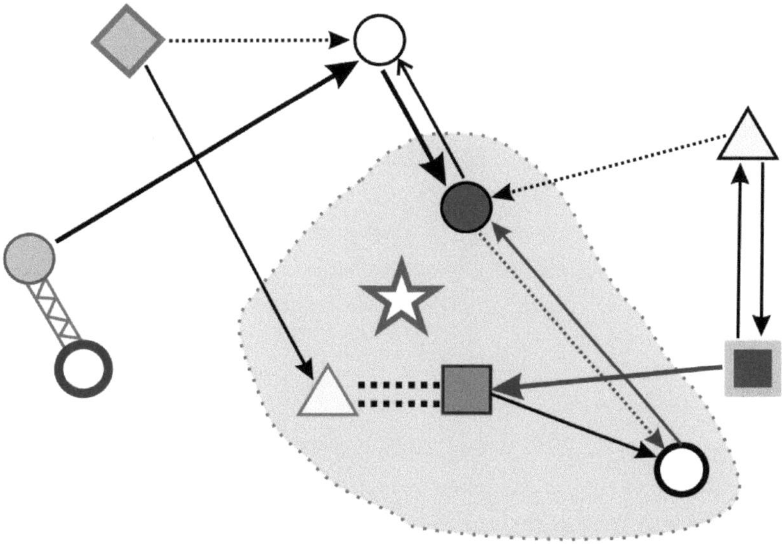

Abbildung 11: Beispiel einer Systemlandkarte

Abhängigkeiten, Freundschaft, Zuneigung, Abneigung und dergleichen mehr hinweisen (Abbildung 11).

Es gibt viele spezifische Formen von Systemlandkarten, wie das »Soziogramm«, die »Netzwerkkarte« oder das »soziale Atom«, die ursprünglich nur dazu gedacht waren, Beziehungsstrukturen zwischen Menschen, z. B. in Familien und Teams, darzustellen (Moreno, 1974; Früchtel, Budde u. Cyprian, 2012).

Als allgemeine Visualisierungstechnik eignet sich die Systemlandkarte, um Abläufe in der Zusammenarbeit abzubilden, technische oder organisationale Zusammenhänge in einem Unternehmen zu verdeutlichen oder um sich mit den Werten und der Führungskultur eines Unternehmens auseinanderzusetzen. Auch einzelne Rollen oder Persönlichkeitsanteile, Bedürfnisse oder Gefühle als relevante Elemente eines Systems können in ihr visualisiert werden.

Grundsätzlich sollen Systemlandkarten eine bildhafte Darstellung eines Themenkomplexes oder von Beziehungsstrukturen ermöglichen, die es erlaubt, alle relevanten Aspekte gleichzeitig im Blick zu haben, statt nur linear und verkürzt verschiedenen Erzählungen zu folgen. Für moderierende und gesprächsführende Personen bietet es sich an, eine Netzwerkkarte zu erstellen, während über ein Thema gesprochen wird, oder direkt, ohne Erzählung, mit einer visuellen Bearbeitung zu beginnen.

Systemlandkarten lassen sich aufzeichnen oder mit Moderationskarten auf einem Tisch oder dem Boden auslegen. Auch der Einsatz anderer Figuren und Gegenstände ist bei dieser Visualisierungsform möglich. Die Arbeit im Raum kann dann so weit gehen, dass nicht nur eine visuelle Vorstellung oder ein Modell entsteht, sondern eine begehbare Systemlandkarte, in der die Anwesenden selbst verschiedene Positionen einnehmen können.

Timelines

Wenn es um eine Visualisierung zeitlicher Abläufe und Reihenfolgen geht, lassen sich mehrere Darstellungsweisen einsetzen. Es können – etwa zu Planungszwecken oder in der Biografiearbeit – sogenannte Timelines oder Zeitlinien erstellt werden. Sie ermöglichen es, Begriffe und Ereignisse in eine logische und zeitliche Reihenfolge von »wenn – dann«, »vorher – nachher«, »gleichzeitig mit« und »früher, heute, künftig« zu bringen.

Mit Timelines lässt sich die zeitliche Entwicklung von Ereignissen, Abläufen oder Prozessen abbilden, z. B. die Entwicklung eines Kindes, einer Familie, eines Teams, eines Projektes oder eines ganzen Unternehmens. Hierbei können auch mehrere Verläufe parallel zueinander darstellt werden, z. B., wenn die Entwicklung mehrerer Personen eines Teams oder einer Familie aufgezeigt und miteinander in Beziehung gesetzt werden sollen. Ebenso ist

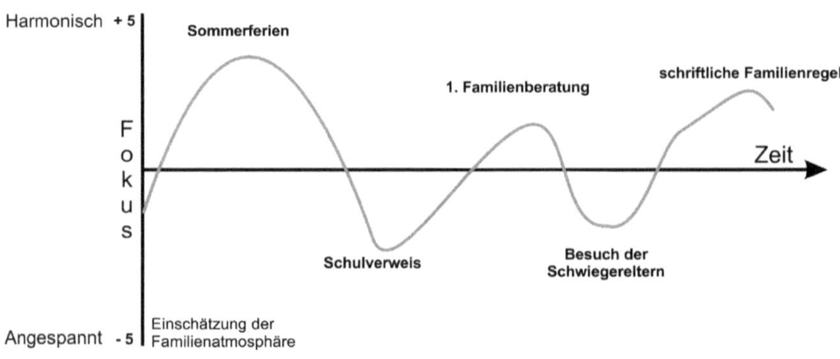

Abbildung 12: Beispiel einer Timeline als Visualisierungstechnik

das Einzeichnen von Werten in einem Koordinatensystem möglich. Während auf der x-Achse in der Regel die Zeit abgebildet wird, wird die y-Achse oft genutzt, um eine Wertung zu ermöglichen (Abbildung 12), etwa zwischen »Anspannung« und »Entspannung«, »Erfolg« und »Misserfolg« oder »Ruhe« und »Unruhe«.

Timelines können auch wie eine Galerie aneinandergereihter Bilder oder Ereignisse visualisiert werden. Wird eine Timeline nicht auf einem Papierbogen aufgezeichnet, sondern aus einzelnen Elementen ausgelegt, können diese einfach verschoben, ergänzt und verändert werden. Die Möglichkeiten und kreativen Variationen sind hierbei äußerst zahlreich.

2.3 Gesprächsbeiträge leisten

Zu den Aufgaben der Gesprächsleitung gehört es, die Anwesenden zu animieren, sich am Gespräch zu beteiligen (→ **Kapitel 2.1**), deren Wortbeiträge zusammenzufassen (→ **Kapitel 2.2**) sowie auch auf eine angemessene Weise Eigenes zum Austausch beizusteuern. Zudem sollten unangemessene Wortbeiträge erkannt und durch die gesprächsführende Person selbst vermieden werden. Um diese beiden Aspekte der Gesprächsführung geht es in diesem Kapitel.

2.3.1 Ich-Botschaften

Oft ist missverständlich, was mit Ich-Botschaften gemeint ist. Es ist bei Weitem nicht so, dass jede Formulierung, die das Personalpronomen »ich« beinhaltet, eine Ich-Botschaft ist. Ich-Botschaften lassen sich am besten dadurch charakterisieren, dass man zum einen Kriterien beschreibt, die eine Aussage erfüllen soll, damit sie eine Ich-Botschaft darstellt, und zum anderen verdeutlicht, was eine Ich-Botschaft nicht enthalten soll.

Eine Ich-Botschaft beinhaltet:[2]

- **Aussagen über die eigenen Wahrnehmungen.**

Hierbei wird nicht gewertet und interpretiert, sondern lediglich geschildert, was beobachtbar war, also alles, was passiert ist, was getan und gesagt wurde.

> »Ich habe gesehen, wie …«
> »Sie haben gesagt, …«
> »Folgendes ist passiert: …«

- **Aussagen über die eigenen Gefühle.**

Ein eigenes Gefühl ist frei von Unterstellungen gegenüber anderen Personen. Aussagen wie »Sie setzen mich unter Druck« – »Ich fühle mich an die Wand gedrängt« benennen demnach keine Gefühle.

> »Ich bin besorgt, …«
> »Ich werde nervös, …«
> »Ich bin traurig, …«

- **Aussagen über die eigenen Bedürfnisse.**

Ein Bedürfnis ist ein Zustand, den man sich wünscht, wie Ruhe, Zufriedenheit, Auslastung oder Sättigung, und der auf verschiedene Weise erfüllt werden kann.

> »Ich hätte gern Sicherheit darüber, dass …«
> »Mir ist Transparenz in diesem Prozess sehr wichtig.«
> »Ich möchte den Termin gern pünktlich beenden.«

- **Aussagen darüber, worum ich mein Gegenüber bitte.**

Eine Bitte bezieht sich hierbei immer auf eine positiv formulierte, konkrete, beobachtbare und messbare Handlung des Gegenübers. Sie richtet sich

2 Was eine Wahrnehmung, ein Gefühl, ein Bedürfnis und eine Bitte ausmacht, wird im Konzept der »Gewaltfreien Kommunikation« nach Marshall B. Rosenberg sehr genau beschrieben (Rosenberg, 2005). Für eine erfolgreiche Gesprächsführung kann es entscheidend sein, diese vier Bereiche von Ich-Botschaften zu beherrschen. Bei der Darstellung der »Gewaltfreien Kommunikation« in → Kapitel 2.3.3 werden die verschiedenen Formen der Ich-Botschaft aufgegriffen und ausführlicher dargestellt.

also nicht auf die direkte Veränderung eigener Gefühle (»Machen Sie mich glücklich!« – »Setzen Sie mich bitte nicht unter Druck!«) oder die direkte Erfüllung eigener Bedürfnisse (»Ich möchte, dass du mich besser verstehst.« – »Lassen Sie mich in Ruhe!«).

> »Ich bitte Sie darum, die Sitzung für fünf Minuten zu unterbrechen, damit ich einmal in Ruhe darüber nachdenken kann.«
> »Können Sie bitte Ihren Stift zur Seite legen, wenn Sie nicht damit schreiben?«
> »Können Sie mir bitte drei Dinge nennen, die Sie an Ihrer Tochter schätzen, und drei Dinge, die sie verbessern sollte?«

Eine Ich-Botschaft lässt sich im Gespräch auf sehr verschiedene Weise formulieren. Die Elemente einer Ich-Botschaft können sehr strukturiert benannt oder eher frei formuliert werden:

> **Strukturiert:**
> »Sie haben jetzt einen Lösungsvorschlag benannt.« (Wahrnehmung: Aussage einer beteiligten Person)
> »Es freut mich, dass Sie schon Ideen für Lösungen haben.« (Gefühl: Freude)
> »Ich möchte gern an meiner Struktur für dieses Gespräch festhalten.« (Bedürfnisse: Strukturiertheit, Halt)
> »Ich bitte Sie daher, Ihren Vorschlag im Kopf zu behalten und später noch einmal zu benennen, wenn ich die Phase einleite, in der wir Lösungen sammeln.« (Bitte: erneutes Äußern des Vorschlages zu einem späteren Zeitpunkt)

> **Frei formuliert:**
> »Ich kann es sehr gut verstehen, dass Sie schon jetzt auf Lösungen zu sprechen kommen wollen. Wir befinden uns derzeit noch in der Phase der Themensammlung. Lösungen werde ich später gemeinsam mit Ihnen sammeln. Ich notiere Ihren Vorschlag schon einmal für später und lege ihn beiseite. Sie haben nachher noch ausreichend Zeit und Gelegenheit, Ihre Lösungsvorschläge einzubringen. Ist es für Sie in Ordnung, wenn ich Sie gegebenenfalls unterbreche, um die Struktur dieses Gesprächs einzuhalten?«

Neben dem eigenen Aussprechen von Ich-Botschaften besteht eine weitere Technik der Gesprächsführung darin, Aussagen anderer Beteiligter so zu paraphrasieren, sodass daraus Ich-Botschaften entstehen (→ Kapitel 2.2.2 »Lösungsorientiertes Paraphrasieren«). Was eine Ich-Botschaft *nicht* beinhalten soll, ist jede Form von Wertung, Verallgemeinerung, Forderung, Vergleich, Verabsolutierung und Schuldzuweisung. Um diese Formen zu erkennen und auf sie reagieren zu können, werden sie im folgenden Kapitel genauer erklärt.

2.3.2 Du-Botschaften und Killerphrasen

Zur Charakterisierung von Wertungen, Verallgemeinerungen, Forderungen, Vergleichen, Verabsolutierungen und Schuldzuweisungen kann man auch von »Du-Botschaften« und »Ist-Botschaften« sprechen. Diese Aussagen beziehen sich auf andere Personen (»Du«) oder auf die Umstände (»Ist«), während die Sprecherin oder der Sprecher sich selbst und die Subjektivität der eigenen Sichtweise weitestgehend ausblendet. Ein weiterer Begriff, der für viele der nachfolgenden Aussagen zutrifft, ist der Begriff **»Killerphrase«**, da sie nicht zu einer offenen Kommunikation führen, sondern das Gegenüber dazu bringen sollen, zuzustimmen und sich unterzuordnen.

Du-Botschaften und Killerphrasen können dazu führen, dass der Gesprächspartner »mundtot« gemacht wird und die Kommunikation ein Ende findet. Diese in Verhandlungen oft unbewusst, zum Teil aber auch bewusst eingesetzten rhetorischen Sprachmuster werden in den verschiedensten Fachbüchern beschrieben (Rosenberg, 2005, S. 35–42; Gührs u. Nowak, 2014, S. 173–184; Palmowski, 1995, S. 77–88). Sie entstehen oft dann, wenn die Sprecherin oder der Sprecher für sich besseres Wissen, mehr Erfahrung, Wahrheit oder Objektivität beansprucht. Dieser Trick, sich selbst als Person und subjektive Beobachterin bzw. Beobachter von den gemachten Aussagen auszuschließen, stellt eine Form der Rhetorik und Gesprächsführung dar, die Einigungsprozesse durch den Einsatz von Macht beeinflussen möchte.

Diese »Gegenspieler der Ich-Botschaften« werden hier zusammengefasst, um darauf vorzubereiten, welche Formulierungen es zu erkennen und zu vermeiden gilt. Sie werden auf sie immer wieder stoßen.

- **Wertungen**

Der Sprecher bewertet eine Handlung, ein Ereignis, einen Gegenstand oder eine Person.

> »Das ist hässlich!«
> »Das ist ja widerlich!«
> »Ich finde dich dumm!«
> »Das ist der schlechteste Vorschlag, den wir bisher gehört haben!«
> »Das Beste wäre, ...«
> »Das Schlimmste wäre ja, wenn ...«

- **Abwertungen**

Die Sprecherin greift Aussagen oder Handlungen anderer Personen auf und wertet diese durch die Verwendung negativer Substantive oder Verben (z. B. laufen – schlurfen), Abschwächung von Attributen (klasse – ganz okay) oder Komparative und Superlative (schön – schöner – am schönsten) ab.

> »Wir sollten uns damit Zeit lassen!« – »Wenn wir jetzt trödeln, schaffen wir es nie!«
> »Ich ruhe mich mal etwas aus.« – »Du hast jetzt keine Zeit zum Rumgammeln!«
> »Das habe ich gut gemacht!« – »Schon, aber es geht noch besser!«
> »Schau mal, wie schön das ist!« – »Ja, aber noch schöner wäre es ...!«
> »Waren Sie mit dem Protokoll einverstanden?« – »Für unsere Zwecke reicht es.«

- **Verallgemeinerungen**

Der Sprecher redet nicht über sich, sondern über »man«, »wir«, »die Allgemeinheit«, »die Gesellschaft«, »jeder«, »jede«, »jedermann«, »niemand«, »alle« oder eine Gruppe.

> »Man kann doch nicht einfach, ...«
> »Wir sind doch hier zusammengekommen, um ...«
> »Das ganze Team wird mir zustimmen, wenn ...«
> »Das können wir den Kundinnen und Kunden nicht zumuten!«
> »Das kann Ihnen hier jeder bestätigen!«
> »Das können wir als Förderverein nicht mittragen!«

- **Forderungen**

Die Sprecherin fordert oder droht sogar, anstatt eine Bitte auszusprechen.

> »Als Eltern müssen Sie doch ...«
> »Dann machen Sie es doch erst einmal besser!«
> »Das sollten Sie aber besser wissen!«
> »Das ist allein die Aufgabe der Geschäftsführung!«
> »Wenn Sie das haben wollen, müssen Sie es auch tun!«
> »Wenn du das jetzt nicht machst, brauchst du auch nicht mehr zu mir zu kommen, wenn du etwas willst!«

- **Vergleiche**

Der Sprecher vergleicht Situationen oder Personen mit anderen Situationen und Personen, wobei der Vergleich einen Hinweis darauf geben soll, wie die aktuelle Situation verlaufen wird.

> »Das ist ja wie damals, als ...«
> »Du bist wie mein Vater, ...«
> »Aber deine kleine Schwester kann das doch auch schon!«
> »Das hat schon beim letzten Mal nicht funktioniert!«
> »Und dann stehen wir wieder allein da wie damals, als ...«
> »Meine letzten Vorschulkinder haben damit auch nicht gut gelernt!«
> »Du hast ja auch eine kleinere Gruppe als ich!«
> »Räumst du bitte deinen Arbeitsplatz auf?« – »Wieso? Die anderen sind auch noch nicht fertig!«

- **Verabsolutierungen und Übertreibungen**

Die Sprecherin behandelt ein Vorkommnis, als würde es »immer« oder »nie« auftreten. Sie dramatisiert eine Beschreibung durch starke Wertungen.

> »Das wird nie etwas!«
> »Das machen Sie immer, ...«
> »Dauernd unterbrechen Sie mich, ...«
> »Das hat noch nie funktioniert!«
> »Das ist grundsätzlich falsch!«
> »Das kann gar nicht funktionieren!«
> »Ich soll den ganzen Nachmittag an den Entwicklungsbögen sitzen?«

- **Schuldzuweisungen**

Der Sprecher benennt eine andere Person oder einen äußeren Umstand als Ursache für sein eigenes Verhalten oder für ein Problem.

> »In Ihrer Gruppe kann er ja auch nichts lernen!«
> »Sie machen mich wütend!«
> »Du machst mich traurig!«
> »Ich kann da leider nichts machen, meine Gruppenleitung hat gesagt, dass ich das nicht tun soll!«
> »Ich fühle mich in die Ecke gedrängt!«

- **Wechsel des Referenzrahmens**

Die Sprecherin wechselt in ihrer Aussage die Zeit, den Ort, den sozialen Kontext, das Thema oder die Bedeutung dessen, was ein Vorredner gesagt hat.

> »Das mag ja jetzt funktionieren, aber wie sieht es in Zukunft aus?«
> »Heute hat es vielleicht mal geklappt, aber in den letzten Wochen ging es gar nicht!«
> »Das ist doch alles Zukunftsmusik, wir müssen im Hier und Jetzt leben!«
> »Hier mag das ja gehen, aber kommen Sie mal zu uns nach Hause!«
> »In deiner Gruppe ist immer alles in Ordnung, aber wie sieht es in den anderen Gruppen aus?«
> »Ich brauche jetzt mal Ruhe!« – »Entschuldigung, dass es mich gibt!«
> »Schrei mich bitte nicht an!« – »Man wird doch noch mal etwas sagen dürfen!«
> »Wann werden Sie diese Aufgabe erledigen?« – »Diese Woche nicht mehr!«
> »Hier hast du einen Fehler gemacht!« – »Ich weiß ja, dass ich blöd bin und dass Sie mich nicht mögen! Das müssen Sie mir nicht ständig unter die Nase reiben!«

2.3.3 Gewaltfreie Kommunikation

Das von Marshall B. Rosenberg entwickelte Kommunikationsmodell der Gewaltfreien Kommunikation unterstützt Menschen dabei, eigene Interessen und Wünsche zu äußern, ohne dabei auf Wertungen, Verallgemeinerungen, Forderungen, Vergleiche, Verabsolutierungen und Schuldzuweisungen, also auf rhetorische Machtmittel, zurückzugreifen (Rosenberg, 2005).

Das Modell der Gewaltfreien Kommunikation besteht aus vier Schritten und setzt strikt auf Ich-Botschaften zu den Bereichen Beobachtungen, Gefühle, Bedürfnisse und Bitten:

1. Eigene Beobachtungen schildern, ohne zu werten,
2. eigene Gefühle ausdrücken,
3. eigene Bedürfnisse benennen,
4. eine erfüllbare Bitte aussprechen.

Grundsätzlich können diese vier Schritte der Gewaltfreien Kommunikation auf drei Arten eingesetzt werden:

- Sie können Ihre eigenen Aussagen gewaltfrei gestalten,
- Sie können Ihr Gegenüber gezielt nach Beobachtungen, Gefühlen, Bedürfnissen und Bitten fragen,
- Sie können Aussagen anderer Personen »übersetzen« und »gewaltfrei paraphrasieren«.

Das Modell hat große Ähnlichkeit mit den »vier Seiten einer Nachricht«, wie sie in dem Kommunikationsmodell von Friedemann Schulz von Thun dargestellt wurden (Schulz von Thun, 1981). Auch bei ihm werden die vier Aspekte genutzt, um eigene Aussagen zu gestalten, differenziert vom Gegenüber zu erfragen oder Aussagen anderer zu übersetzen, umzudeuten oder zu paraphrasieren. Der größte Unterschied besteht darin, dass Rosenberg auf eine Formulierung des Beziehungsaspektes verzichtet – da dieser in der Regel immer eine Wertung beinhaltet –, dafür aber den Aspekt der »Selbstoffenbarung« bzw. »Selbstkundgabe« differenziert. Da in vielen Gesprächs- und Beratungskontexten mit dem »Kommunikationsquadrat« von Schulz von Thun gearbeitet wird, soll hier vorab der Zusammenhang zwischen den beiden Modellen kurz visualisiert werden, um eine bessere Anschlussfähigkeit zu gewährleisten (Tabelle 3):

Tabelle 3: Gegenüberstellung von »Kommunikationsquadrat« und »Gewaltfreier Kommunikation«

Kommunikationsquadrat (Schulz von Thun, 1981)	Gewaltfreie Kommunikation (Rosenberg, 2005)
▪ Sachinhalt	▪ eigene Beobachtungen schildern, ohne zu werten
▪ Selbstkundgabe	▪ eigene Gefühle ausdrücken ▪ eigene Bedürfnisse benennen
▪ Appell	▪ eine erfüllbare Bitte aussprechen
▪ Beziehung	In der Gewaltfreien Kommunikation werden keine expliziten Beziehungsaussagen getroffen.

Gewaltfrei zu kommunizieren ist sehr herausfordernd. Das Bemühen um eine gute Formulierung und um eine klare Benennung der vier Ebenen wirkt mitunter auch gestelzt oder aufgesetzt. Deshalb ist es gut, sich bewusst zu machen, dass es nicht das Ziel ist, in jedem Gespräch unbedingt alle Ebenen der Gewaltfreien Kommunikation auszusprechen. Vielmehr geht es darum, immer dann die einzelnen Schritte zu nutzen, wenn man möchte, dass es zu keinen Missverständnissen kommt oder wenn diese bereits eingetreten sind. Solange man sich mit einem Gegenüber gut versteht, darf man einfach so drauflosreden, Scherze machen oder sich spaßhaft necken.

Das Modell der Gewaltfreien Kommunikation soll für die Ebenen sensibilisieren, die für ein gutes gegenseitiges Verständnis hilfreich sind. Es kann als Gesamtes oder nur in Teilen eingesetzt werden. Finden Sie selbst heraus, in welchen Situationen und zu welchen Anlässen Ihnen Gewaltfreie Kommunikation oder auch einzelne Elemente dieser Form der Gesprächsführung weiterhelfen.

Eigene Beobachtungen schildern, ohne zu werten

Der **erste Schritt der Gewaltfreien Kommunikation** besteht darin, Beobachtungen zu schildern, ohne zu werten:

> »Was habe ich gesehen?«
> »Was habe ich gehört?«

»Was hat X gemacht?«
»Was hat X gesagt?«
»Wann? Wie lange? Wie oft?«
»Was ist eine zählbare, messbare und sichtbare Tatsache?«

Alle Formen der Wertung und Interpretation werden vermieden. »Die Sache« wird so beschrieben, wie sie wahrnehmbar ist. Qualitative Wertungen (z. B. schön, richtig, faul, pünktlich, gut, schlecht), quantitative Wertungen (z. B. viel, wenig, oft, selten, groß, klein, viel, wenig) und Verallgemeinerungen (z. B. immer, nie, ständig, alle, jeder, man, wir) sollen nicht verwendet werden.

Beobachtungen beziehen sich immer nur auf einen bestimmten Kontext. Wenn Sie Ihre Beobachtungen schildern, geht es nicht um Beobachtungen an sich, sondern um Beobachtungen an einem bestimmten Ort zu einer bestimmten Zeit.

Eigene Gefühle ausdrücken

Der **zweite Schritt der Gewaltfreien Kommunikation** ist das Benennen von eigenen Gefühlen. Das fällt vielen Menschen generell schwer und wird zusätzlich dadurch erschwert, dass unsere Sprache zahlreiche Möglichkeiten bietet, Gefühle auszudrücken, die aber eigentlich dazu dienen, eine Sichtweise abzumildern, anderen Personen Vorwürfe zu machen und die Verantwortung für die eigenen Gefühle abzugeben. Aussagen mit der Floskel »Ich habe das Gefühl, …«, »Ich fühle mich …«, »Ich fühle, dass du/ich …« und »Du gibst mir das Gefühl, …«, drücken in den allermeisten Fällen keine Gefühle aus:

»Ich habe das Gefühl, Sie wollen mich verarschen.«
»Ich habe das Gefühl, gleich knallt's.«
»Ich habe das Gefühl, dass kann so nicht weitergehen.«
»Ich habe das Gefühl, ich spinne.«
»Ich habe das Gefühl, als ob das nichts bringt.«
»Ich habe das Gefühl, als ob mir nichts gelänge.«
»Ich fühle mich, als wäre ich damit ganz allein.«
»Ich fühle mich wie auf der Anklagebank.«
»Ich fühle mich über den Tisch gezogen.«
»Ich fühle, dass du an mich denkst.«

> »Ich fühle, dass dich das gar nicht interessiert.«
> »Du gibst mir das Gefühl, gebraucht zu werden.«
> »Du gibst mir das Gefühl, ein Niemand zu sein.«

Diese Formulierungen beschreiben keine Gefühle und sollen letztlich nur – oftmals unbewusst – eine Aussage abschwächen oder eine Analogie herstellen: »Es ist keine Tatsache, sondern nur ein Gefühl« oder »Es ist so, als ob, …«.

Um die verschiedensten Gefühlsäußerungen kategorisieren und verstehen zu können, ist es hilfreich, sich einige Merkmale von Gefühlen zu verdeutlichen. Ein Gefühl ist eine abhängige Variable. Es entsteht durch eine Wahrnehmung oder eine Handlung, die entweder ein Bedürfnis befriedigt oder einem Bedürfnis zuwiderläuft. Um ausgewählte Gefühle zu bekommen, kann letztlich nur versucht werden, bestimmte Wahrnehmungen und Handlungen herbeizuführen, in der Hoffnung, dass daraus die gewünschten Gefühle entstehen. Die Gefühle selbst können wir nicht direkt beeinflussen. Sie sind aber gute Indikatoren dafür, ob etwas in unserer Umgebung gut (bei positiven Gefühlen) oder schlecht läuft (bei negativen Gefühlen). Daher schildern Menschen ihre Gefühle oft als Ergebnis eines bestimmten Auslösers oder von etwas, das eine andere Person getan hat oder das in ihrer Umgebung passiert ist.

Gefühle lassen sich also in zwei Gruppen einteilen: solche, die entstehen, wenn Bedürfnisse befriedigt werden, und solche, die auf unbefriedigten Bedürfnissen basieren. Die Wörter, mit denen diese Gefühle beschrieben werden, enthalten häufig den Hinweis auf einen Auslöser und drücken etwas aus, was andere tun oder was durch äußere Einflüsse passiert. Sie verweisen direkt oder indirekt auf einen Verursacher des Gefühls und geben somit die Verantwortung für das Gefühl ab (vgl. Rosenberg, 2005, S. 62). Es wird dann kein Gefühl benannt, sondern es wird auf eine äußere Ursache für die Entstehung eines Gefühls verwiesen: Anstatt »munter« zu sein, ist man »aufgemuntert«, anstatt sich »wertvoll« zu fühlen, ist man »wertgeschätzt«, anstatt sich »einsam« zu fühlen, fühlt man sich »verlassen«, anstatt »Angst« zu spüren, fühlt man sich »bedroht«. Diese Äußerung von Unterstellungen statt Gefühlen betrifft sowohl Gefühle, die aufgrund befriedigter Bedürfnisse entstehen – wie »beschützt« oder »getröstet« – als auch Gefühle, die aufgrund unbefriedigter Bedürfnisse entstehen – wie »übergangen« oder »verarscht«.

Bei positiven Gefühlen ist eine solche Unterstellung weniger problematisch, da sie letztlich auch ein Kompliment an eine andere Person darstellt (z. B. »unterstützt«, »erheitert«). Bei negativen Gefühlen sind Unterstellungen jedoch immer mit einem Vorwurf verbunden (z. B. »gekränkt«, »ungehört«).

Um »Unterstellungen« zu identifizieren, reicht es in vielen Fällen schon, auf die folgenden Vorsilben zu achten:

an-, ab-, be-, ent-, er-, ge-, un-, über-, ver-, zer-.

Diese Vorsilben verweisen in den allermeisten Fällen auf einen Verursacher, dem die Verantwortung für das eigene Gefühl zugeschrieben wird.

Beispiele für Gefühle bei befriedigten Bedürfnissen:

Glück, Begeisterung, Freude, Neugier, Mut, Abenteuerlust, Stärke, Entspannung, Stolz, Achtung, Ekstase.

Beispiele für Gefühle bei unbefriedigten Bedürfnissen:

Ärger, Wut, Angst, Frustration, Verwirrung, Erschrecken, Ekel, Scham, Neid, Eifersucht, Einsamkeit, Enge, Trauer, Gleichgültigkeit, Ohnmacht.

Die Grundidee der Gewaltfreien Kommunikation besteht darin, sich über »Gefühle« mitzuteilen und seinem Gegenüber nicht die Verantwortung für die eigenen Gefühle in Form von »Unterstellungen« zuzuschreiben. In der Gesprächsführung kommt es vor allem darauf an, wie die Beteiligten die Äußerung von Gefühlen aufgreifen. Die gesprächsführende Person kann »Unterstellungen« z. B. lösungsorientiert als »Gefühle« paraphrasieren bzw. nach »Gefühlen« fragen, wenn »Unterstellungen« geäußert werden. Der Nutzen der Gefühlsäußerungen liegt darin, in den folgenden zwei Schritten zu erkunden, welche erfüllten oder unerfüllten Bedürfnisse damit verbunden sind (Schritt 3) und was die Beteiligten an erfüllbaren Handlungen ausführen können, um diese Bedürfnisse zu befriedigen (Schritt 4).

Es kann der Impuls entstehen, sich zu fragen, ob man die Gefühle nicht »herauslassen« und »sachlich« über Themen reden kann. Es ist aber so, dass sich Gefühle nicht herauslassen lassen. Sie sind »abhängige Variablen«. Sie entstehen durch die unterschiedlichsten, teilweise direkt beeinflussbaren Faktoren, sind selbst aber nicht direkt beeinflussbar.

Es stellt sich immer nur die Frage, »wie« man mit Gefühlen umgehen soll, nicht »ob«. Prinzipiell gibt es dafür drei Optionen:

1. Herkunft der Gefühle analysieren: »Was führt dazu, dass dieses Gefühl entsteht?«
2. Faktoren für andere Gefühle herausfinden: »Welches Gefühl hätten Sie gern und was könnte dazu beitragen?«
3. Gefühle ignorieren: »Das gehört nicht hierher. Seien Sie mal sachlicher. Lassen Sie Ihre Gefühle aus dem Spiel!«

Konzentriert sich die lösungsorientierte Perspektive auf »Sachlichkeit«, ist bei positiven Gefühlen die erste Option hilfreich, da sie es ermöglicht, Ressourcen und Gelingensbedingungen zu identifizieren. Bei negativen Gefühlen ist die zweite Option sinnvoll, da auch sie dabei hilft, Ressourcen und Gelingensbedingungen herauszufinden. Die dritte Option ist gänzlich unproduktiv, da sie Gefühle lediglich beiseiteschiebt, anstatt nach den dahinterliegenden Aspekten wie Ressourcen und Gelingensbedingungen zu fragen.

Eigene Bedürfnisse benennen

Bedürfnisse sind allgemeine Begriffe für Zustände oder Werte, die durch die unterschiedlichsten Handlungen und Maßnahmen befriedigt werden können. Sehr oft streiten sich Menschen über die Art und Weise, wie etwas erreicht werden soll, jedoch seltener über das Bedürfnis, das dadurch erfüllt werden soll.

Ein Beispiel: Dass Mobilität ein wichtiges Bedürfnis ist, wird kaum jemand abstreiten. Aber die Frage, ob dieses mit einem Auto, in Fahrgemeinschaften, mit der Bahn, dem Bus, einem Schiff, Boot, Flugzeug, dem Fahrrad oder zu Fuß befriedigt werden sollte, lässt sich kontrovers diskutieren. Das hängt nicht nur von dem Ziel ab, das man erreichen möchte, sondern auch von persönlichen Vorlieben, zur Verfügung stehenden Mitteln und vielen anderen Faktoren. Hier erfolgt häufig eine Verknüpfung von Werten, z. B. Mobilität und Umweltschutz oder Mobilität, Status und Anerkennung.

Als Grundregel kann auch gelten: Bedürfnisse können nachvollzogen, verstanden und akzeptiert werden. Aber die Art und Weise der Bedürfnisbefriedigung ist erklärungswürdig und benötigt, bezogen auf soziale Kontexte, Absprachen und Vereinbarungen.

Bedürfnisse sind z. B.:

Abgrenzung, Anerkennung, Nähe, Distanz, Liebe, Kontinuität, Abwechslung, Ruhe, Verantwortung, Ästhetik, Vorhersagbarkeit, Bildung, Besitz, Mobilität, Raum, Gelassenheit, Erfolg, Müßiggang, Sicherheit, Stabilität, Teilhabe, Gesundheit, Balance von … und …

Herauszufinden, welche Bedürfnisse jemand hat, kann schwierig sein. Oft ist es auch nicht einfach zu erkennen, welche Bedürfnisse man selbst hat. Sehr häufig werden Rahmenbedingungen (z. B. kleinere Gruppen, mehr Zeit, anderes Mobiliar, ein größerer Raum, eine andere Praktikantin) oder Handlungen und Maßnahmen (z. B. ein Ausflug, ein Fest, eine Versetzung in eine andere Abteilung, ein Klärungsgespräch, eine Renovierung) benannt statt der dadurch zu befriedigenden Bedürfnisse oder Werte.

Gute Fragen, die zu einer Verallgemeinerung von Rahmenbedingungen, Handlungen und Maßnahmen in Richtung auf die dahinterliegenden Bedürfnisse und Werte führen können, sind:

»Angenommen, Sie hätten das, was wäre dann anders als jetzt?«
»Wenn wir das hätten, was für Vorteile ergäben sich daraus?«
»Angenommen, wir würden das tun, was würde sich dadurch ändern?«
»Was hätten wir davon, wenn wir das machen?«
»Was ist Ihnen daran wichtig?«
»Was genau?«
»Was noch?«
»Was bedeutet das für Sie ganz persönlich?«

Auch die im vorhergehenden Schritt durch die Beteiligten benannten Gefühle bieten einen guten Ansatzpunkt, um die dahinterliegenden erfüllten oder unerfüllten Bedürfnisse zu erkunden. Dann lässt sich nach den Bedingungsfaktoren für eine verbesserte Gefühlslage fragen. Hierbei ist es völlig unbedeutend, ob Gesprächsteilnehmerinnen und -teilnehmer »Gefühle« benennen oder ob sie mit »Unterstellungen« lediglich auf äußere Verursacher verweisen.

Ziel einer lösungsorientierten Gesprächsführung ist es, etwas über die Bedürfnisse der Beteiligten zu erfahren und über die konkreten Handlungen und Umgebungsbedingungen, die sie brauchen, damit ihre Bedürfnisse erfüllt werden. Man könnte auch sagen, dass jede Gefühlsäußerung, ganz gleich, wie diese formuliert wird, einen Anlass gibt, Fragen zu stellen, die zu Schritt 3 und 4 der Gewaltfreien Kommunikation führen.

Bei der Äußerung von Gefühlen, die mit erfüllten Bedürfnissen in Zusammenhang stehen, wären z. B. folgende Fragen hilfreich:

> »Welches Ihrer Bedürfnisse wird erfüllt, dass Sie sich so fühlen?«
> »Was genau tun Sie selbst, dass Ihr Bedürfnis erfüllt wird und Sie sich so fühlen?«
> »Was genau tun andere Personen, dass Ihr Bedürfnis erfüllt wird und Sie sich so fühlen?«
> »Was genau sagen andere Personen, das dazu beiträgt, dass Ihr Bedürfnis erfüllt wird und Sie sich so fühlen können?«
> »Was genau sagen Sie selbst, das dazu beiträgt, dass Ihr Bedürfnis erfüllt wird und Sie sich so fühlen können?«
> »Welche Umgebungsbedingungen sollten vorhanden sein, damit Ihr Bedürfnis erfüllt wird und Sie sich so fühlen können, wie Sie es gern würden?«
> »Was könnten Sie dazu beitragen, diese Umgebungsbedingungen herbeizuführen?«
> »Was könnten andere Personen dazu beitragen, diese Umgebungsbedingungen herbeizuführen?«

Bei der Äußerung von Gefühlen, die mit unerfüllten Bedürfnissen in Zusammenhang stehen, wären z. B. folgende Fragen hilfreich:

> »Welches Bedürfnis haben Sie in dieser Situation, das unerfüllt bleibt?«
> »Was genau könnten Sie tun, damit Ihr Bedürfnis erfüllt wird?«
> »Was genau könnten andere Personen tun, damit dieses Bedürfnis befriedigt wird?«
> »Was genau könnten andere Personen sagen, das dazu beiträgt, dass Ihr Bedürfnis erfüllt wird?«
> »Was genau könnten Sie selbst in dieser Situation sagen, das dazu beiträgt, dass Ihr Bedürfnis erfüllt wird?«

> »Welche Umgebungsbedingungen sollten vorhanden sein, damit Ihr Bedürfnis erfüllt werden kann?«
> »Was könnten Sie dazu beitragen, diese Umgebungsbedingungen herbeizuführen?«
> »Was könnten andere Personen dazu beitragen, diese Umgebungsbedingungen herbeizuführen?«

Jedes in Schritt 2 geäußerte Gefühl dient in einer lösungsorientierten Gesprächsführung dazu, in Schritt 3 die dahinterliegenden Bedürfnisse zu erkennen und dann in Schritt 4 konkrete Handlungen und Maßnahmen herauszuarbeiten, die zu ihrer Erfüllung beitragen können. Vor allem bei negativen Gefühlen ist es nicht hilfreich, zu fragen, warum diese entstehen, wie lange man sie schon hat, wer oder was sie verursacht. Es gilt, Fragen zu stellen, die auf einen wünschenswerten Zustand fokussieren. Der Fokus verschiebt sich also von Detailfragen, die Ursachen erkunden, zu lösungsorientierten Fragen nach den Bedingungen, unter denen das Problem nicht bestünde.

Eine erfüllbare Bitte aussprechen

Im vierten Schritt der Gewaltfreien Kommunikation soll eine Bitte oder ein erfüllbarer Wunsch ausgesprochen werden. Genauer gesagt geht es darum, eine Bitte auf der Ebene von Handlungen und konkreten Veränderungen des Umfeldes zu formulieren. Um überprüfen zu können, ob die Bitte erfüllt wurde, sollte es sich um eine beobachtbare, zählbare, messbare und umsetzbare Handlungs- und Umgebungsveränderung handeln.

Stellt man sich den Weg zum Ziel als eine Reise vor, sollte der Schwerpunkt auf der Frage liegen, wohin man reisen möchte, und nicht, von welchem Ort man fortwill. Es liegt ein entscheidender Unterschied darin, ob man ein Ziel als **»Bewegung auf etwas zu«** (handeln, erreichen) oder als **»Bewegung von etwas weg«** (unterlassen, vermeiden) betrachtet (vgl. Andreas u. Faulkner, 2005, S. 62 ff.). Wenn man sich primär zum Ziel setzt, etwas zu unterlassen, bleibt die Frage offen, was man denn »stattdessen« tun sollte. Soll der Krankenstand in einer Organisation verringert werden, stellt sich z. B. die Frage, was statt des Krankenstandes da sein sollte und wie Gesundheit gefördert werden kann: »Was ist eine attraktive Alternative, etwas anderes anzufangen?« Einfach ausgedrückt geht es um die Formulierung von »Mach das« und nicht von »Lass das«.

Während es beim Benennen von Bedürfnissen und Werten um eine Verallgemeinerung geht, steht bei der Formulierung einer Bitte bzw. der Formulierung von Zielen die Konkretisierung im Vordergrund.

Gute Fragen, die auffordern, Rahmenbedingungen, Handlungen und Maßnahmen zu konkretisieren, sind:

> »Was könnten wir tun, um das zu erreichen?«
> »Was könnten Sie selbst dazu beitragen, um das zu erreichen?«
> »Was würden Sie sich von mir wünschen, um das erreichen zu können?«
> »Wer könnte noch daran mitwirken?«
> »Was bräuchten wir alles dazu?«
> »Woran würden wir sehen, dass wir das erreicht haben?«

Gerade in Klärungsprozessen mit mehreren Beteiligten ist darauf zu achten, dass es statt um »die einzige Lösung« immer um viele verschiedene Lösungsoptionen geht, aus denen dann auszuwählen ist und die man miteinander kombinieren kann.

Das lösungsorientierte Formulieren von erfüllbaren Bitten bzw. erreichbaren Zielen ist ein zentraler Aspekt von Vereinbarungen, die im Rahmen von Gesprächen getroffen werden sollen, damit die Ergebnisse nicht vage und hypothetisch bleiben, sondern in konkrete Handlungs- und Veränderungsschritte münden:

> »Wir brauchen mehr Zeit in der Dienstbesprechung.«
> »Wofür genau brauchen Sie mehr Zeit?«
> »Für den fachlichen Austausch über unsere Beobachtungen der Kinder.«
> »Was ist Ihnen daran wichtig?«
> »Mir ist wichtig, die fachliche Ansicht der anderen Fachkräfte zu hören und meine eigene Sicht zu reflektieren.«
> »Was bedeutet das für Sie?«
> »Wir hinterfragen unseren eigenen fachlichen Standpunkt, bleiben offen für fachliche Anregungen und stimmen uns in diesem Kreis ab.«
> »Was wäre dann anders?«

»Die Dienstbesprechung wäre ein wertvoller Austausch und würde uns fachlich weiterbringen.«
»Wie viel Zeit bräuchten Sie dafür genau? Und was noch?«
»Wir bräuchten eine effektive Methode, z. B. ein kollegiales Beratungsmodell ...«

Gewaltfreie Kommunikation als Fragetechnik

Eine gute Gesprächsführung zeichnet sich dadurch aus, den anderen Beteiligten gute Fragen zu stellen und ihre Äußerungen beim Paraphrasieren so umzuformulieren, dass sie für den weiteren Gesprächsverlauf besser genutzt werden können. Die vier Schritte der Gewaltfreien Kommunikation eignen sich für Fragen, die neue Perspektiven ermöglichen:

- **Fragen zu den eigenen Wahrnehmungen des Gegenübers**

  »Was genau haben Sie gesehen?«
  »Was wurde gesagt?«
  »Wenn die Situation gefilmt worden wäre, und wir sie jetzt anschauen könnten, was genau würden wir sehen und hören?«

- **Fragen zu den eigenen Gefühlen des Gegenübers**

  »Welches Gefühl haben Sie?«
  »Wie haben Sie sich in dieser Situation gefühlt?«
  »Welches Gefühl werden Sie vermutlich haben, wenn das passiert?«

- **Fragen zu den eigenen Bedürfnissen des Gegenübers**

  »Können Sie mir sagen, welches Bedürfnis hinter dieser Bitte steht?«
  »Angenommen, Sie täten das, welches Bedürfnis würden Sie dadurch befriedigen?«
  »Wenn Sie das hätten, was wäre dann anders?«

- **Fragen dazu, um welche erfüllbare Handlung das Gegenüber andere bitten möchte**

  »Gibt es etwas, worum Sie gern jemanden bitten möchten?«
  »Wenn Sie das als Bitte um eine erfüllbare Handlung formulieren, wie würde diese Bitte lauten?«
  »Was genau könnte Ihr Sohn tun, um Ihr Bedürfnis nach Ordnung zu befriedigen?«

2.3.4 Feedback geben und Feedback nehmen

Ein Feedback ist eine Verhaltensrückmeldung, die man einer anderen Person gibt oder von dieser bekommt. Jede Reaktion auf ein Gegenüber, sei es verbal oder nonverbal, stellt letztlich ein Feedback dar. Man erhält durch Mimik, Gestik, ein Ja oder Nein eine Reaktion auf das eigene Verhalten. Diese kann als Rückmeldung und Rückkopplung dienen. Will man hingegen eine explizite ausformulierte Rückmeldung geben, kann sich diese an dem Modell der »Gewaltfreien Kommunikation« orientieren. Hierbei werden im Feedback vier Aspekte angesprochen:

1. Was habe ich gesehen oder gehört?
2. Wie habe ich mich dabei gefühlt?
3. Was war bzw. ist mein Bedürfnis?
4. Was hätte ich mir in der Situation gewünscht, dass die andere Person tut bzw. was würde ich sie bitten, in Zukunft in einer vergleichbaren Situation zu tun?

Das Geben und Nehmen von Feedback folgt einigen Regeln, die nachfolgend zusammengefasst sind (vgl. Lindemann, 2017b, S. 148 f.; Fengler, 2004, S. 19 ff.; Schulz von Thun, 1981, S. 69 ff.; Rosenberg, 2005, S. 213; Doppler, Fuhrmann, Lebbe-Waschke u. Voigt, 2002, S. 263):

- **Ein Feedback wird angeboten oder erbeten, nicht einfach gegeben.**
  Es erfolgt vonseiten der feedbackgebenden Person ebenso freiwillig, wie es vonseiten der Feedbacknehmenden aus freien Stücken angenommen wird.

- **Ein Feedback ist sachlich, offen, konkret, direkt und ehrlich.**
  Die Rückmeldungen sollen sich auf konkrete (beobachtbare) Tatsachen stützen. Im Feedback sollen diese offen angesprochen werden, ohne sie zu dramatisieren oder zu beschönigen.
- **Feedbacks sind als »Ich-Botschaften« und nicht als Wir-, Man-, Es-, Ihr-Aussagen formuliert.**
  Feedbackgebende sprechen über sich, über eigene Wahrnehmungen und Wünsche. Sie fungieren nicht als Stimme der Gruppe oder der Allgemeinheit (»wir haben …«, »es ist doch offensichtlich, dass …« usw.)

und vermeiden die Ansprache von Gruppen, wenn einzelne Personen gemeint sind (»ihr habt ...«, »euch kann man ...« usw.).

- **Feedbacks vermeiden »Du-Botschaften« und »Killerphrasen«.**
  Vermieden werden Formulierungen wie z. B.: »So geht das nicht!«, »Dafür sind Sie gar nicht zuständig!«, »Das hat noch nie funktioniert!«. Umgehen sollte man auch Wörter wie: *immer, nie, ständig, dauernd, absolut, wahr, falsch, objektiv, tatsächlich, bewiesenermaßen.*

- **Ein Feedback erfolgt zeitnah und nicht als »Endabrechnung«.**
  Ein Feedback soll keine Sammlung von Kleinigkeiten sein, die sich über einen längeren Zeitraum aufgestaut haben, sondern eine möglichst konkrete Rückmeldung darstellen. Je näher diese auf das direkt Geschehene folgt, desto präsenter sind die Erfahrung und die Einzelheiten der angesprochenen Situation.

- **Ein Feedback wird in einem vertraulichen Rahmen ausgesprochen.**
  Ein Feedback wird nicht »vor versammelter Mannschaft« gegeben oder im Beisein von Kollegen, Vorgesetzten, Angehörigen oder anderen Personen. Zu einem Feedback kann im besten Fall eingeladen werden, es soll nicht »zwischen Tür und Angel« stattfinden.

- **Die Persönlichkeit des Gegenübers bleibt unangetastet.**
  Die Persönlichkeit des Gegenübers und entsprechende Zuschreibungen gehören nicht in ein Feedback. Bewertungen der Person sollten vermieden werden.

- **Die Empfängerin oder der Empfänger eines Feedbacks entscheidet, was sie oder er mitnimmt.**
  Die Rolle von Feedbacknehmenden besteht nicht darin, sich zu rechtfertigen oder zu verteidigen, sondern wertschätzend zuzuhören und gegebenenfalls nachzufragen.

2.3.5 Doppeln

Eine über das »lösungsorientierte Paraphrasieren« (→ Kapitel 2.2.2) – also eine wertfreie und relativierende Zusammenfassung eines Gesprächsbeitrages – hinausgehende Technik besteht darin, Gesprächsteilnehmenden eine alternative oder erweiterte Formulierung ihres Gesprächsbeitrages anzubieten. Wenn ein Gesprächsbeteiligter z. B. etwas Wertendes, Verletzendes oder Beleidigendes sagt, oder sich zu einem Aspekt des Gesprächs gar nicht äußert, können Sie selbst mehrere wertschätzende Sätze »für ihn« formulieren. Sie übernehmen hierdurch eine Rolle als »Fürsprecherin« oder »Dolmetscher«, indem Sie etwas sagen, was die Sprecherin oder der Sprecher selbst nicht auf eine wertschätzende Weise und als Ich-Botschaft formulieren kann.

Neben der Umformulierung von Gesprächsbeiträgen kann mithilfe dieser Technik auch eingebracht werden, was bisher ausgelassen wurde, wie z. B. »blinde Flecken«, unausgesprochene Gefühle, Bedürfnisse und Sichtweisen. Sie dürfen Vermutungen aus der Position eines Gesprächsbeteiligten äußern oder aus seiner Position heraus eine Frage an eine andere Person richten. Hierbei kann sich die Gesprächsführung auf bisher in den Gesprächsverlauf eingebrachte Informationen beziehen, diese – gegebenenfalls umformuliert – zusammenfassen und zudem eigene Vermutungen und Hypothesen einfließen lassen.

Beim »Doppeln« geht die Gesprächsführung sehr strukturiert vor (vgl. Thomann u. Schulz von Thun, 1988, S. 108–122). Es wird immer die Erlaubnis der Person abgewartet, für die man eine Aussage formulieren möchte. Wird die Zustimmung erteilt, tritt man neben die Person und formuliert für sie die stellvertretende Aussage. Anschließend fragt man nach der Zustimmung zu der getroffenen Aussage und bittet gegebenenfalls darum, dass ergänzt oder korrigiert wird.

Beispiel 1:
»Ich bin der Meinung, dass ist ganz allein die Verantwortung der Sprachförderkraft! Es wäre ja noch schöner, wenn ich das alles auch noch zu Hause mit meinem Sohn selbst tun sollte! Sie sind als Sprachförderkraft einfach nicht kompetent genug!« (Die gesprächsführende Person hat die Vermutung, dass der Vater überlastet und verunsichert ist und daher die eigene Verantwortung ablehnt und sich mit Angriffen zu schützen versucht.)

»Wäre es für Sie in Ordnung, wenn ich mich einmal neben Sie stelle und etwas für Sie formuliere, und Sie sagen mir dann, ob das so richtig ist oder nicht?«
»Na gut, wenn Sie meinen.« (Gesprächsführung tritt neben den sitzenden Vater und geht in die Hocke, damit ihr Gesicht ungefähr auf gleicher Höhe wie das des Vaters ist.)
»Meine Frau und ich sind sehr in Sorge wegen der anstehenden Einschulung unseres Sohnes. Wir sind verunsichert, weil wir zum einen nicht wissen, was wir tun könnten, um ihn zu unterstützen, zum anderen hätten wir dazu auch nur wenig Zeit, da wir beide Vollzeit arbeiten. Ich würde mich freuen, wenn wir uns über unseren Sohn austauschen könnten, um zu schauen, wie Sie ihn hier in der Kita durch ihre Sprachförderung vielleicht noch besser fördern können. Vielleicht können wir hier auch gemeinsam Ideen entwickeln, was wir trotz unserer beruflichen Belastung bei uns zu Hause anders machen könnten. Stimmt das so?«
»Na ja, im Großen und Ganzen schon.«
» Im Großen und Ganzen? Was würden Sie denn gern ergänzen?«
»Meine Frau und ich haben schon heftige Auseinandersetzungen darüber gehabt, die unser Familienleben stark belasten. Deswegen ist es auch blöd, dass sie heute nicht mit zu diesem Gespräch gekommen ist. Ich fühle mich schon so, als müsste ich das alles allein machen.«
»Okay. Und Sie, können Sie die Aussage des Vaters so besser annehmen?«
»Ja. Das klingt schon eher danach, dass wir hier zusammenarbeiten und gemeinsam Lösungen finden können. Das nimmt mir viel Druck und ich kann seine Position besser verstehen.« (Gesprächsführung geht wieder auf ihren Platz.)

Beispiel 2:
»Na ja, dass ich da nicht einbezogen wurde, hat mich schon ein bisschen gewurmt. Ist halt blöd gelaufen.« (Die gesprächsführende Person vermutet, dass die Sprecherin die Situation bagatellisiert und sich nicht traut, ihren Ärger klar zu äußern.)
»Darf ich Ihre Aussage an dieser Stelle einmal für Sie anders zum Ausdruck bringen? Ich würde mich dafür neben Sie stellen und etwas für Sie formulieren. Sie können dann sagen, ob das so stimmt oder nicht. Okay?«
»Von mir aus …« (Gesprächsführung tritt neben die sitzende Sprecherin und geht in die Hocke, damit ihre Gesichter ungefähr auf gleicher Höhe sind.)
»Bernd, du hast das allein entschieden, ohne es vorher mit mir zu bespre-

> chen. Ich bin sehr ärgerlich. So sehr, dass ich mich stark zusammenreißen muss, um hier keine verletzenden Worte zu verwenden. Es gab in diesem Jahr schon drei Situationen, in denen du meinen Wunsch nach Beteiligung und Geschlossenheit nicht erfüllt hast. Ich möchte dich daher darum bitten, jede zukünftige Entscheidung mit mir zu besprechen, bevor du sie triffst und andere informierst. Stimmt das so?«
> »Das hätte ich mich nicht getraut, so klar auszusprechen. Aber ja, ich habe da schon viel runterschlucken müssen, um nicht beleidigend zu werden.«
> (Gesprächsführung geht wieder auf ihren Platz.)
> »Und was geht Ihnen nun durch den Kopf, wenn Sie das so von Ihrer Kollegin hören?«

Bekommt die gesprächsführende Person nicht die Erlaubnis, stellvertretend zu formulieren, bleibt sie sitzen. Sie sollte dann versuchen, positive Umformulierungen von bereits Gesagtem oder das Aussprechen von Ungesagtem durch Fragen zu unterstützen.

Doppeln ist eine machtvolle Intervention, die sehr gezielt eingesetzt werden sollte. Wenn Du-Botschaften und Killerphrasen verwendet werden oder wenn Sie vermuten, dass etwas Unausgesprochenes den Gesprächsverlauf zum Stocken bringt, kann diese Intervention den Gesprächsverlauf wieder in Fluss bringen oder auch einen Gesprächsabbruch verhindern. Grundsätzlich besteht die Idee darin, für einen Gesprächsbeteiligten etwas so auszudrücken, dass es auch bei einem anderen Gesprächsbeteiligten ankommt. Sehr gut eignen sich hierzu die einzelnen Aspekte der »Gewaltfreien Kommunikation« (→ Kapitel 2.3.3). Leitfragen, um eine Aussage für das Doppeln zu formulieren, sind:

> »Welche Gefühle, Bedürfnisse und Bitten verbergen sich hinter Angriffen und Vorwürfen?«
> »Welche Ich-Botschaft könnte hinter einer Du-Botschaft oder Paraphrase stecken?«
> »Was sagt die betreffende Person nicht, ist aber zu vermuten? Welche Hypothesen habe ich?«
> »Was traut sich die betreffende Person möglicherweise nicht zu sagen?«
> »Wenn ich anstelle dieser Person wäre, was würde ich sagen, um mein Gegenüber zu erreichen?«

In großen Gruppen ist das Doppeln schwieriger anzuwenden, da hierdurch eine einzelne Person mit ihrer Aussage in den Fokus rückt. Dadurch kann leicht der Eindruck entstehen, die Gesprächsführung wolle sie nur verbessern. In kleinen Gruppen ist die Technik einfacher einzusetzen, weil man mehrere Beteiligte doppeln kann. Es ist Aufgabe der Gesprächsführung, hier auf eine Ausgewogenheit zu achten. Es kommt sogar vor, dass Gesprächsbeteiligte, die diese Technik kennen, die Gesprächsführung darum bitten, gedoppelt zu werden:

> »Können Sie das nicht einmal für mich formulieren? Ich kriege das gerade nicht hin.«

2.4 Fragetechniken

Fragetechniken sind ein Kernstück systemischer Praxis und wesentlicher Teil der systemisch-lösungsorientierten Gesprächsführung. Sie werden durchgängig in allen Phasen der Gesprächsführung und Beratung angewendet. Fragen haben in der systemisch-lösungsorientierten Arbeit einen anregenden Charakter und dienen nicht nur der Informationsgewinnung und als Grundlage für die Hypothesenbildung durch die gesprächsführende Person. Ziel von Fragen ist es vor allem auch, die Aufmerksamkeit des Gegenübers auf Bereiche zu lenken, die bisher möglicherweise nicht in Betracht gezogen worden sind. Perspektivenwechsel und Perspektivenerweiterung, Reframing, Ausweitung und Eingrenzung der Sichtweisen der Gesprächsbeteiligten stehen im Vordergrund. Die zentralsten Fragetechniken werden nachfolgend aufgeführt und erläutert.

2.4.1 Erlaubnisfragen

Immer, wenn es darum geht, eine Entscheidung zu treffen, einen eigenen Beitrag zu leisten, eine andere Person zu unterbrechen, eine Idee zu äußern oder eine neue Phase des Gesprächs zu beginnen, lohnt es sich, die Erlaubnis der Beteiligten einzuholen. Jede Form, eine Entscheidung an die Gesprächspartner abzugeben, kann als das Einholen einer Erlaubnis betrachtet werden.

> »In dieser Phase soll jede anwesende Person die Möglichkeit haben, Themen zu benennen. Wer möchte gern anfangen?«
> »Wie soll ich Ihr Thema auf der Moderationskarte benennen? [...] Ist es für Sie okay, wenn ich das wertende Adjektiv weglasse?«
> »Welches Thema möchten Sie als Erstes besprechen?«
> »Sie haben jetzt beide spitze Bemerkungen und Sticheleien ausgetauscht. Ich wüsste gern, ab welchem Grad der Intensität ich bei solchen Bemerkungen eingreifen soll. Können Sie mir dazu einen Hinweis geben?«
> »Ich habe Sie gerade unterbrochen, um ausreichend Zeit zu haben, Ihre Beiträge auf Moderationskarten zusammenzufassen. Ist das für Sie in Ordnung?«
> »Ich denke, dass jetzt alle Beteiligten zu Wort gekommen sind und ich alle entscheidenden Aspekte hier auf der Pinnwand festgehalten habe. Schauen Sie noch einmal darauf. Wenn Sie nichts mehr ergänzen möchten, würde ich gern zur nächsten Phase übergehen. Wäre das in Ordnung?«
> »Ich würde Ihnen dazu gern eine Rückmeldung geben. Möchten Sie die hören?«
> »Ich hätte dazu eine etwas ungewöhnliche Idee. Darf ich Ihnen die einmal vortragen?«
> »Mir würde dazu noch ein Thema einfallen, über das Sie vielleicht auch noch sprechen sollten. Ist es in Ordnung, wenn ich es benenne und Sie dann entscheiden, ob Sie es in die Themenliste aufnehmen wollen?«
> »Ich würde gern eine Pause einlegen, bevor wir die letzten vierzig Minuten konzentriert weiterarbeiten. Ist es Ihnen recht, wenn wir jetzt fünf Minuten unterbrechen, durchlüften, uns ein bisschen bewegen und dann weiterarbeiten?«
> »Ich würde die bisherigen Ergebnisse gern noch einmal zusammenfassen, wenn das für Sie in Ordnung ist.«

Wenn Sie um Erlaubnis bitten, sollten Sie jedoch auch eine Idee davon haben, was Sie tun können, für den Fall, dass Ihnen die Erlaubnis nicht erteilt wird. Akzeptieren Sie in einem solchen Fall die Verweigerung oder machen Sie diese zum Thema?

> »Danke, dass Sie mir klar zurückmelden, dass Sie das nicht wollen. Wir können dann anders vorgehen.«
> »Was bräuchten Sie denn, oder was müsste sich hier ändern, damit Sie dem zustimmen können?«

> »Möchten Sie mir mitteilen, warum Sie sich zu diesem Thema nicht äußern wollen?«

Durch Erlaubnisfragen erreicht man bestenfalls, dass man Entscheidungen fällen und eigenständige Beiträge leisten kann, dass man unterbrechen und strukturieren darf, ohne dass das Gegenüber dies als Einmischung und Übergriff erlebt. Zumindest steigern Erlaubnisfragen die Chance der Akzeptanz. Sie dienen auch als Muster eines wertschätzenden Umgangs, das von den Beteiligten gern imitiert wird und zu neuen Verhaltensweisen im Miteinander führen kann.

Diese Technik funktioniert aber nur, wenn man von den anderen Beteiligten die verbale oder nonverbale Zustimmung zu der erbetenen Erlaubnis erhält. Diese Zustimmung kann beim Ausbleiben bestätigender Signale aktiv eingefordert werden (»Herr Meyer, sind auch Sie damit einverstanden, dass …«). Ablehnende Signale sollten aufgegriffen werden (»Sie schütteln den Kopf, was sollte Ihrer Meinung nach als Nächstes passieren?«; → **Kapitel 2.1.5 »Rückmeldungen zur Körpersprache geben«**).

2.4.2 Skalierungsfragen

Skalierungsfragen bieten sich immer dann an, wenn es darum geht, etwas differenziert zu bewerten oder zu messen. Übliche Bewertungsfragen wie: »Sind Sie mit dem Ergebnis zufrieden?« – »Wie war es heute in der Schule?« – »Wie selbstständig kann Ihr Kollege das schon?« – »Wer war schuld daran, dass der Streit ausgeufert ist?« werden oft sehr undifferenziert beantwortet, etwa mit: »Ja«, »Nein«, »Geht so«, »Gut«, »Schlecht«, »Ich nicht«. Eine Skalierungsfrage bietet immer einen Wertebereich an, aus dem die angesprochene Person wählen kann.

> »Wie zufrieden sind Sie mit dem Ergebnis, wenn Sie es auf einer Skala von 1 bis 10 bewerten, wobei 1 für ›nur ein bisschen zufrieden‹ steht und 10 für ›absolut zufrieden‹?«
> »Wie war es heute in der Schule auf einer Skala von 1 bis 10, wobei 1 bedeutet ›voll blöd‹ und 10 ›ganz fantastisch‹?«
> »Wie selbstständig kann Ihr Kollege das schon, wenn Sie es auf einer Skala von 1 bis 10 bewerten und 1 bedeutet ›gar nicht‹ und 10 ›völlig selbstständig‹?«

> »Auf einer Skala von 1 bis 10, wie viel Anteil trägst du selbst daran, dass der Streit ausgeufert ist?«

Einige Praktikerinnen und Praktiker nutzen eine Skala von 0 bis 10. 0 suggeriert die »völlige Abwesenheit«, während 1 nahelegt, dass zumindest »ein bisschen« vorhanden ist. Welchen Skalenumfang Sie nutzen, ist letztlich Geschmacksache. Aber auch Ihre Präferenz wird Gesprächsbeteiligte nicht davon abhalten, auf einer 10er-Skala eine 12 zu skalieren, oder sogar auf negative Zahlen zurückzugreifen, etwa –2. Es bietet sich an, die veränderte Skalenvorstellung aufzugreifen und mit der durch die Gesprächsbeteiligten angebotenen Vorstellung zu arbeiten. Auch sehr feinschrittige Skalierungen werden genutzt, etwa eine 0,1 oder 6,5. In diesen Fällen kann die Schrittgröße an die genannte Zahl angepasst werden, indem nach einer Veränderung zu 0,2 bzw. 7,0 gefragt wird.

Der große Vorteil von Skalierungen ist, dass sie dabei helfen, absolute Kategorien und Entweder-oder-Bewertungen aufzuweichen. Jede Wertung, egal welche, kann kleinschrittig hinterfragt und erweitert werden:

> »Wenn Sie ›7‹ sagen, was denken Sie, könnten Sie dazu beitragen, dass Sie ›8‹ sagen? Was könnte hier und heute noch passieren, dass Sie eine Stufe höher skalieren?«
> »Wenn du eine 3 angibst, frage ich mich, was dazu führen könnte, dass du ›4‹ sagst. Und warum war es heute keine 2?«
> »Wenn Sie ›5‹ sagen, was wäre der nächste Entwicklungsschritt Ihres Sohnes, bei dem Sie sagen würden: ›6‹?«
> »Wenn dein Anteil an dem Streit bei 3 liegt und Marvins bei 5, waren die restlichen zwei Punkte, die noch bis zu 10 fehlen, dann einfach Pech oder zu wem gehören die?«

Mit Skalierungen lassen sich kleinschrittige Verbesserungen und Verschlechterungen thematisieren, wobei die antwortende Person festlegen kann, was der skalierte Wert für sie bedeutet, was zu einer Ab- und Aufwertung führen könnte und welcher Wert für sie ausreichend wäre. Eine 10 zu erreichen, wird eher selten als Ziel benannt. Es kann hilfreich sein, den Teilnehmenden zu erläutern, dass eine Stufe auf der Skala – etwa eine 3 – für verschiedene Personen eine ganz unterschiedliche Bedeutung haben kann und darf. Dadurch verbessert sich das Verständnis und die Akzeptanz dafür, dass Menschen unterschiedliche Bedürfnisse, Werte und Ziele haben und daher zu verschiedenen Wertungen und Interpretationen kommen. Die gegenseitige Anerkennung verschiedener Sichtweisen ist ein entscheidender Schritt systemisch-lösungsorientierter Gesprächsführung und Beratung.

Nützlich ist es zudem, auf der Skala positive und wünschenswerte Aspekte mit der 10 zu assoziieren und negative und hinderliche Aspekte mit der 1 (Hammel, 2011, S. 84). Bei einer Skalierung von Lautstärke wäre so die 0 (oder 1) »absoluter Lärm« und die 10 »absolute Stille«. Die Fokussierung auf das »Ausmaß der Lösung« (10 als maximaler Wunschzustand) – und nicht auf das »Ausmaß des Problems« (10 als Maximalzustand des Problems) – scheint Auswirkungen auf den Verlauf und die Ergebnisse von Gesprächs- und Beratungsprozessen zu haben, da durch diese Orientierung das Wünschenswerte zunehmen soll (»Hin zu«) – und nicht das Unerwünschte reduziert werden soll (»Weg von«).

Wenn in Gesprächen und Beratungen mit Gruppen gearbeitet wird, z. B. mit Teams, Schulklassen oder Familien, lassen sich die Werte von 1 bis 10 auch mit Moderationskarten auf dem Boden ausgelegen. Die Beteiligten können sich dann zu Fragen, die an alle gestellt werden, entsprechend ihrer jeweiligen, individuellen Wertung positionieren. Gemeinsamkeiten und Unterschiede werden so deutlich sichtbar. Man kann dann Einzelne aus der Gruppe zu ihrer Positionierung interviewen und somit ein Gruppenfeedback durchführen:

> »Sie stehen auf der 4. Was für Gründe hätte es geben können, sich nur auf die 3 zu stellen?«
> »Wenn Sie von Ihrer 7 nach hinten schauen, was glauben Sie, könnten Sie den Kollegen dort auf der 4 sagen, damit sie auf eine 5 kommen?«
> »Wenn Sie sehen, wie weit hierbei die Meinungen auseinandergehen, ist das für Sie in Ordnung, oder sollten alle näher beieinanderstehen?«

Die Skalierung ist immer subjektiv, individuell und relativ. Wo für den einen eine 4 gut und ausreichend ist, muss es für einen anderen mindestens eine 7 sein. Auch um diese Unterschiede transparent zu machen, ist der Einsatz von Skalierungsfragen sehr sinnvoll.

2.4.3 Fragen nach Ausnahmen, Bewältigungsstrategien und dem Nutzen des Problems

Befragt nach vorhandenen Ressourcen und Lösungsstrategien, benennen Personen dennoch oft die Probleme und Schwierigkeiten. Systemisch-lösungsorientierte Fragen fokussieren daher stärker auf das, was im Hier und Jetzt funktioniert, auf Teile einer Lösung, die schon da sind.

■ Fragen nach Ausnahmen

Das Fragen nach Ausnahmen ist eine systemische Fragetechnik, die zur Grundstruktur der lösungsorientierten Arbeit gehört. Es wird nach den – möglicherweise seltenen und verborgenen – Situationen gefragt, in denen etwas geklappt oder ein bisschen besser funktioniert hat. Die Idee hinter der Frage nach Ausnahmen besteht darin, zu zeigen, dass es auch anders geht bzw. dass das erwünschte Verhalten von den Beteiligten schon jetzt – vielleicht nur in manchen Situationen oder phasenweise – gezeigt wird und gezeigt werden kann. Dann wird es möglich, an den genannten Aspekten des Gelingens anzusetzen und diese auszuweiten, anstatt die Misslingensbedingungen zu verstärken:

> »Was genau war an dem Tag anders, an dem es funktionierte?«
> »Was hat dich an diesem Tag motiviert, es so zu tun?«
> »Was unterstützt dich dabei, es so zu machen?«
> »Welche Personen sind wichtig dafür, dass es klappt?«
> »Wie könnte man mehr solcher Ausnahmetage schaffen?«

Es geht bei der Lösungsorientierung nicht darum, Mängel oder Ärger zu kaschieren, sondern das Gespräch in eine Richtung zu lenken, die auf eine Erarbeitung von Handlungsstrategien ausgerichtet ist, ohne lediglich Mängel zu benennen und deren Beseitigung zu thematisieren. Oder – um einen Ausspruch von Steve de Shazer zu nutzen:

> »Das Reden über Probleme erzeugt Probleme.
> Das Reden über Lösungen erzeugt Lösungen.«

Wir sind es in unserem westlichen kulturellen Kontext eher gewohnt, Probleme zu beschreiben als Lösungen zu entwickeln. Hinter dem Zitat von de Shazer steckt die Aufforderung, diese Perspektive zu verlassen, die Problembeschreibungen und Analysen zurückzustellen und den Blick direkt auf mögliche Lösungen zu lenken. Das Zitat besagt nicht, dass man nicht über Probleme reden darf. Oft ist dies wichtig, um sich mitzuteilen, sich verstanden und angenommen zu fühlen oder um Dampf abzulassen. Der Entwicklung von Lösungen kommt man dadurch aber nur bedingt näher.

Wenn man den Nutzen einer lösungsorientierten Sichtweise gegenüber einer problemanalytischen Sichtweise verdeutlichen möchte, bietet sich folgende Metapher zur Veranschaulichung an:

> »Ich möchte Ihnen an einem kurzen Beispiel aufzeigen, warum es meiner Ansicht nach nicht so hilfreich für eine Problemlösung ist, das Problem an sich zu analysieren. Dafür sollten wir den Blick auf ganz andere Aspekte lenken. Nehmen Sie das Problem der Atomenergie. Bei ihm können Sie alle Facetten der Strahlung, der Endlagerung und dergleichen aufzählen, analysieren und bewerten. Dadurch wird Ihnen möglicherweise klar, wie groß das Problem ist, und Sie wissen genauer, was Sie alles nicht mehr wollen. Aber erfahren Sie durch diese Problemanalyse auch nur eine Kleinigkeit über regenerative Energien? Hierzu müssen Sie in eine andere Richtung denken. Sie müssen überlegen, was Alternativen zur Atomenergie sein könnten, welche Ergebnisse Sie gern erzielen möchten, wie Sie es gern hätten, welche Bedürfnisse Sie haben und was Sie stattdessen tun wollen. Aus diesem Grund möchte ich Sie hier gern dazu einladen, den Blick nicht auf die Problemanalyse zu richten, sondern auf die Suche nach Lösungen.«

Coping- und Bewältigungsfragen

Auch in schwierigen Situationen oder bei schwerwiegenden Problemen gibt es in der Regel Ressourcen, die dabei unterstützen, die Situation oder das Problem zu ertragen. Diese Ressourcen sind aber nicht nur daran beteiligt, dass man durchhält, sondern können auch dabei helfen, ein Problem zu überwinden. Hierfür lassen sich die Copingstrategien – also die Strategien, die jemand nutzt, um mit schwierigen Situationen klarzukommen – durch gezielte Fragen identifizieren. Auf ihnen aufbauend kann überlegt werden, wie man sie ausweiten und für weitere Unterstützung sorgen kann.

> »Wenn Sie so von Ihrem anstrengenden Alltag erzählen, frage ich mich, wo sind da die Ruheinseln und Tankstellen, an denen Sie Ihre Energie wieder auffüllen. Fällt Ihnen da etwas ein?«
> »Welche Personen helfen Ihnen, damit fertigzuwerden?«
> »Welche Aktivitäten und Situationen entlasten Sie in dieser schwierigen Lebensphase?«
> »Was hilft Ihnen auf die Beine, wenn Sie denken: ›Jetzt geht gar nichts mehr‹?«

Copingfragen können auch auf die Vergangenheit gerichtet sein oder auf andere Personen:

> »Gab es früher in Ihrem Leben schon einmal eine Situation, in der Sie etwas Ähnliches durchgemacht haben? Was haben Sie damals getan, um das zu überstehen?«
> »Kennen Sie eine andere Kollegin, die so etwas schon einmal erlebt hat? Was hat ihr dabei geholfen, damit zurechtzukommen?«

Eine Strategie lösungsorientierter Veränderung besteht darin, die genannten unterstützenden und positiven Aspekte zunächst wahrzunehmen, gegebenenfalls zu ergänzen und zu erweitern. Oft ist es bereits ausreichend, das Gegenüber dabei zu unterstützen, seine Ressourcen zu erkennen, diese auszusprechen und bewusster einzusetzen.

Mit Copingfragen können auch bisherige – aber nicht erfolgreiche – Lösungsstrategien erkundet werden. So können Problemmuster erkannt und Hypothesen über deren Unterbrechung entwickelt werden:

> »Was haben Sie denn schon alles versucht? Und auf einer Skala von 1 bis 10: Wie hilfreich war es?«
> »Welche Situationen gibt es, bei denen Sie sagen würden: ›Oh nein, nicht schon wieder!‹?«
> »Wenn Ihre Gruppenkollegin diesen Schachzug in Ihrem Streit macht, mit welchem Manöver antworten Sie? Welche Spielzüge folgen? Wie geht das Spiel aus?«
> »Das klingt für mich danach, als würden Sie, wenn Sie damit nicht zum Ziel kommen, einfach ›mehr davon‹ machen. Dieses ›mehr desselben‹ scheint es aber eher schlimmer zu machen als besser. Wie sehen Sie das?«

Fragen nach dem Nutzen des Problems

Viele Probleme und unliebsame Gewohnheiten hatten ursprünglich einen Sinn und eine positive Funktion. In einer neuen Situation können sie jedoch dysfunktional werden oder eine andere Funktion übernehmen. Mit Bezug auf Virginia Satir hat Matthias Varga von Kibéd bei einer Weiterbildung formuliert: »Ein problematisches Verhalten ist eine hilfreiche und förderliche Fähigkeit, die einem Irrtum über den Anwendungskontext unterliegt.« Es handelt sich beim Auftreten störendender Verhaltensweisen oder als unangemessen erlebter Gefühle dann um ein Phänomen der Kontextüberlagerung: Etwas tritt in einem bestimmten Kontext auf, in dem es als unpassend erscheint, möglicherweise auch, weil es zu intensiv oder übertrieben geschieht. In einem anderen Kontext oder in abgeschwächter Form wäre es hingegen eine hilfreiche Reaktion.

> »Wann und in welchem Kontext war es für Sie bereits hilfreich, so zu handeln?«
> »Was denken Sie, worauf Sie dieses Gefühl aufmerksam machen möchte, auch wenn Sie es in dieser Situation als übertrieben erleben?«
> »In welcher Umgebung oder Lebenssituation wäre das Ihrer Meinung nach angemessen und hilfreich?«
> »Angenommen, Sie würden in einer abgeschwächten Form auf diese Weise reagieren, wie sähe das aus?«
> »Können Sie auf einer Skala von 1 bis 10 sagen, wie heftig Ihnen diese Reaktion erscheint? ... Und welcher Wert wäre für Sie angemessen? ... Was könnten Sie tun, um von dem ersten Wert einen Schritt in Richtung Ihres Wunschzustandes zu kommen?«

Für Menschen erfüllen Probleme häufig eine wichtige Funktion, haben einen Nutzen, Vorteil oder Gewinn. Dieser verdeckte Gewinn oder »das Gute am Schlechten« bleibt in der Regel unausgesprochen. Eine Thematisierung schafft die Erlaubnis, auch die Vorteile einer unangenehmen oder belastenden Situation zu benennen.

> »Welche Vorteile haben Sie und Ihre Familie dadurch, dass das Problem besteht?«
> »Welche Aktivitäten, die Sie ungern ausführen, müssen Sie nicht verfolgen, solange das Problem besteht?«

> »Angenommen, das Problem wäre nicht mehr vorhanden. Welche Nachteile hätte das für Sie?«
> »Wenn das Problem verschwinden würde, wer würde es möglicherweise vermissen?«
> »Welche positive Funktion hat das Problem?«
> »Angenommen, das Problem taucht irgendwann einmal wieder auf. Worüber würden Sie sich dann freuen?«
> »Was würde passieren, wenn sich nichts verändert, wenn alles so bleibt, wie es jetzt ist?«

Eine Veränderung kann anschließend berücksichtigen, dass nachteilige Aspekte reduziert werden, ohne damit gleichzeitig auch die vorteilhaften Aspekte des Problems zu verlieren. Der Fokus kann im weiteren Gespräch z. B. darauf gerichtet werden, wie man die Funktion des Problems oder den Gewinn, den man durch sein Bestehen erhält, auf andere Weise realisieren kann.

2.4.4 Hypothetische Fragen

Hypothetische Fragen basieren immer auf der imaginären Vorstellung: »Was wäre, wenn …«. Sie laden ein, zu spekulieren, zu fantasieren und den Blick auf mögliche Alternativen zu lenken.

■ Best-Case- und Alternative-Case-Fragen

Bei »Best-Case-Fragen« und »Alternative-Case-Fragen« stellen Sie die Frage danach, »wie es wäre, wenn«. Durch diese Fragtechnik können Sie »so tun, als ob«, Veränderungsmöglichkeiten und Konsequenzen ausloten oder beleuchten, wie das bestmögliche Ergebnis, der »Best Case«, für die Befragten aussähe oder welche Alternativen, also »Alternative Cases«, in einer Situation bestehen:

> »Angenommen, das Nachhaltigkeitsprojekt wäre dir wichtig, was wäre dann anders?«
> »Angenommen, Sie würden das versuchen, was könnte das für Sie für Vorteile haben?«

> »Stellen Sie sich vor, der Arbeitsplatz wäre so gestaltet, wie Ihre Kollegin es vorgeschlagen hat. Was würde sich dadurch für Sie verändern?«
> »Angenommen, Sie hätten gesehen, dass Ihr Kind ein anderes Kind gebissen hat, welchen Umgang damit fänden Sie angemessen?«
> »Was könnten Sie in dieser Situation tun, um Frau Miller völlig zu überraschen?«
> »Was würde passieren, wenn Sie in dieser Situation sagen würden: ›Okay, ich mach das‹, und würden die Aufgabe dann einfach erledigen?«
> »Sammeln Sie mal alle anderen denkbaren und undenkbaren Handlungsalternativen, die Sie in dieser Situation haben, ungeachtet möglicher Konsequenzen. Wir können diese dann der Reihe nach einmal durchspielen.«
> »Was wäre das Verrückteste, das Sie stattdessen tun könnten?«
> »Was würde passieren, wenn sich nichts verändert, wenn alles so bleibt, wie es jetzt ist?«

Die Wunderfrage

Bei der lösungsorientierten Arbeit hat sich auf dem Weg von den Bedürfnissen zu Handlungsideen der Beteiligten vor allem eine Fragetechnik bewährt: die Wunderfrage (de Shazer, 1989, zit. nach De Jong u. Berg, 1998, S. 139):

> »Ich möchte Ihnen jetzt eine ungewöhnliche Frage stellen. Stellen Sie sich vor, während Sie heute Nacht schlafen und das ganze Haus ruhig ist, geschieht ein Wunder. Das Wunder besteht darin, dass das Problem, das Sie hierhergeführt hat, gelöst ist. Allerdings wissen Sie nicht, dass das Wunder geschehen ist, weil Sie ja schlafen. Wenn Sie also morgen früh aufwachen, was wird dann anders sein, das Ihnen sagt, dass ein Wunder geschehen ist, und das Problem, das Sie hierhergeführt hat, gelöst ist?«

Für die Formulierung des Wunders ist es wichtig, darauf zu achten, dass nicht beschrieben wird, *wodurch* das Wunder bzw. die Lösung entstanden sind, sondern *woran* die Beteiligten merken würden, dass es geschehen ist (Sparrer, 2007, S. 28 f., S. 45 f.). Der Fokus sollte auf sinnlich erfahrbaren Aspekten und auf aktivem Handeln liegen. Die nach dem Wunder Befragten sollen sich als Personen erleben, die aktiv beteiligt sind und in ihrer Wahrnehmung und ihrem Erleben beobachtbare Unterschiede identifizieren. Nur wenig hilfreich ist die utopische Benennung einer Veränderung äußerer Umstände (z. B. ein Lottogewinn, wieder jung sein) oder die Veränderung anderer Personen (z. B. der Sohn wäre fleißiger, die Chefin würde kündigen). Werden solche Wunder benannt, sollte die Gesprächsleitung das Gegenüber auf mögliche Veränderungen aufmerksam machen:

> »Woran werden Sie als Erstes merken, dass dies geschehen ist?«
> »Und was werden Sie dann, an diesem Morgen, anderes tun als jetzt?«

Damit sich Personen als aktiven Teil ihres Wunders sehen können, ist es hilfreich, sie durch weitere Fragen bei der Beantwortung zu unterstützen. Gute Fragen, um die »Zeit nach dem Wunder« zu explorieren, sind (Schwing u. Fryszer, 2006, S. 230 f.; De Jong u. Berg, 1998, S. 144):

> »Woran würden Sie nach dem Aufwachen als Erstes merken, dass das Problem verschwunden ist?«
> »Was würden Sie als Erstes tun? Was noch?«
> »Wer aus Ihrem Umfeld würde als Erstes bemerken, dass das Problem nicht mehr besteht? Woran?«

Im weiteren Verlauf kann erfragt werden, wo und wie die gesammelten Aspekte eines Lebens nach dem Wunder bereits einmal da waren, da sind oder umgesetzt werden können:

> »Wie war es, als es in Ihrem Leben schon einmal ein wenig so war, wie nach dem Wunder?«
> »Was ist heute für Sie vielleicht schon ein wenig so, wie nach dem Wunder?
> »Was von allem, das Sie nach dem Wunder tun würden, könnten Sie morgen früh am leichtesten umsetzen?«

Geht man davon aus, dass ein Problem in der Regel auch immer einen Nutzen hat, lohnt es sich, hierzu Fragen über die Zeit nach dem Wunder zu stellen (→ **Kapitel 2.4.3 »Fragen nach Ausnahmen, Bewältigungsstrategien und dem Nutzen des Problems«**):

»Was würden Sie am meisten vermissen, wenn das Problem nicht mehr da ist?«
»In welchen Situationen würden Sie Ihr Problem noch einmal einladen zurückzukommen? Wofür könnte es hilfreich sein?«

Worst-Case- und Verschlimmerungsfragen

Hypothetische Fragen können sich auch damit befassen, wie es wäre, wenn es schlimmer wäre als jetzt; wie es wäre, wenn das Gegenüber nichts verändert, oder was man tun könnte, um es schlimmer zu machen. Diese Verschlimmerungs- oder »Worst-Case«-Fragen können dazu führen, dass die Beteiligten feststellen, dass es hier und jetzt gar nicht so schlimm ist. Oder sie erkennen, was sie auf jeden Fall vermeiden sollten, damit es nicht noch schlimmer wird. Diese Fragetechnik wird auch im sogenannten »Kopfstand-Brainstorming« angewendet (→ **Kapitel 2.2.6**):

»Angenommen, dieser Arbeitsauftrag wäre dir überhaupt nicht mehr wichtig, was wäre dann anders?«
»Wenn Sie gar nichts verändern und einfach so weitermachen wie bisher, was würde sich dadurch verändern?«
»Was könnten Sie tun, damit es zwischen Ihnen und Ihrer Kollegin in Ihrem gemeinsamen Projekt so richtig knallt?«
»Was könnten Sie tun, damit es der langweiligste Vortrag wird, den jemals ein Mensch erlebt hat?«

Ein zentraler Aspekt dieser Fragtechnik besteht darin, dass die Frage immer auf ein aktives Tun oder Unterlassen der anwesenden Personen fokussiert: »Was könnten Sie aktiv tun oder lassen, damit es schlimmer wird?« Hierdurch soll eine anschließende Handlungs-, Ressourcen- und Lösungsorientierung angeregt werden, die auf die eigenen Möglichkeiten abzielt. Stellt man Worst-Case- und Verschlimmerungsfragen hingegen so, dass die Befragten sich passiv mit etwas konfrontiert sehen, z. B. »Was müsste passieren, damit es schlimmer wird?« oder »Was wäre das Schlimmste, das passieren kann?«, können auch Aspekte benannt werden, die die befragten Personen nicht beeinflussen können, die eine »höhere Gewalt« darstellen oder die im Einflussbereich anderer Personen liegen. Eine darauffolgende, handlungsorientierte Wendung ist in solchen Fällen nur schwer möglich.

Wenn ein derartiges, handlungsbezogenes Worst-Case- oder Verschlimmerungsszenario entworfen wurde, besteht der lösungsorientierte Dreh darin, zu schauen, was man stattdessen tun könnte. Es können z. B. auch negative, abwertende und verschlimmernde Aussagen auf Moderationskarten geschrieben werden, um als Nächstes gemeinsam zu entwickeln, was auf der »guten Rückseite« oder »mit dem Ressourcen- und Lösungsblick« aus ihnen gemacht werden kann. Die Karten lassen sich dann z. B. umdrehen und lösungs- und ressourcenorientiert neu beschriften.

2.4.5 Zirkuläre Fragen

Eine der bekanntesten Fragetechniken der systemisch-lösungsorientierten Gesprächsführung ist das zirkuläre Fragen, d. h., Situationen, Probleme, Ressourcen oder mögliche Lösungen aus der Sichtweise anderer Personen beschreiben zu lassen. Die antwortende Person soll sich in andere Personen hineinversetzen oder mit der Sichtweise einer anderen Person assoziieren, um eigene Sichtweisen zu hinterfragen und zu erweitern. Der Blickwinkel auf eine Situation erweitert sich und es können neue und andere Schlüsse gezogen werden.

Während die ratsuchende Person die Perspektive einer anderen Person einnimmt, löst sie sich von ihrer eigenen Sichtweise. Sie betrachtet sich selbst oder eine Situation durch die Augen anderer. Wie intensiv ihr dieses Hineinversetzen gelingt, zeigt sich z. B. in ihrer Emotionalität, ihren Antworten, der Zeit, die sie braucht, um eine Antwort zu finden und oft auch in der Überraschung über die Antworten, die sie findet.

Sind mehrere Personen eines Systems am Gespräch beteiligt, können sie über zirkulär gestellte Fragen auch einiges über sich selbst, ihre Beziehung und die Erwartungen aneinander erfahren. Häufig werden nämlich genau diese nicht offen kommuniziert.

Zirkuläre Fragen können sich auf die Sichtweisen von anwesenden oder abwesenden, beteiligten oder unbeteiligten Personen oder auch auf innere Anteile und fiktive Personen beziehen. Sie können aus einer anderen Beobachterposition und aus verschiedenen zeitlichen Perspektiven gestellt werden (Tabelle 4).

Tabelle 4: Beispiele für mögliche zirkuläre Fragen bezogen auf die beobachtenden Positionen anderer beteiligter oder unbeteiligter Personen

Beobachtende Position: andere beteiligte oder unbeteiligte Person (z. B. meine Mutter, mein Bruder, meine beste Freundin)
Vergangenheit
»Angenommen, du wärst an Bennis Stelle gewesen, was hättest du gemacht?« »Und wenn ich Benni frage, was du hättest tun sollen, was würde er mir erzählen?« »Wenn Ihr Exmann das wüsste, wie würde er sich vermutlich fühlen?« »Wenn Ihre Klassenlehrerin aus Ihrer Grundschulzeit Sie jetzt so sehen würde, was würde sie denken?« »Wenn Ihr Lehrmeister aus Ihrer Ausbildung Ihnen damals einen Rat für solche Situationen mit auf den Weg gegeben hätte, wie hätte dieser Rat gelautet?« »Was hätte Ihre Mutter Ihnen damals in einer vergleichbaren Situation geraten?«
Gegenwart
»Wenn ich Ihre Kollegin fragen würde, wie sie diese Situation erlebt, was würde sie mir sagen?« Wenn Ihr bester Freund Ihnen einen Rat geben würde, was Sie tun sollen, was würde er Ihnen sagen?« »Wenn ich diese Person jetzt fragen würde, was sie darüber denkt, was würde sie erzählen?« »Wenn Ihr verstorbener Großvater Sie von dort oben, auf einer Wolke sitzend, betrachten würde, was würde er Ihnen raten?« »Wenn ich jetzt deinen Vater fragen könnte, wie er die Situation regeln würde, was würde er sagen?« »Was denkst du, geht Aishe durch den Kopf, wenn sie sieht, wie ihr euch streitet?«
Zukunft
»Wenn Ihre Familienhelferin die Situation beschreiben würde, nachdem Sie es geschafft haben, sich an die Auflagen zu halten, was würde sie erzählen?« »Was werden sich Ihre Kolleginnen und Kollegen rückblickend denken, wenn sie später einmal von Ihrem jetzigen Vorhaben erfahren?« »Wenn Ihr Mann später einmal Ihren Kindern von Ihrer heutigen Situation erzählt, was wird er vermutlich sagen?«

Eine Beschreibung aus der Ich-Position im Hier und Jetzt ist die Erzählposition, aus der heraus wir unsere Lebenswelt am häufigsten beschreiben. Diese Sichtweise ist die übliche Erzählperspektive und daher noch nicht zirkulär. Zirkuläre Fragen können bezogen auf die Ich-Position gestellt werden, indem die zeitliche Perspektive verändert wird oder indem die Sichtweisen verschiedener innerer Anteile oder Rollen erfragt werden (Tabelle 5).

Sobald wir aus der Ich-Position sprechen, ohne dabei eine sich selbst beobachtende Außenperspektive einzunehmen, bzw. innere Anteile oder Rollen zu adressieren, handelt es sich nicht um zirkuläre Fragen. Man bleibt dann weiter in seiner Ich-Perspektive und assoziiert, ohne sich zirkulär in einen Kopf hineinzudenken. Beispiele für nichtzirkuläre Fragen aus der Ich-Position wären:

> »Wie fühlt es sich für Sie an? Wie ist es für Sie? Was denken Sie darüber?«
> »Wie ist es dazu gekommen? Wie bewerten Sie das? Was wollen Sie tun?«
> »Was haben Sie gesehen? Wer hat was getan? Wer hat was gesagt?«
> »Wer sind Sie? Wie sehen Sie aus? Was tun Sie?«
> »Wie denken Sie über Ihre Vergangenheit?«
> »Was werden Sie morgen unternehmen?«
> »Erzählen Sie mir einmal von Ihrer Kindheit.«

Zirkuläre Fragen zur Ich-Perspektive verlangen hingegen immer das Hineindenken in einen früheren, gegenwärtigen oder künftigen Ich-Zustand bzw. in eine Rolle.

Tabelle 5: Beispiele für mögliche zirkuläre Fragen bezogen auf die Ich-Position

Beobachtende Position: Ich-Position, innere Anteile und Rollen
Vergangenheit
»Was würde Ihrem früheren Ich durch den Kopf gehen, wenn es das sähe?« »Wie würde der Junge, der Sie damals waren, das beschreiben?« »Wenn ich Ihnen vor fünf Jahren erzählt hätte, wie es Ihnen heute geht, was hätten Sie mir damals für einen Ratschlag gegeben, wie ich Ihnen heute helfen könnte?« »Angenommen, Sie könnten in die Vergangenheit reisen und Ihrem früheren Ich zwei Dinge nennen, die es auf jeden Fall so machen soll, wie Sie es ja auch getan haben, welche wären das?«
Gegenwart
»Wenn sich das ›revolutionäre ökologische Gewissen‹, von dem Sie erzählt haben, dass Sie es damals hatten, zu Wort melden würde, was würde es Ihnen raten?« »Das klingt nach der ›strengen Mutter‹, wenn Sie das so formulieren. Gibt es auch etwas, das Sie als ›stolze Mutter‹ ergänzen könnten?« »Das hast du jetzt als ›Geschädigte‹ so gesagt. Wie würdest du es sagen als ihre ›beste Freundin‹?«

»Wenn das die ›Stimme der Vernunft‹ war, was würde dann die ›Stimme der Unvernunft‹ sagen?« »Ich habe jetzt von Ihnen etwas aus den Rollen des Arbeiters, des Vaters und des Ehemanns gehört. Gibt es in Ihnen auch eine Stimme des Abenteurers oder des Liebhabers? Und was würden diese sagen?« »Angenommen, deine beste Freundin käme mit dieser Frage/diesem Problem zu dir, was würdest du ihr raten?«
Zukunft
»Wenn Sie später einmal auf diese Situation zurückschauen, wie werden Sie sich vermutlich fühlen?« »Was würden Sie sich als Rentnerin wünschen, das Sie heute tun sollten?« »Wenn ich Sie am Ende des Jahres fragen würde, was Sie erreicht haben, was würden Sie mir erzählen?« »Wenn Sie einmal, wenn Sie alt und grau sind, Ihren Enkeln von dieser Entscheidung berichten, was würden Sie ihnen gern erzählen?« »Stell dir vor, du säßest heute Abend bei dir zuhause und würdest denken: ›Wow, das Gespräch ist ja echt gut gewesen!‹. Was müsste dazu in diesem Gespräch passiert sein?« »Wenn später einmal eine Statue für Sie errichtet würde, wie sähe die aus und was stünde auf dem Sockel?«

Zirkularität kann zudem darin bestehen, eine fiktive oder metaphorische Instanz der Beobachtung einzuführen (Tabelle 6).

Tabelle 6: Beispiele für mögliche zirkuläre Fragen bezogen auf die Position einer fiktiven Person oder metaphorischen Rolle

Beobachtende Position: eine fiktive Person oder metaphorische Rolle (z. B. ein Tier, ein Gegenstand, eine Film- oder Romanfigur)
Vergangenheit
»Wenn die Heldin Ihrer Kindertage Ihnen etwas raten würde, was würde sie sagen?« »Was würde der gute Geist der Firma, der damals bei der Gründung spürbar war, Ihnen raten, wenn er sähe, wie es Ihnen heute geht?«
Gegenwart
»Was würde eine ›richtige Heldin‹ in solch einer Situation tun?« »Wenn die Mitglieder Ihrer Familie Tiere wären, welche Tiere wären sie dann? … Und welchen Beitrag würden diese Tiere zum Problem leisten? … Welche Lösungsstrategie würden sie anwenden?« »Wenn ich den Baum vor Ihrem Haus dazu befragen könnte, was Ihre Familie zusammenhält, was würde er mir erzählen?«

»Wenn jetzt ein guter Zauberer um die Ecke käme und Ihnen drei Gegenstände nehmen würde, um Ihnen zu helfen, besser mit Ihrem Leben klarzukommen, welche drei Gegenstände würde er Ihnen nehmen?« »Und wenn dieser Zauberer Ihnen einen Gegenstand schenken würde, welcher wäre das?«
Zukunft
»Wenn in der Zukunft einmal ein Raumschiff landet und ein Alien aussteigt, um Ihnen zu sagen: ›Ich bin den weiten, weiten Weg hierhergekommen, um dir für eine Sache, die du damals getan hast, zu danken. Welche Sache wäre das?« »Wenn wir unseren Teamgeist in fünf Jahren fragen, wie wir diese Herausforderung gemeistert haben werden, was wird er uns antworten?«

2.5 Ziele, Zielformulierung und Zielvereinbarung

Dieses Kapitel thematisiert Techniken der Zielformulierung – wie z. B. Zielvereinbarungen – und das Verständnis von Zielen. In der lösungsorientierten Gesprächsführung und Beratung wird von »wohlformulierten Zielen« gesprochen, da die Formulierung von Zielen bereits viel zu ihrer Erreichbarkeit beiträgt (De Jong u. Berg, 1998, S. 127–137). Für das erfolgreiche Führen von Gesprächen ist ein Verständnis der Bestandteile von Zielen und Zielformulierungen hilfreich, aber nicht zwingend notwendig.

Alle hier genannten Aspekte sind auch Teil der »Bausteine der Gesprächsführung und Beratung« und werden dort berücksichtigt (→ Kapitel 3).

2.5.1 Negative und unvollständige Zielformulierungen

Zielformulierungen haben ihren Ursprung in einem **Vergleich** des erlebten und wahrgenommenen ***Ist-Zustands*** (»Was ist los?« –»Warum sollen wir etwas tun?«) mit Vorstellungen über einen erwünschten ***Soll-Zustand*** (»Wie könnte es sein?« – »Wie hätte ich es gern?«).

Ein grundlegendes Problem bei Zielformulierungen ist, dass diese oft negativ formuliert werden (»Lass-das«, »Hör auf«), also als etwas, was man nicht will und von dem man weg möchte. Das führt leider nicht zur Erreichung der Ziele, sondern zu Vermeidung, Unterdrückung oder Flucht.

Beispiele für negative Zielformulierungen:
»Es ist mir zu laut!«
»Nie kann ich ausschlafen!«
»Er soll aufhören zu stören!«
«Ich habe zu viel Stress auf der Arbeit, das muss aufhören!«
»Lass das Nägelkauen!«
»Hör auf, mir ständig dazwischenzureden!«
»Ich habe keinen Bock auf die Fortbildung!«
»Die Vertriebsabteilung soll sich nicht einmischen!«
»Ich verbitte mir diesen Ton!«
«Ich will aufhören zu rauchen!«

Ein weiteres Problem vieler Zierformulierungen ist, dass sie nur einen Ausschnitt der relevanten Faktoren benennen, die zu ihrer Erreichung notwendig sind. Alltägliche Zielformulierungen benennen oft nur Teile einer vollständigen Zielformulierung. Sie beinhalten blinde Flecken, da sie wichtige Aspekte außer Acht lassen. Nachfolgend werden die sechs Aspekte einer Zielformulierung benannt und Beispiele für einseitige und unvollständige Zielformulierungen gegeben.

1. Ergebnisse und Messkriterien

Leitfragen:
- Woran erkennen wir, dass wir das Ziel oder Teilziel erreicht haben?
- Was soll nach der Durchführung von Handlungen und Maßnahmen anders sein?
- Welche Gefühle werde ich haben, wenn das Ziel erreicht ist?

Beispiele für einseitige und unvollständige, teilweise auch negative Zielformulierungen:
»Ich will am Wochenende nicht mehr an die Arbeit denken!«
»Zumindest eine Drei in Deutsch!«
»Nach eineinhalb Stunden hier rauszukommen, wäre toll!«
»Wenn er dann wieder so ausrastet, weiß ich, was zu tun ist, mache das dann und fertig. Ohne Stress und Schreierei!«
»Dass sie dann fröhlich aus der Schule kommt, und erzählt, dass es schön war!«

2. Bedürfnisse und Werte

Leitfragen:

- Warum sollen wir etwas verändern?
- Wozu sollen wir etwas tun?
- Wofür stehen wir als Unternehmen ein?

> **Beispiele für einseitige und unvollständige, teilweise auch negative Zielformulierungen:**
> »Ich will mehr Ruhe im Alltag!«
> »Ich will, dass alle daran teilnehmen können!«
> »Ich wünsche mir generell mehr Bildung!«
> »Weniger Druck wäre toll!«
> »Wir brauchen mehr Demokratie und Mitbestimmung!«

3. Handlungen und Maßnahmen

Leitfragen:

- Was sollen wir tun?
- Wie sollen wir es tun?

> **Beispiele für einseitige und unvollständige, teilweise auch negative Zielformulierungen:**
> »Also Paula braucht Ergotherapie!«
> »Die müssen ihm zu Hause mehr Grenzen setzen!«
> »Der Außenbereich muss ganz anders gestaltet werden!«
> »Am besten starten wir eine Werbekampagne!«
> »Ich hätte gern eine externe Prozessbegleitung!«

4. Fähigkeiten und Kompetenzen

Leitfragen:

- Was will ich können?
- Welche Fähigkeit soll erworben werden?
- Welche Kompetenzen brauche ich, um Handlungen und Maßnahmen durchzuführen?

> **Beispiele für einseitige und unvollständige, teilweise auch negative Zielformulierungen:**
> »Er soll sich selbst anziehen können!«
> »Ich wünsche mir mehr Gelassenheit!«
> »Wenn sie doch nur mal auf den Punkt kommen würde!«
> »Konzentration ist es, woran es ihr mangelt!«
> »Paul soll balancieren üben!«

5. Personelle, materielle, räumliche und zeitliche Ressourcen

Leitfragen:

- Was haben wir an Ressourcen verfügbar?
- Welche Ressourcen brauchen wir darüber hinaus noch?

> **Beispiele für einseitige und unvollständige, teilweise auch negative Zielformulierungen:**
> »Wir brauchen mehr Personal!«
> »Ich will mehr Zeit im Homeoffice!«
> »Wir brauchen kleinere Gruppen und größere Räume!«
> »Wir brauchen Ausweichräume und eine größere Turnhalle!«
> »Dazu haben wir keine Zeit!«

6. Rolle, Identität und Zugehörigkeit

Leitfragen:

- Wer will ich sein?
- Welcher Gruppe möchte ich angehören?
- Was soll meine Position und Rolle sein?

> **Beispiele für einseitige und unvollständige, teilweise auch negative Zielformulierungen:**
> »Ich mache hier doch nicht den Aufräumdienst!«
> »Ich will in den Vorstand!«
> »Ich will Vater werden!«
> »Sie sollten die Teamleitung übernehmen!«
> »Das ist nicht meine Aufgabe, ich bin ja nicht die Gruppenleitung!«

2.5.2 Positive und vollständige Zielformulierungen

Ein gut formuliertes Ziel ist die »Anwesenheit von etwas«, ein »Hin zu« oder »Tue-das«. Die Lösungs- und Ressourcenorientierung im Rahmen einer systemischen Arbeitsweise versucht genau hierauf ihren Fokus zu setzen (→ **Kapitel 1.2.5 »Was ist Lösungs- und Ressourcenorientierung?«**, → **Kapitel 2.2.2 »Lösungsorientiertes Paraphrasieren«**). Das gewünschte Anwesende erscheint gegebenenfalls kleiner als das Problem, von dem man weg möchte. Dennoch lassen sich oft schon kleine Anzeichen der Lösung bzw. Ausnahmen vom Problem erkennen, an denen man für die Zielerreichung ansetzen kann (→ **Kapitel 2.4.3 »Fragen nach Ausnahmen, Bewältigungsstrategien und dem Nutzen des Problems«**).

Zunächst lassen sich problemfokussierte und negative Zielformulierungen lösungsorientiert umformulieren (Vergleiche die Beispiele aus dem vorhergehenden Kapitel).

Beispiele für positive Zielformulierungen:
»Ich wünsche mir mehr Ruhe!«
»Ich würde gern ausschlafen!«
»Ich möchte, dass er anklopft und wartet, bis ich ihn hereinbitte, bevor er in mein Zimmer kommt!«
»Ich möchte mehr Gelassenheit und Vorhersehbarkeit bei der Arbeit!«
»Ich frage mich, was du anstatt des Nägelkauens tun könntest, wenn du nachdenklich oder angespannt bist. Ich fände gesunde und gepflegte Finger und Nägel schön.«
»Bitte lass mich aussprechen und höre mir zu! Ich kann dir dann gern ein Zeichen geben, wenn ich fertig bin.«
»Ich würde gern mit euch überlegen, wie diese Fortbildung Spaß machen kann!«
»Ich würde diese Aufgabe gern eigenständig erledigen und erst danach eine Rückmeldung der Vertriebsabteilung dazu bekommen!«
»Kannst du das bitte noch einmal in einem freundlichen Ton sagen oder es als Bitte an mich formulieren?«
«Ich will gesund leben und frische Luft atmen!«

In einem weiteren Schritt ist es hilfreich, ein Ziel so zu reflektieren und zu formulieren, dass alle sechs Zieldimensionen erfasst werden. Versuchen Sie das als hypothetische Übung anhand der vorangehend aufgeführten Beispiele.

Ziele lassen sich zusammenfassend folgendermaßen definieren (Abbildung 13):

Ein Ziel ist
(1) die messbare Erfüllung (Ergebnisse und Messkriterien)
(2) von Bedürfnissen und Werten
(3) durch bestimmte Handlungen und Maßnahmen,
(4) basierend auf vorhandenen oder dafür zu erwerbenden Fähigkeiten und Kompetenzen,
(5) unter Zuhilfenahme vorhandener oder zu organisierender personeller, materieller, räumlicher und zeitlicher Ressourcen.

Ziele und ihr Erreichen stehen in engem Zusammenhang zur
(6) Rolle, Identität und Zugehörigkeit beteiligter Personen vor, während und nach der Zielerreichung, also ihrer Vorstellung davon, wer und was sie derzeit sind, welche Rolle ihnen im Zielerreichungsprozess zukommt und was sie nach der Zielerreichung als Identität und Zugehörigkeit für sich beanspruchen können.

Allzu oft wird aber nur eine dieser Dimensionen eines Ziels benannt, während die anderen Dimensionen der Person, die das Ziel formuliert, noch nicht einmal bewusst sein müssen: Jemand will das Ergebnis, weiß aber nicht, wozu oder mit welchen Handlungen und Maßnahmen es erreicht werden soll. Ein anderer will eine Fähigkeit, hat aber keine Idee, woran er feststellen könnte, dass diese in ausreichendem Maße erworben wurde. Oder es wird eine Maßnahme gefordert, ohne zu definieren, welche Fähigkeiten sie entwickelt und woran man merken kann, dass sie erfolgreich war.

In Gesprächen, die auf eine Einigung oder eine gemeinsame Zielformulierung ausgerichtet sind, ist eine Ausblendung einzelner Zieldimensionen in jeder möglichen Ausprägung äußerst hinderlich. Sei es, dass man sich über Handlungen und Maßnahmen streitet, ohne dass die Bedürfnisse oder Ergebnisse angesprochen werden, oder dass eine Person über Ressourcen

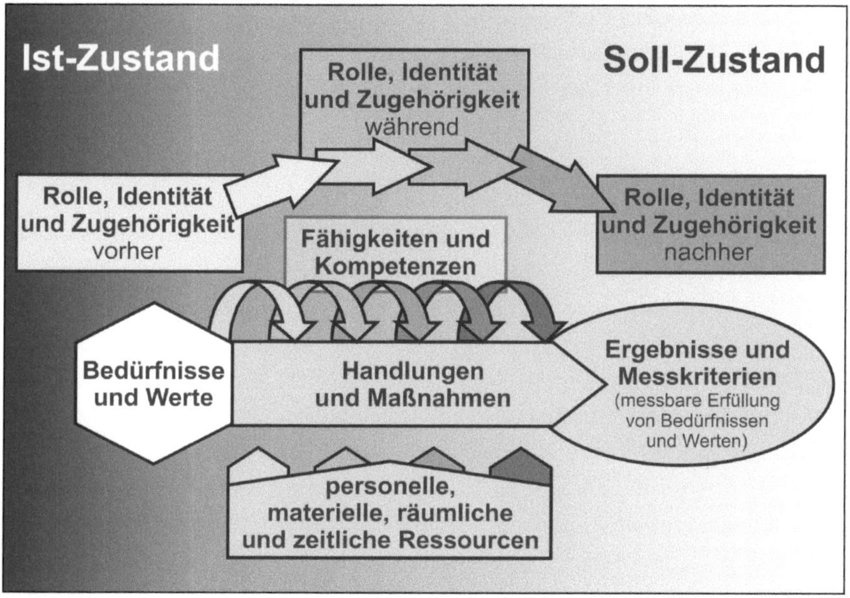

Abbildung 13: Schematische Darstellung eines Ziels

redet, eine andere über Handlungen und Maßnahmen und eine weitere über Bedürfnisse.

Die in → Kapitel 3 vorgestellten »Bausteine der Gesprächsführung und Beratung« greifen daher alle Aspekte einer vollständigen Zielformulierung systematisch auf, indem die Zieldimensionen in den verschiedenen Phasen angesprochen werden.

Das Modell vollständiger Ziele dient dazu, Fallstricke aufzuzeigen, die bestehen, wenn nur einige Elemente eines Ziels benannt werden und andere Teile unausgesprochen bleiben. Berücksichtigt man bewusst alle sechs Zieldimensionen, erspart man sich die Frustration, die dadurch entstehen kann, dass man Ressourcen nicht oder ungenügend beachtet hat. Man vermeidet Situationen, in denen Handlungen und Maßnahmen aufgrund mangelnder Fähigkeiten nicht umgesetzt werden können. Letztlich kann auch eine Zielerreichung vermieden werden, bei der man zwar alles erreicht, was man sich vorgenommen hat, aber trotzdem unzufrieden ist. Letzteres ist etwa der Fall, wenn man feststellt, dass nicht die erhoffte Wirkung eintritt, weil die zu befriedigenden Bedürfnisse nicht klar waren oder Messkriterien fehlten. Dies ist besonders überall dort zu beachten, wo eine gute Abstimmung zwischen mehreren Beteiligten notwendig ist, um Ziele zu erreichen, z. B. in der Elternarbeit, Familien- und Paarberatung, Projektplanung oder der Teamarbeit.

2.5.3 Gesprächsziele und Handlungsziele

Da es in diesem Buch um das Führen von Gesprächen in den verschiedensten Formen geht, ist es sinnvoll, eine weitere Unterscheidung zu treffen: jene zwischen Gesprächsziel und Handlungsziel. Diese Unterscheidung wurde in → Kapitel 1.3 »Anliegen- und Auftragsklärung« bereits unter den Begriffen Gesprächs- bzw. Beratungsauftrag/Gesprächs- bzw. Beratungskontrakt und Handlungsauftrag/Handlungskontrakt thematisiert. Bevor konkretisiert wird, wie diese Aspekte hinsichtlich der sechs Zieldimensionen zu klären sind, soll ein vereinfachtes Beispiel die Notwendigkeit der Anliegen- und Auftragsklärung bzw. die Notwendigkeit der Unterscheidung von Gesprächs- und Handlungszielen verdeutlichen:

Beispiel:
Ein Elternpaar kommt in ein Beratungsgespräch.
»Was ist Ihr Ziel für das heutige Gespräch?«
»Dass Marianne selbstständig ihre Hausaufgaben erledigt, ohne dass wir sie ständig ermahnen müssen!«
»Wenn Sie also in einer Stunde hier wieder weggehen, soll das erreicht sein?«
»Nein, das sicher nicht. Aber wir brauchen ein paar Tipps und würden gern Absprachen mit Ihnen treffen, wie wir Marianne dabei unterstützen können.«
» Also, wenn Sie in dieser Beratung ein paar Tipps bekommen haben und wir Absprachen treffen konnten, dann war dieses Gespräch für Sie hilfreich?«
»Ja, ich denke schon!«

Aus systemischer Sicht ist es für die beratende Person zum einen wichtig zu klären, ob sie den Auftrag, Tipps zu geben, annehmen möchte, und ob es sinnvoll ist, dass die Eltern mit ihr Absprachen treffen. Das Gesprächs-/Beratungsziel und der damit verbundene Gesprächs-/Beratungsauftrag muss schließlich zu einer systemisch-lösungsorientierten Haltung passen.

> »Zu meiner Arbeitsweise gehört es nicht, Erziehungsratschläge zu geben. Ich kann aber gern gemeinsam mit Ihnen schauen, was Sie bisher versucht haben, was davon funktioniert hat und was nicht, und welche weiteren Handlungsideen Sie hier entwickeln könnten. Gern kann ich Sie auch dabei unterstützen, dass Sie miteinander eine Absprache treffen. Vielleicht sollten wir auch überlegen, welche Absprache Sie mit Marianne treffen könnten. Wäre das für Sie passend?«

Zum anderen ist für die Beteiligten zu klären, welche Handlungsziele realistisch erfüllbar sind. Da Marianne nicht anwesend ist, sollte es um Handlungen der anwesenden Eltern gehen.

> »Ich habe verstanden, dass es Ihnen wichtig ist, dass Marianne ihre Hausaufgaben selbstständig erledigt. Wir könnten also in der Beratung überlegen, was sie beide dazu beitragen können, dass ihr dies gelingen kann. Wenn Sie sagen, dass Sie sie nicht ständig ermahnen wollen, fände ich es auch hilfreich zu schauen, was Sie denn stattdessen gern tun möchten. Würde das zu Ihrem Anliegen passen?«

Ob die beratende Person eine solche Klärung über die im Beispiel aufgeführten Statements und Erlaubnisfragen herbeiführt oder durch mehrere Fragen (zirkuläre Fragen, hypothetische Fragen, Verschlimmerungsfragen usw.) eine lösungsorientierte Anliegen- und Auftragsklärung unternimmt, ist vor allem von der beraterischen Beziehung abhängig, die sie bereits zu den Eltern aufbauen konnte. Die Rolle, in die sich die Eltern zu Beginn des Gesprächs begeben, ist die der Ratsuchenden. Die gesprächsführende Person sollte aber nicht als Ratgeberin oder Besserwisser auftreten (auch nicht durch erklärende Statements zu Gesprächs- und Handlungszielen). Es wird viel von der Gestaltung des Gesprächs abhängen, inwieweit sich die Eltern durch die Begleitung der beratenden Person als gemeinsame »Pläneschmieder« oder »Erziehungspartnerinnen« oder gar als »Angeklagte« und »Versager« sehen. Um ihre Ressourcen zu stärken, wäre es ein gutes Ergebnis, wenn sich die Eltern hierbei als ideenreich, wirksam und zuversichtlich erleben.

Sowohl für Gesprächs- als auch für Handlungsziele werden nachfolgend die sechs Dimensionen der Zielformulierung beleuchtet, um zu verdeutlichen, wie vielfältig die Möglichkeiten sind, diese vor und während des

Gesprächs durch eigene Reflexion sowie durch Fragen und Gesprächsbeiträge zu konkretisieren.

Gesprächsziele

Gespräche können z. B. dazu dienen, eine Einigung zu treffen, Informationen zu teilen, Perspektiven zu erweitern, Zugehörigkeit und Beteiligung zu ermöglichen, Probleme und Ressourcen zu identifizieren und dergleichen mehr. Bezogen auf die »Anliegen- und Auftragsklärung« geht es in diesem Moment um Gesprächs- bzw. Beratungsaufträge und den Gesprächs- bzw. Beratungskontrakt (→ Kapitel 1.3). Hierbei können für alle sechs Zieldimensionen Beratungsziele formuliert werden:

1. Ergebnisse und Messkriterien
»Was soll am Ende des Gesprächs vorliegen?«
»Gibt es ein schriftliches Protokoll des Gesprächs?«
»Woran können wir feststellen, dass es ein gutes Gespräch war?«

2. Bedürfnisse und Werte
»Was ist uns im Gespräch wichtig?«
»Was brauchen die Beteiligten, um sich im Gespräch gehört und angenommen zu fühlen?«
»Welche Grundhaltung wollen wir im Gespräch vermitteln?«

3. Handlungen und Maßnahmen
»Wie handle ich im Gespräch?«
»Will ich schriftlich paraphrasieren, visualisieren und Notizen machen?«
»Wer schreibt das Protokoll?«
»Setzen wir Bildkarten ein?«

4. Fähigkeiten und Kompetenzen
»Welche Fähigkeiten der Gesprächsführung habe ich?«
»Welche Kompetenzen brauchen wir, um ein gutes Gespräch zu führen?«

5. Personelle, materielle, räumliche und zeitliche Ressourcen
»Wer führt das Gespräch?«

»Steht ein Moderationskoffer zur Verfügung?«
»In welchem Raum findet das Gespräch statt?«
»Wie lange soll das Gespräch dauern?«
»Stehen Getränke bereit?«

6. Rolle, Identität und Zugehörigkeit
»Welche Rolle nehmen die beteiligten Personen vor dem Gespräch ein?«
»Welche Rolle wird ihnen im Gespräch zugewiesen?«
»Wie erleben sie sich selbst im Gespräch?«
»Welche Rolle nehmen sie aus ihrer eigenen Sicht und aus der Sicht anderer Personen nach dem Gespräch ein?«

Ein gutes Gesprächsziel kann auch im Beziehungsaufbau mit den anderen Beteiligten liegen. Neben einem Austausch, der dann oft ohne weitere Vereinbarungen verläuft, geht es eher darum, eine Vertrauensbasis herzustellen, als Handlungen und Maßnahmen zu vereinbaren. Die einzige Vereinbarung, die in einem solchen Gespräch entsteht, ist mitunter, sich zu einem weiteren Gespräch zu treffen.

Bezogen auf ihr Anliegen haben die Beteiligten in der Regel »Gesprächs- oder Beratungsaufträge«. Diese zu besprechen und zu vereinbaren kann zu einem »Gesprächs- oder Beratungskontrakt« führen: zu einer Vereinbarung, worüber man sprechen möchte und welche Form die Ergebnisse am Ende des Gesprächs haben sollen.

Handlungsziele

Handlungen und Maßnahmen können z. B. dazu dienen, einen Missstand zu beheben, eine Verwaltungsvorgabe umzusetzen, einen Neubau zu errichten, neue Verträge zu erstellen, eine Jubiläumsfeier zu veranstalten, strukturierte und dokumentierte Mitarbeitergespräche zu etablieren, Leistungskontrollen zu vereinheitlichen, Feedback zu individualisieren und dergleichen mehr. Bezogen auf die »Anliegen- und Auftragsklärung« geht es an diesem Punkt um Handlungsaufträge und den Handlungskontrakt (→ Kapitel 1.3). Hierbei können Handlungsziele für alle sechs Zieldimensionen thematisiert werden:

1. Ergebnisse und Messkriterien
»Was soll sich durch vereinbarte Handlungen verändern?«
»Woran können wir feststellen, dass die vereinbarten Handlungen unseren Zielen gedient haben?«
»Woran werden wir sehen, dass das, was wir besprochen haben, funktioniert?«

2. Bedürfnisse und Werte
»Was ist uns bezogen auf das zu bearbeitende Thema wichtig?«
»Welche Bedürfnisse und Werte sollen durch unsere Handlungen erfüllt werden?«
»Wozu und warum machen wir das?«

3. Handlungen und Maßnahmen
»Was soll genau getan werden?«
»Wie soll das gemacht werden?«

4. Fähigkeiten und Kompetenzen
»Welche Fähigkeiten haben die Anwesenden, um die vereinbarten Handlungen auszuführen?«
»Welche Kompetenzen sollten weiterentwickelt oder geschult werden, damit die Umsetzung gelingen kann?«

5. Personelle, materielle, räumliche und zeitliche Ressourcen
»Wer führt die Handlungen aus?«
»Womit? Welche Materialien benötigen wir?«
»Wo sollen Veränderungen stattfinden?«
»Wann und wie oft sollen die vereinbarten Handlungen ausgeführt werden?«

6. Rolle, Identität und Zugehörigkeit
»Welche Rollen sollen die beteiligten Personen bei der Durchführung vereinbarter Handlungen und Maßnahmen einnehmen?«
»Welchen Beitrag sollen sie aus ihrer Position zum Gelingen der Handlungen und Maßnahmen leisten?«
»Was ist für Sie das Positive der Handlungen und Maßnahmen bezogen auf Ihr Selbstbild?«
»Welche Rolle nehmen Sie aus Ihrer eigenen Sicht und aus der Sicht anderer Personen nach dem Beenden von Handlungen und Maßnahmen ein?«

Zu viele Handlungsziele zu vereinbaren, kann zu Frustration und einer erschwerten weiteren Zusammenarbeit führen, da manchmal die Wechselwirkungen zwischen einzelnen Handlungen und Maßnahmen zusätzliche Aufmerksamkeit erfordern oder die Masse der zu erledigenden Aufgaben nicht zu bewältigen ist. Ein weiterer wichtiger Punkt ist die Aufteilung der Aufgabenerledigung. In Gruppen, wie z. B. Familien oder Teams, sollten bei der Verteilung von Aufgaben die jeweils vorhandenen Kapazitäten und Kompetenzen beachtet werden. Bei eigener Involviertheit ist auch der eigene Beitrag zu klären. In der Gesprächsvorbereitung wird hierauf unter dem Stichpunkt »Selbstklärung« nochmals eingegangen (→ **Kapitel 3.1 »Baustein 1: Klärung«**).

»Handlungsaufträge« zu besprechen und zu vereinbaren, kann zu einem »Handlungskontrakt« führen: zu einer Vereinbarung, »wer« in der Zeit nach dem Gespräch »was« zu tun gedenkt.

Die Verantwortung der Gesprächsführung

Die Trennung zwischen Gesprächs- und Handlungsziel macht auch die Position und Aufgaben der Gesprächsführung deutlich: Sie hat die Verantwortung, an Austausch- und Einigungsprozessen mitzuwirken, dafür Sorge zu tragen, dass sich die Beteiligten an die Gesprächsregeln halten und auch dafür, dass lösungsorientiert gearbeitet wird. Sie trägt nicht die Verantwortung für die Handlungen und Maßnahmen, die vereinbart werden oder für deren Erfolg.

Als involvierte Person, die selbst die Durchführung von Handlungen und das Ergreifen von Maßnahmen übernimmt, tragen Sie für diese übernommenen und abgestimmten Anteile natürlich die Verantwortung. Diese betrifft aber nicht Ihre Position als Gesprächsführung, sondern Ihre Position als beteiligte Fachkraft für einen bestimmten Aufgabenbereich.

Als gesprächsführende Person, die auch noch inhaltlich in die besprochenen Themen involviert ist, haben Sie immer eine doppelte Aufgabe: Sie müssen das Gespräch moderieren und sich gleichzeitig inhaltlich daran beteiligen. Sie müssen prüfen, welchen Beitrag Sie selbst über das Gespräch hinaus bereit sind zu leisten. In der Vorbereitung von Gesprächen ist die Klärung dieser Doppelrolle ein wichtiger Bestandteil (→ **Kapitel 3.1 »Baustein 1: Klärung«**).

2.5.4 Weitere Kriterien guter Zielformulierungen

Bei der Ausformulierung von Zielen sind – nachdem die Bedürfnisse und Werte sowie die Fähigkeiten und Ressourcen feststehen – eigentlich nur noch die Handlungen, Maßnahmen und Ergebnisse von Interesse. Das Warum, Wozu und Womit bilden zwar den Ausgangspunkt und die Basis von Zielsetzungen, sind aber für eine Vereinbarung nicht mehr entscheidend.

Gute und eindeutige Zielformulierungen dienen der Abstimmung und Bewertung einzelner Handlungsschritte. Unklare oder uneindeutige Zielformulierungen führen zu Missverständnissen, Irritationen und mangelnder Handlungskoordination. Für die Formulierung von Zielen gibt es viele Modelle. Sehr bekannt ist das von dem Ökonomen und Managementtheoretiker Peter F. Drucker entwickelte SMART-Modell[3] (Drucker, 1954). Eine gute Zielformulierung erfüllt die folgenden fünf Kriterien (Tabelle 7):

3 In deutschen Fassungen des amerikanischen Akronyms (»Specific – Measurable – Achievable – Realistic – Timebased«) finden sich oft Abweichungen zu einer direkten Übersetzung der Begriffe. Hier werden zwei Änderungen zu den ursprünglichen Begriffen vorgenommen. Im Original geht es um eine (subjektive) Machbarkeit »Achievable« einerseits und eine (objektive) Erreichbarkeit (»Realistic«) andererseits. Diese Trennung ist – gerade im systemischen Denken – nicht hilfreich, weshalb beide Aspekte eines Ziels in dem Begriff »ressourcenorientiert« zusammengefasst sind. Für das dadurch im Akronym freiwerdende »A« wird in einigen deutschen Fassungen gelegentlich die Formulierung »aktiv beeinflussbar« eingesetzt, in anderen der Begriff »attraktiv«. Der Begriff der Attraktivität verdeutlicht einen wichtigen Aspekt der Zielerreichung, da Ziele letztlich nicht nur »erreichbar« und »machbar«, sondern vor allem auch »wünschenswert«, also »attraktiv« sein sollten.

Tabelle 7: Das SMART-Modell

S pezifisch	Ziele sollen klar und »greifbar« formuliert sein. Kurzfristige, mittelfristige und langfristige Ziele, Teilziele und Meilensteine sollen definiert sein.
M essbar	Es sollen Kriterien festgelegt sein, anhand derer überprüft werden kann, ob das Ziel erreicht wurde.
A ttraktiv	Das Erreichen von Zielen soll für die Beteiligten reizvoll sein. Wenn andere oder »versteckte Ziele« attraktiver sind als das offen formulierte Ziel, wirkt dies dem Erreichen entgegen.
R essourcenorientiert	Ziele sollen für die Beteiligten erreichbar sein und im Rahmen ihrer Möglichkeiten und Kompetenzen liegen. Die zur Verfügung stehenden Ressourcen sollen herausgearbeitet und genutzt werden.
T erminiert	Für einzelne Veränderungsschritte und für die Überprüfung von Zielen (Teilziele, Meilensteine usw.) sollen klare Zeitfenster und Termine definiert werden.

Diese Aspekte lassen sich beliebig erweitern, je nachdem, welche Bedürfnisse die beteiligten Personen haben. Weitere Beispiele für Akronyme, die Aspekte guter Zielformulierungen widerspiegeln, sind das »PURE«- und das »CLEAR«-Modell (Whitmore, 1997, S. 64 ff.; Tabellen 8 und 9):

Tabelle 8: Das PURE-Modell

P ositively stated	Ziele sind »positiv formuliert«, d. h., es wird in Zielformulierungen beschrieben, was »da sein« oder beobachtbar sein soll. Es werden keine Komparative verwendet (also kein »besser als …«, »ruhiger als …«, »genauso wie …«).
U nderstood	Ziele sind »verständlich«, d. h., die Beteiligten verstehen das Gleiche unter den formulierten Zielen.
R elevant	Ziele sind »relevant«, d. h., sie sind für die Beteiligten bedeutsam.
E thical	Ziele sind »ethisch vertretbar«, d. h., sie stehen mit den ethischen Grundhaltungen und Wertesystemen der Betroffenen in Übereinstimmung.

Tabelle 9: Das CLEAR-Modell

C hallenging	Ziele sind »herausfordernd«, d. h., sie sollen nicht nur Alltagshandeln widerspiegeln, sondern darüber hinaus »schwer und machbar« sein.
L egal	Ziele sind »legal«, d. h., sie sollen rechtlich zulässig sein.
E nvironmentally sound	Ziele sind »umweltverträglich«, d. h., sie sollen ökologisch vertretbar sein, auch in der Hinsicht, dass sie sich in der Lebenswelt der Betroffenen umsetzen lassen.
A greed	Ziele sind »akzeptiert«, d. h., sie sollen auf der Zustimmung der Beteiligten basieren.
R ecorded	Ziele sind »protokolliert«, d. h., sie werden dokumentiert.

Letztlich können aber auch noch andere Aspekte guter Zielformulierungen – ohne die Einreihung in ein Akronym – benannt werden, wie ästhetisch, zeitsparend, effektiv, ressourcenschonend, finanzierbar, kundenorientiert, demokratisch, inklusiv, partizipativ, hierarchieübergreifend, geschlechtergerecht.

2.5.5 Zielvereinbarungen

Für schriftliche Vereinbarungen lassen sich Details ausarbeiten oder sogar umfassende Zielvereinbarungen schließen. Folgende Aspekte können sie z. B. beinhalten (vgl. Lindemann, 2017b; S. 158 ff.):

- Datum der Zielvereinbarung und beteiligte Personen;
- Bedürfnisse und Werte (Wozu?);
- Ergebnisse und Messkriterien (Wodurch ist die Zielerreichung erkennbar?);
- Qualitätskriterien (Welche [Mindest-]Kriterien sollten die Ergebnisse erfüllen, um als ausreichend bewertet zu werden?);
- notwendige Fähigkeiten und Kompetenzen (Auf welcher Grundlage?);
- ausführende Personen (Wer?);
- Handlungen (Macht was?);
- Kooperationspartner (Mit wem?);
- Art und Weise (Wie?);
- Ort (Wo?);
- Handwerkszeug (Womit?);
- Zeitpunkte (Wann?);
- Zeiträume (Wie lange?);
- Häufigkeit (Wie oft?);
- Dauer (Bis wann?)
- Erinnerungshilfen (Berichte und Informationen: Was? An wen? Wie oft?);
- Ergebnisüberprüfung (Wann und wie wird überprüft? Wie oft? In welchen Intervallen?);
- Unterschriften der beteiligten Personen.

Die aufgeführten Punkte müssen nicht immer vollständig und detailliert benannt sein. Die Übersicht gibt aber eine Orientierung über die vielfältigen Aspekte vereinbarter Ziele, über die es zu Unstimmigkeiten kommen kann, wenn sie nicht vereinbart und festgehalten wurden.

3 Bausteine der Gesprächsführung und Beratung

Jedes Gespräch ist einzigartig. Ob es gelingt und ob Sie mit seinem Verlauf zufrieden sind, hängt von vielen Aspekten ab. Ganz besonders wichtig ist die eigene Klarheit darüber, wozu genau Sie das Gespräch führen, was Sie mit ihm bezwecken. Meistens hat ein Gespräch mehrere Ziele, manche davon liegen offen auf dem Tisch, andere nicht. Neben den direkt ersichtlichen und miteinander besprochenen Themen und erwartbaren Ergebnissen läuft immer auch eine »Tonspur« mit, bei der es um die Beziehung der Gesprächspartner untereinander geht. Wie reden wir miteinander? Hören wir uns zu? Respektieren wir uns? Können wir uns vertrauen? Von dieser Tonspur hängt wesentlich ab, ob nachhaltig Vertrauen entstehen kann – die Grundlage für Kooperation. Neben der ressourcenorientierten Haltung und Beziehungskompetenz können Sie auch durch eine gute Planung und Struktur zum Gelingen des Gesprächs beitragen.

Bestimmte Elemente und Abläufe haben sich in Gesprächen bewährt. Die Gesprächselemente können Sie sich wie Steine vorstellen, mit denen Sie einen Weg pflastern. Welche Steine Sie auf welche Weise aneinanderreihen, hängt davon ab, wie der Weg aussehen soll. Die Wahl des Weges wiederum richtet sich danach, wohin Sie möchten – nach dem Ziel des Gesprächs. Sie stellen die Steine also so zusammen, dass ein dem Anlass und dem Anliegen angemessener, stimmiger Weg entsteht. Je nach Gesprächs- oder Beratungssituation brauchen Sie von den Bausteinen nur eine bestimmte Anzahl. Grundsätzlich können die Bausteine sechs Phasen zugeordnet werden und lassen sich frei miteinander kombinieren.

Phase A: Vorbereitung

Zunächst bereiten Sie das Gespräch vor und klären für sich, gegebenenfalls mit Kolleginnen, Kollegen, Auftraggebenden und Teilnehmenden, was der Rahmen und die Ausrichtung des Gesprächs sein soll (z. B. Konfliktklärung, Beratung, Austausch, Information, Erstgespräch).

Phase B: Beginn

Der Einstieg umfasst die Begrüßung, die Vorstellung der Anwesenden sowie der Klärung der Rollen, des Rahmens und der Regeln.

Phase C: Themen, Anliegen und Auftrag

Für das Gespräch bereits vorliegende Themen werden benannt oder es werden Themen gesammelt. Im Anschluss wird entschieden, welches Thema zuerst und gegebenenfalls auch in welcher Reihenfolge die anderen Themen bearbeitet werden sollen. Zum ersten Thema werden Anliegen und Auftrag geklärt.

Phase D: Anliegenbearbeitung

Der Schwerpunkt dieser Phase liegt auf der Bearbeitung der zum gewählten Thema formulierten Anliegen.

Phase E: Abschluss

Der Abschluss nimmt in der Regel nur wenig Zeit in Anspruch, stellt aber eine wichtige und eigenständige Phase in der Gesprächsführung dar, in der auch eine kurze Zusammenfassung erfolgt und gegebenenfalls Absprachen zu weiteren Terminen getroffen werden.

Phase F: Nachbereitung

Im Anschluss an das Gespräch bereiten Sie dieses immer nach. Die Nachbereitung ist zugleich eine Vorbereitung kommender Gespräche (mit den gleichen Beteiligten, zu diesem Thema, zu ähnlichen Themen oder zu ähnlichen Ausgangssituationen und Anlässen).

Den Phasen sind verschiedene Bausteine der Gesprächsführung und Beratung zugeordnet (Tabelle 10), die in diesem Kapitel genauer vorgestellt werden.

Tabelle 10: Phasen und Bausteine der Gesprächsführung und Beratung

<table>
<tr><th colspan="12">Phase A: Vorbereitung</th></tr>
<tr><td colspan="4">Baustein 1:
Klärung</td><td colspan="4">Baustein 2:
Einladung</td><td colspan="4">Baustein 3:
Raumgestaltung</td></tr>
<tr><th colspan="12">Phase B: Beginn</th></tr>
<tr><td colspan="6">Baustein 4:
Begrüßung</td><td colspan="6">Baustein 5:
Rahmen und Regeln</td></tr>
<tr><th colspan="12">Phase C: Themen, Anliegen und Auftrag</th></tr>
<tr><td colspan="6">Baustein 6:
Themen</td><td colspan="6">Baustein 7:
Anliegen und Auftrag</td></tr>
<tr><th colspan="12">Phase D: Anliegenbearbeitung</th></tr>
<tr><td colspan="3">Baustein 8:
Informationen geben oder erfragen</td><td colspan="3">Baustein 9:
Sichtweisen hören</td><td colspan="3">Baustein 10:
Eigene Sichtweise schildern</td><td colspan="3">Baustein 11:
Hypothesenbildung</td></tr>
<tr><td colspan="4">Baustein 12:
Interessen und Bedürfnisse</td><td colspan="4">Baustein 13:
Handlungsideen</td><td colspan="4">Baustein 14:
Handlungsplanung</td></tr>
<tr><th colspan="12">Phase E: Abschluss</th></tr>
<tr><td colspan="6">Baustein 15:
Zusammenfassung</td><td colspan="6">Baustein 16:
Verabschiedung</td></tr>
<tr><th colspan="12">Phase F: Nachbereitung</th></tr>
<tr><td colspan="4">Baustein 17:
Reflexion</td><td colspan="4">Baustein 18:
Umsetzung</td><td colspan="4">Baustein 19:
Prozesse abschließen</td></tr>
</table>

Je nach Anlass und Zielen des Gesprächs, das Sie führen wollen oder auch müssen, können Sie reflektieren, welche der Bausteine Sie benötigen und welche nicht notwendig erscheinen. Einige Bausteine werden Sie immer nutzen, etwa bei der Vorbereitung oder beim Abschluss. Das tatsächliche Gespräch wird dann aber – auch trotz sorgfältiger Vorüberlegungen – keinem linearen Ablauf folgen, sondern Abzweigungen und Wiederholungen enthalten. Bausteine können also auch mehrfach vorkommen, z. B., wenn Sie Regeln für das Gespräch erarbeitet haben (→ Baustein 5) und später feststellen, dass doch noch eine weitere Regel besprochen und vereinbart werden sollte.

Die Bausteine und Schritte verstehen sich als optionale Strukturhilfen, auf die man bei der Planung und Reflexion von Gesprächen zurückgreifen kann. Das zwingend notwendige Einhalten einer vorgegebenen Struktur ergibt sich hieraus aber nicht, obwohl es sicherlich so ist, dass einige Abfolgen sinnfällig sind. Etwa wird eine »Begrüßung« vor der »Verabschiedung« erfolgen oder eine »Vereinbarung« in der Regel erst nach der »Entwicklung von Handlungsideen«. Bausteine werden oft parallel zueinander genutzt oder tauchen im Gesprächs- oder Beratungsverlauf mehrfach auf. So werden → **Baustein 6: »Themen«** und → **Baustein 7: »Anliegen und Auftrag«** gegebenenfalls durchgängig immer wieder thematisiert. Auch kann in der Phase der Anliegenbearbeitung zwischen den Bausteinen gesprungen werden, z. B., wenn sich neue Erkenntnisse oder Ideen ergeben. Letztlich ist ein Gesprächs- oder Beratungsprozess ein mehrdimensionaler Suchprozess, bei dem jeder Perspektivenwechsel und jede Musterunterbrechung zu neuen Hypothesen, neuen Lösungsideen oder gar zu einem ganz anderen Anliegen führen können.

Wichtig ist, im Hinterkopf zu behalten, dass alle genannten Techniken, Methoden und Modelle als Option zu verstehen sind. Welche Bausteine und Schritte zur Bearbeitung eines Anliegens genutzt werden, wird in → **Baustein 7: »Anliegen und Auftrag«** überlegt, sobald das zu bearbeitende Thema feststeht und das Gesprächs- bzw. Beratungsziel besprochen wird.

Mediation kann als sehr strukturorientiertes Verfahren mit einer strikteren Markierung und klaren Abfolge der einzelnen Bausteine durchgeführt werden (Lindemann, Mayer u. Osterfeld, 2023). In anderen Gesprächssituationen ist es oft sinnvoll, nur einzelne Bausteine zu berücksichtigen. Vor allem in der psychosozialen Beratung, im therapeutischen Gespräch oder im Coaching wird die Struktur wesentlich offener und flexibler gehandhabt.

Die Bausteine bieten eine Anregung für das Führen und die Reflexion von Gesprächen jeder Art. Je vertrauter man mit der Gesprächsführung ist, desto weniger Zeit nehmen einzelne Bausteine und Schritte in Anspruch. Zudem wird es mit steigender Routine möglich, Bausteine, Techniken und Methoden zu variieren und einen persönlichen Gesprächsführungsstil zu entwickeln. Tatsächliche Gesprächsverläufe könnten z. B. so aussehen, wie in Abbildung 14 dargestellt:

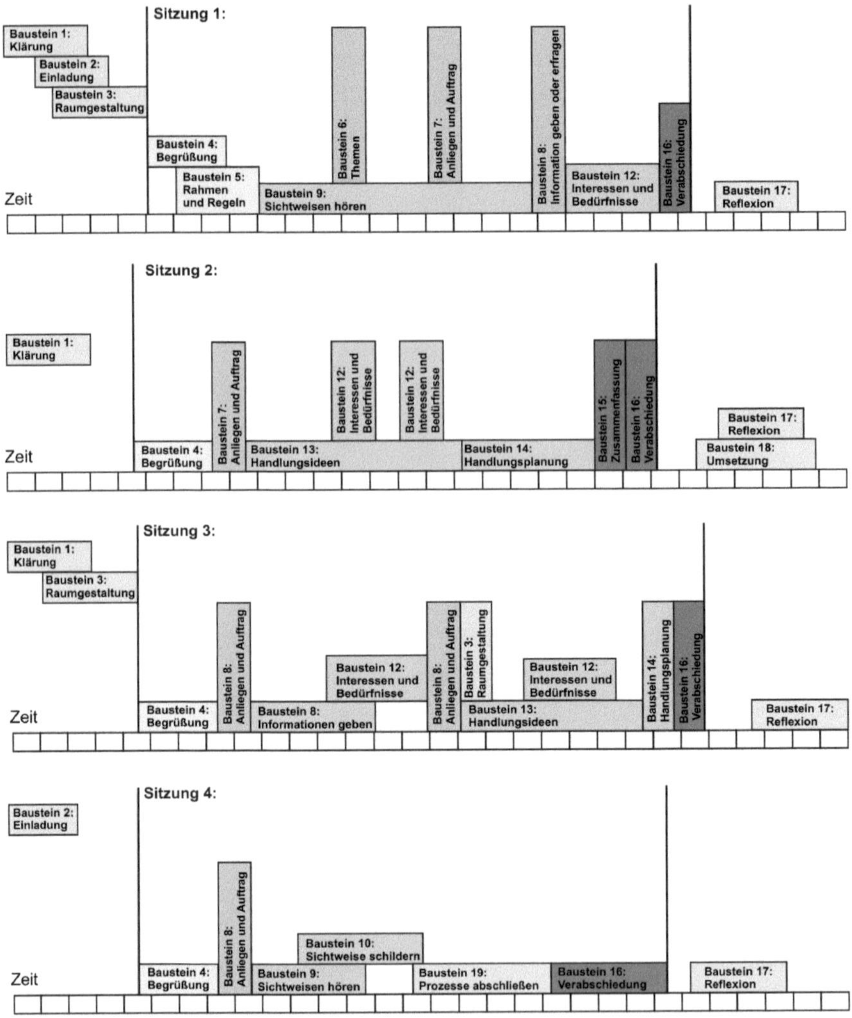

Abbildung 14: Beispielhafte Verläufe von Gesprächen

Erfahrene Beraterinnen und Berater werden einzelne Bausteine und Schritte in ihrer Arbeit wiedererkennen, aber wohl nie jeden Baustein und jeden Schritt »abarbeiten«. Insbesondere in therapeutischen Settings und in der Arbeit mit Einzelpersonen, etwa im Coaching, kann es wichtig sein, sich zunächst gänzlich auf den Beziehungsaufbau zu konzentrieren, statt zu strukturieren und zu ordnen. Oberstes Anliegen sollte es sein, Anwesenden einen geschützten und vertrauensvollen Raum zu bieten, um bezogen auf ihren Gesprächs- oder Beratungsanlass in Kontakt zu kommen und sich zu äußern. Eine themenbezogene, strukturierte und auf umsetzbare Veränderungen ausgerichtete Arbeit, wie sie in den Bausteinen angelegt ist, mag dann sowohl für die gesprächsführende Person als auch für Teilnehmende erst später oder sogar überhaupt nicht notwendig sein. Viele Interventionen, die vor allem in Beratung, Coaching oder Therapie zum Einsatz kommen, wirken implizit. Sie bedürfen keiner expliziten Klärung der Bedürfnisse, Ziele, Handlungen und Maßnahmen, wie es in einigen Bausteinen dargestellt ist.

Das sinnvolle Maß einer strukturierten Gesprächsführung ist von vielen Faktoren abhängig: Gesprächs- oder Beratungssetting, Anzahl der Personen, Themen, Zeit, Konflikthaftigkeit, Persönlichkeit und Stil der beratenden Person und vielem mehr. Letztlich ist die Strukturierung des Gesprächs auch eine Möglichkeit zur Musterunterbrechung: Bei eher unstrukturiert agierenden Personen kann ein stärker strukturierendes Gesprächs- oder Beratungsangebot einen guten Kontrast bieten, ebenso wie bei sehr strukturierten Personen eine fluidere Gesprächsführung nützlich sein kann. In der Planung und im Verlauf der Gesprächsführung oder Beratung sollten Überlegungen zur Kontrastbildung im Sinne einer Musterverstärkung oder Musterunterbrechung immer Beachtung finden.

3.1 Baustein 1: Klärung

Dieser Baustein beinhaltet, sich Gedanken darüber zu machen, warum ein Gespräch überhaupt notwendig ist und worum es in ihm gehen soll. Auch soll reflektiert werden, welche Zusammenhänge Sie bezogen auf den Gesprächsanlass und -inhalt sehen und was Sie erwarten. Nicht zuletzt gilt es, die eigenen Wünsche und Ziele für das Gespräch zu sammeln.

Anlass und Themen des Gesprächs

Wieso soll gerade jetzt ein Gespräch geführt werden? Welchen Anlass gibt es? Was ist vorgefallen? Die Anlässe für Gespräche sind vielfältig. Sei es, dass man selbst zu einem Thema Klärungs- oder Regelungsbedarf hat oder dass ein regelmäßiger Gesprächstermin ansteht, wie Entwicklungsgespräche, Kooperationsgespräche, Teamsitzungen, Übergabegespräche, Dienstbesprechungen und dergleichen mehr. Jedes Gespräch hat einen Anlass:

> »Was ist passiert?«
> »Was ist vorgefallen?«
> »Was habe ich gesehen und gehört, das ein Gespräch notwendig erscheinen lässt?«
> »Aus welchem Anlass möchten Sie mit mir sprechen?«
> »Welche Standardsituation führt dazu, dass ein Gespräch geführt werden soll (z. B. Jahresgespräch, Einschulung)?«

Drei zentrale Fragen, die Sie zur Gesprächsvorbereitung sowohl als teilnehmende Person als auch als Gesprächsführung beantwortet haben sollten, sind:

1. »Worum soll es im Gespräch gehen?«
2. »Wozu führe ich dieses Gespräch?«
3. »Was soll am Ende des Gesprächs möglicherweise erreicht sein?«

Es gibt kein strukturiertes Gespräch ohne Thema und Gesprächsziel. Dabei stehen Themen und Ziele bei vielen Gesprächen noch gar nicht fest, sondern werden erst im Verlauf geklärt, wie schon in → Kapitel 1.3 »Anliegen- und Auftragsklärung« dargestellt wurde.

Die Bezeichnung des Gesprächs gibt bereits eine grobe Orientierung, worum es gehen soll. Die Einladung zu einem »Entwicklungsgespräch« weckt andere Erwartungen als die Einladung zu einem »Kritikgespräch«. Eine »Karriereberatung« lässt andere Themen vermuten als eine »Familienberatung«.

Oft wird schon bei der Vereinbarung oder Festlegung eines Termins ein Thema benannt, oder es wird darum gebeten, Themen vorher einzubringen. Häufig steht aber auch nur fest, wer sich zu einem Gespräch trifft und an welchem Ort und zu welcher Zeit es stattfinden soll, ohne dass Themen benannt sind. Viele Gespräche finden außerdem spontan statt.

Gespräche, für die vorab keine Themen bekannt gegeben werden, machen eine inhaltliche Vorbereitung schwierig oder sogar unmöglich. Dies passiert bei spontanen Anlässen, wie Pausen-, Tür- und Angelgesprächen, gelegentlich auch bei Gesprächsterminen, die bereits feststehen und regelmäßig stattfinden, wie Dienstbesprechungen und Teamsitzungen. Auch Aufforderungen zum Gespräch wie »Wir müssen reden!«, »Wir brauchen einen Termin!« oder »Kommen Sie heute Mittag in mein Büro, wir haben zu reden!« erschweren eine Vorbereitung. Sie geraten dadurch in Gesprächssituationen, in denen Sie denken: »Hätte ich das vorher gewusst, hätte ich Unterlagen mitgebracht ... hätte ich mich nochmal kundig gemacht ... hätte ich meine Bedürfnisse und Anliegen reflektiert ... hätte ich das Gespräch doch auf einen anderen Zeitpunkt verschoben ... hätte ich mich mit den Kollegen besprochen ...«. Oder es finden Gesprächstermine statt, bei denen erst mühsam und zeitaufwendig nach Themen gefahndet werden muss, um anschließend festzustellen, dass man eigentlich keine Themen hat oder auf die Themen, die sich doch ergeben, nicht vorbereitet ist. Hinzukommt, dass die für das Gespräch angesetzte Zeit dann gegebenenfalls zu lang oder aber zu kurz ist, um die Themen zufriedenstellend zu besprechen.

Überlegen und fragen Sie also bei anstehenden Gesprächen, worum es gehen soll:

> »Können Sie mir die Themen nennen, über die Sie mit mir sprechen möchten?«
> »Welche Inhalte sollen geklärt werden?«
> »Geben Sie mir bitte ein Stichwort zum Inhalt des Gesprächs.«
> »Worum soll es denn gehen?«

> »Wieso möchten Sie mit mir sprechen? Was wäre Ihnen wichtig zu besprechen?«
> »Bitte schicken Sie mir die Tagesordnung zu, damit ich mich auf die Sitzung vorbereiten kann.«

Nicht anders geht es Personen, die Sie zu einem Gespräch einladen. Informieren Sie in solchen Fällen den Adressatinnen- und Adressatenkreis über die Themen, die Sie ansprechen möchten, und fragen Sie nach den Themen der Eingeladenen:

> »Ich möchte Sie gern zu einem Entwicklungsgespräch einladen. Das führen wir für jedes Kind mindestens einmal zu Beginn seiner Kindergartenzeit. Mir sind folgende Themen wichtig: … «
> »Ich möchte mit Ihnen heute noch über … sprechen. Haben Sie auch noch ein Anliegen?«
> »Für das Personalentwicklungsgespräch bitte ich Sie, diesen Reflexionsbogen auszufüllen und mir eine Woche vorher zu geben. Bitte notieren Sie im unteren Abschnitt auch die Themen, die Sie in dem Termin besprechen möchten.«
> »Um 14 Uhr setzen wir uns zusammen, um euren Disput bezüglich des Mittagsdienstes zu klären. Gibt es noch ein anderes Thema zwischen euch, das besprochen werden muss?«

Systemklärung

Dieser Schritt dient dazu, die möglichen Themen und Zusammenhänge zwischen den Beteiligten und den Themen zu analysieren. Es werden Hypothesen gebildet und reflektiert.

> »Welche Themen stehen schon fest?«
> »Welche Themen sind noch zu erwarten?«
> »Wer gehört, bezogen auf die Themen, zum relevanten System?«
> »Wer muss beteiligt werden, damit ein gutes Gespräch geführt und gute Lösungen entwickelt werden können?«
> »Werden tatsächlich alle relevanten Personen eingeladen und beteiligt?«
> »In welchen Beziehungen stehen die Personen miteinander?«
> »Welche Hypothesen habe ich über die Zusammenhänge im System?«

> »Mit welchen Aussagen und Reaktionen kann ich rechnen?«
> »Bin ich eine geeignete Person, um dieses Gespräch zu moderieren?«
> »Was erwarten die Beteiligten von dem Gespräch (Gesprächsziele)?«
> »Was könnten die Beteiligten sich als Handlungsziele wünschen?«

Die Ergebnisse dieser Systemanalyse können dazu genutzt werden, selbst den Rahmen des Gesprächs festzulegen (Wer, wann, wie lange? → **Baustein 5: »Rahmen und Regeln«**) oder eine Rückmeldung an die zuständige Gesprächsführung zu geben. Eine Information an die für das Gespräch zuständige Person ist sinnvoll, wenn Sie zu der Ansicht kommen, dass der Termin zu einer unpassenden Zeit angesetzt ist, zu nah oder zu fern in der Zukunft liegt, wenn Personen beteiligt sind, die mit dem Thema nichts zu tun haben oder wenn zentrale Personen nicht eingeladen sind.

Selbstklärung

Möglicherweise haben Sie in einem Gespräch oder einer Beratung »mehrere Hüte« auf (→ **Kapitel 14.1 »Rollenklarheit: Wer von mir spricht mit wem von dir?«**). Zur Selbstklärung gehört, die eigene Rolle im System und die damit zusammenhängenden Zuständigkeiten in der Gesprächssituation zu kennen. Was ist Ihre Aufgabe? Was sind nicht Ihre Aufgaben? Überlegen Sie, in welcher Rolle oder welchen Rollen Sie von den Gesprächsbeteiligten vermutlich gesehen werden und welche Erwartungen damit verbunden sein könnten. Wie reagieren Sie, wenn andere Beteiligte etwas von Ihnen erwarten, was Sie nicht umsetzen wollen oder nicht dürfen? Es ist wichtig, zu Beginn des Gesprächs die Erwartungen der Beteiligten zu besprechen. Je besser Sie sich selbst diesbezüglich im Vorfeld reflektiert haben, umso offener, entspannter und besser gelingt das.

Bei vielen Gesprächen steht die Gesprächsführung fest. In zahlreichen anderen Situationen übernimmt automatisch die ranghöchste Person der einladenden Organisation die Gesprächsführung. Das kann die Teamleitung sein, die Bereichsleitung oder ein Vertreter der Geschäftsleitung. Es lohnt sich aber immer zu überlegen, ob diese automatische Zuweisung der Gesprächsführung für den Anlass und die Ziele des Gesprächs hilfreich ist, oder ob gegebenenfalls eine andere Gesprächsführung festgelegt oder vorgeschlagen werden sollte.

Prüfen Sie, welche Erwartungen Sie selbst an die Gesprächsbeteiligten haben, und überlegen Sie, in welchen Rollen diese vor Ihnen sitzen werden (→ **Kapitel 1.4.1 »Rollenklarheit: Wer von mir spricht mit wem von dir?«**, → **Kapitel 1.4.2 »Rollen und Grundhaltungen von Gesprächsbeteiligten«**). Fragen Sie sich, mit welcher Haltung Sie den Gesprächsbeteiligten begegnen möchten. Und denken Sie auch darüber nach, was neben den kurzfristigen Zielen für den Aufbau und den Erhalt von Vertrauen und eine gelingende Kooperation auf lange Sicht entscheidend sein könnte. Meistens ist es sinnvoll, die kurzfristigen Erfolge langfristigen Zielen unterzuordnen.

> »Wie kann ich das Gespräch gestalten, sodass sich mein Gegenüber gesehen und wertgeschätzt fühlt?«
> »Wie kann ich mich selbst stärken, um deutlich meine Grenzen zu zeigen und konsequent einzuhalten?«
> »Was ist mir wichtig?«
> »Welche Themen habe ich?«
> »Was macht mir Angst?«
> »Was brauche ich, um souverän gegenüber einem viel älteren und sprachlich überlegenen Gegenüber auftreten zu können?«
> »Was erhoffe ich mir von dem Gespräch (Gesprächsziele)?«
> »Welches Handlungsziel würde ich in dem Gespräch gern vereinbaren?«

Im Zentrum der Selbstklärung steht nicht, auf alle diese Fragen direkt Antworten zu finden. Es geht in der Vorbereitung vielmehr darum, dass Sie sich Zeit nehmen und sich damit auseinandersetzen, was Sie von dem Gespräch erwarten und welche Themen neben den Ausgesprochenen sonst noch – unausgesprochen – die Situation bestimmen. Haben Sie sich entsprechend gut vorbereitet, werden Sie in Ihrer Gesprächsführung nach und nach sicherer.

Auch wenn sich während des Gesprächs noch Veränderungen hinsichtlich eigener Themen und Standpunkte ergeben, sind Vorüberlegungen darüber sinnvoll, was man selbst zu dem Gespräch beitragen möchte.

In Fällen, in denen Sie selbst nicht von den festgelegten Themen betroffen sind und kein eigenes Thema einbringen möchten, können Sie sich auf die Moderation des Gesprächs konzentrieren. Sind Sie nicht als unabhängige Person für die Gesprächsführung zuständig, sollten Sie die Inhalte vorher genauer beleuchten. Hierbei können die **»vier Aspekte einer Mitteilung«**, wie sie durch Friedemann Schulz von Thun formuliert wurden, als Strukturierung der Selbstklärung dienen (Schulz von Thun, 1981). Die entsprechenden Schritte der Gewaltfreien Kommunikation (Rosenberg, 2005) können dabei als Unterstützung herangezogen werden, sie wurden in Klammern ergänzt:

Sache – Ist-Zustand (»Beobachtung, ohne zu werten«)

> »Was sind meine Themen? Worüber will ich reden? Worüber nicht?«
> »Was habe ich gesehen und gehört?«
> »Was wird bereits unternommen?«
> »Welche überprüfbaren Fakten gibt es?«

Selbstkundgabe – Ist- und Soll-Zustand (»eigene Gefühle«, »eigene Bedürfnisse«)

> »Was will ich über mich sagen?«
> »Wie geht es mir? Wie fühle ich mich?«
> »Welche Wünsche und Bedürfnisse habe ich?«
> »Welche Werte vertrete ich bezüglich des Themas?«
> »Welche Bedürfnisse hätte ich künftig gern befriedigt?«
> »Welche Werte sollten uns künftig leiten?«
> »Welche Bedürfnisse und Werte vertritt die Organisation, der ich angehöre?«
> »Was bin ich persönlich bereit, bezogen auf das Thema des Gesprächs zu tun (Handlungsziele)?«
> »Was könnte mein Beitrag zur Verbesserung der Situation sein (Handlungsziele)?«

Appell – Soll-Zustand (»erfüllbare Bitte aussprechen«)

> »Um was will ich einen oder mehrere Anwesende bitten (Handlungsziele)?«
> »Welche Aufgaben sollen erledigt werden (Handlungsziele)?«
> »Welche Aufgabe kann (oder will) ich nicht erledigen und möchte daher eine andere Person um die Erledigung bitten? (Handlungsziele)?«

Beziehung

> »In welcher Beziehung stehe ich zu den anderen Beteiligten?«
> »Wem gegenüber bin ich weisungsbefugt?«
> »Wer kann mir Weisungen erteilen?«
> »Welche Themen können wir auf Augenhöhe verhandeln?«

> »Wer kommt freiwillig und will etwas, wer kommt möglicherweise nur, weil er muss?«
> »Sollte ich selbst aktiv die Gesprächsführung übernehmen?«

Wenn Sie zu dem Ergebnis kommen, dass Sie selbst einen Anteil an dem Thema und eine Verantwortung für die Einhaltung von Vereinbarungen und mögliche Veränderungen haben – also bei eigener Involviertheit –, können Sie auch Vorüberlegungen zu Ihren eigenen Zielen anstellen.
Die Ergebnisse dieser Reflexion beziehen sich direkt auf die nachfolgenden Phasen der Gesprächsführung und können dort eingebracht werden:

- Was sind meine Themen (→ **Baustein 6**)?
- Was möchte ich mit dem Gespräch erreichen (→ **Baustein 7**)?
- Welche Informationen möchte ich weitergeben oder verdeutlichen (→ **Baustein 8**)?
- Was habe ich bezogen auf die Themen erlebt, gesehen und gehört (→ **Baustein 9**)?
- Was sind meine Interessen und Bedürfnisse (→ **Baustein 12**)?
- Durch welche Handlungen, glaube ich, können diese Interessen und Bedürfnisse erfüllt werden (→ **Baustein 13**)?
- Um welche erfüllbare Handlung möchte ich andere Beteiligte bitten und was bin ich selbst bereit zu tun (→ **Baustein 14**)?

Seien Sie trotz Ihrer guten Vorbereitung darauf eingestellt, sich im Gesprächstermin selbst überraschen zu lassen. Die Beiträge anderer Personen können während des Austauschs dazu führen, dass Sie neue Einblicke erhalten, andere Sichtweisen teilen und neue Ideen entwickeln. Seien Sie neugierig auf die anderen Beteiligten und auf sich selbst. Es gibt immer unterschiedliche Sichtweisen zu den besprochenen Themen. Wichtiger, als diese schon vorher zu kennen, ist die Offenheit, sie gleichberechtigt und wertschätzend annehmen zu können. Dazu muss ein Klima geschaffen werden, in dem sich die Beteiligten trauen, ihre Sichtweisen auch zu äußern.

Sofern Sie nicht nur als teilnehmende Person Inhalte zu vertreten haben, sondern auch die Gesprächsführung übernehmen, ist es von elementarer Bedeutung, diese Doppelrolle zu reflektieren und sich auf beide Rollen – Gesprächsbeteiligte und Gesprächsführung – vorzubereiten.

3.2 Baustein 2: Einladung

In diesem Baustein wird zu dem Gespräch eingeladen und es wird sichergestellt, dass die Teilnehmenden eine Idee davon haben, worum es in dem Gesprächstermin gehen soll. Es ist dafür zu sorgen, dass notwendige Informationen und Unterlagen allen zur Verfügung stehen.

Rahmen festlegen und Gesprächsort wählen

In sehr vielen Situationen sind Sie selbst die Person, die zu einem Gespräch einlädt. Als Gastgeberin oder Gastgeber liegt Ihre Verantwortung darin, den Rahmen für diesen Termin vorzubereiten. Das heißt auch, dass Sie entweder die Gesprächsführung übernehmen oder einen anderen Beteiligten darum bitten.

Wenn Sie die eigenen Anliegen und die eigene Sichtweise des relevanten Systems geklärt haben, können Sie den Rahmen des Gesprächs, gegebenenfalls auch mehrerer Gespräche, anhand folgender Übersicht festlegen (Tabelle 11):

Tabelle 11: Übersicht zur Einladung

Mit wem?	Teilnehmende des Gesprächs, Vorgespräche
Worüber?	Stehen bereits Themen fest? Sind die Eingeladenen über die Themen informiert und können sie weitere Themen anführen? Ist allen klar, dass sie zu Beginn des Gesprächs Themen benennen können?
Wann?	Wochentag, Uhrzeit, Saison, günstige und ungünstige Zeiten
Wie lange?	Wie viel Zeit wird es vermutlich benötigen, um alle Themen zu besprechen?
Wo?	Raum, Sitzordnung, Ungestörtheit
Womit?	Moderationskoffer, Medien, Material, Unterlagen, Bewirtung
Check:	Wurden alle relevanten Personen zu dem Thema benannt? Sind alle relevanten Interessengruppen vertreten? Gibt es vielleicht noch weitere, verdeckte Themen? Sollte es zu verschiedenen Themen unterschiedliche Gesprächstermine geben? Gegebenenfalls in anderer Zusammensetzung? Gibt es Personen, die über das Gespräch informiert werden sollten, auch wenn sie nicht teilnehmen?

Ganz entscheidend ist in diesem Schritt die Überlegung, ob ein moderiertes Gespräch geführt werden soll oder ob ein unstrukturiertes Gespräch oder auch ein Telefonat ausreichen. Möglicherweise könnte ein Vorgespräch mit einzelnen Teilnehmerinnen und Teilnehmern sinnvoll sein, z. B., um innerhalb des Teams eine gemeinsame Haltung zu entwickeln.

Die Gesprächsumgebung sollte möglichst störungsfrei (z. B. durch Telefon, Baulärm, Mittagsversorgung, laufendes Radio oder Handys) und unbeobachtet (z. B. Durchgangverkehr, Fenster zur Hauptverkehrsstraße oder zum Eingangsbereich, Glastüren) sein.

Vor einem Gespräch sollten Sie folgende Überlegungen anstellen:

- Sind dort Störquellen vorhanden, die man vermeiden kann?
- Sind bei Bedarf Moderationsmaterialien wie Flipchart, Moderationskarten und Pinnwände vorhanden?
- Sind alle Hilfsmaterialien vor Ort, z. B. Bild-Wörterbücher, Piktogramme der verschiedenen Bildungsbereiche, Broschüren, Übersetzungs-App?
- Sollen Namensschilder verwendet werden?
- Gibt es an diesem Ort die Möglichkeit, Getränke, Kekse, Obst oder andere Kleinigkeiten bereitzustellen? Und soll es überhaupt etwas zu essen geben?
- Können alle Beteiligten auf den gleichen Stühlen sitzen, damit niemand durch einen Bürostuhl oder Kinderstuhl eine herausgehobene oder herabgesetzte Position hat? Oder ist es für dieses Gespräch sinnvoll, die eigene Position durch die Sitzordnung zu stärken, z. B. sich selbst hinter einen Schreibtisch zu setzen, um die Leitungs- oder Fachfunktion zu verdeutlichen?
- Kann die Sitzordnung frei gewählt werden? Und welche Sitzordnung (z. B. an einem runden oder eckigen Tisch, lockerer Stuhlkreis) ist für diese Gesprächskonstellation sinnvoll?

Unterlagen und Vorinformation

Wenn es **Informationen** gibt, die für einige oder sogar alle Beteiligten wichtig sind, und die vorher verteilt werden können, sollte dies auch schon vorher geschehen. Hierzu gehören:

Themen:

Wurde im Vorfeld um die Benennung von Themen gebeten oder stehen Themen bereits fest, sollten diese sortiert an die Beteiligten zurückgemeldet werden.

Tagesordnungen:

Wenn es z. B. in der Teamsitzung oder am Elternabend eine Tagesordnung gibt, sollte diese rechtzeitig vorher verteilt werden. Sie kann auch mit dem Hinweis versehen sein, dass Änderungen oder Ergänzungswünsche bis zu einem bestimmten Zeitpunkt angemeldet werden sollen und ansonsten nicht besprochen werden (es sei denn, es handelt sich um kurzfristige, dringliche Notfälle, die nicht schon vorher benannt werden konnten). Auf der Tagesordnung können auch Zeit, Ort und anwesende Personen festgehalten werden.

Informationen:

Gibt es Berichte (etwa Entwicklungsberichte, Statistiken, Notizen, Überprüfungen, Protokolle, Entwürfe, Beschlussvorlagen, Tischvorlagen, Fachartikel, Verordnungen), die die Grundlage eines Themas bilden, sollten diese vorher bereitgestellt werden. Bei vertraulichen Dokumenten sollte zur vorherigen Einsichtnahme aufgefordert werden. Es gibt kaum etwas, was mehr Zeit raubt, als die erstmalige Beschäftigung mit Informationen, die auch vorher schon schriftlich vorlagen. Im Gespräch kann man sich im Idealfall darauf beschränken, auf die Dokumente zu verweisen.

Gesprächsziele und Gesprächs-/Beratungsauftrag:

Möglicherweise lassen sich schon vorab Gesprächsziele und ein Gesprächsauftrag formulieren. Dies ist in der Regel dann der Fall, wenn bereits bei der Festlegung von Themen klar ist, was am Ende des Gesprächs erreicht worden sein soll. Sollten Gesprächsziele und Gesprächsauftrag bereits vorher feststehen oder vereinbart worden sein, dient es der Transparenz, diese den Beteiligten in einer Vorabinformation mitzuteilen.

Zugänglichkeit und Technik:

Anfahrts- und Raumpläne stellen für Gesprächs- und Beratungstermine gegebenenfalls ebenso wichtige Vorinformationen dar wie Zugangsdaten zu Online-Meetings, Erklärung der Technik, Hinweise zu Verhaltensregeln und die Bekanntgabe von Support- und Informationsstellen.

Eine ausführliche Reflexion über notwendige Unterlagen und Vorinformationen erspart viel Zeit und vermeidet Unklarheiten und Uninformiertheit:

> »Sind Anliegen und Gesprächsziele für alle transparent?«
> »Geht es in erster Linie um einen Austausch von Sichtweisen?«
> »Sollen Vorgehensweisen und Arbeitsaufträge geklärt werden?«
> »Soll ein Vorschlag für andere Personen oder Gruppen erarbeitet werden?«
> »Muss eine Entscheidung gefällt werden?«
> »Welche Unterlagen sollten die Gesprächsbeteiligten im Vorfeld bekommen und kennen?«
> »Welche Unterlagen sollten die Gesprächsbeteiligten mitbringen oder vorher einreichen?
> »Wie sollten wir uns vorbereiten, sodass wir die Gesprächszeit effektiv nutzen können?«
> »Habe ich bereits ausreichend Informationen über den Anlass, z. B. einen konkreten Vorfall? Wen könnte ich noch befragen?«
> »Über welche Kontaktmöglichkeit erreicht die Vorinformation die Beteiligten besonders gut und zuverlässig?«

Teilnehmende einladen

Die Einladung zu Beratungs- oder Gesprächsterminen und die Festlegung weiterer Termine erfolgt sehr oft mündlich, gelegentlich per Rundschreiben oder E-Mail durch den Auftraggeber. In einigen Fällen ist eine schriftliche Einladung notwendig, etwa, weil dies formal vorgeschrieben ist, oder weil den Beteiligten Vorinformationen und vorbereitende Fragen mitgeteilt werden sollen.

Wenn ein Gespräch kurzfristig stattfindet, der Termin bereits feststeht und Sie feststellen, dass zentrale Akteure nicht eingeladen sind, sollten Sie versuchen, die Teilnahme noch zu ermöglichen oder aber im Gespräch an der entsprechenden Stelle darauf hinweisen, dass entscheidende Personen fehlen. Gegebenenfalls kann dann ein Thema nicht oder nicht gänzlich geklärt werden, oder es muss ein weiteres Gespräch stattfinden.

3.3 Baustein 3: Raumgestaltung

Dieser Baustein steht dafür, dass der Raum für das Gespräch vorzubereiten und eine einladende Atmosphäre zu schaffen ist.

Als Gesprächsführung übernehmen Sie die Rolle einer Gastgeberin oder eines Gastgebers, auch wenn das Gespräch nicht in den eigenen Räumen stattfindet. Auch bei Hausbesuchen, angemieteten Besprechungs- oder Seminarräumen oder bei Terminen in anderen Unternehmen sind Sie zwar Gast »am Ort«, aber dennoch Gastgeberin oder Gastgeber »des Gesprächs«. Sorgen Sie dafür, dass sich alle willkommen fühlen.

Raumgestaltung und Sitzordnung können eine entscheidende Wirkung auf das Gesprächsklima und den Gesprächsverlauf haben. Es ist immer hilfreich, mit dem Raum vertraut zu sein und sich in ihm bestenfalls zu Hause zu fühlen. Überprüfen Sie Ausstattung, Lichtverhältnisse, Luftzufuhr und Wärmequellen. Das Raumklima sollte angenehm sein und bei Bedarf angepasst werden können. Sollten Sie Getränke, Kekse, Obst oder andere Verpflegung bereitstellen wollen, platzieren Sie dies an einem geeigneten Ort. Kontrollieren Sie gegebenenfalls auch, ob die sanitären Anlagen zur Verfügung stehen, gut erreichbar und in akzeptablem Zustand sind.

Durch die Sitzordnung können sich Fronten bilden, jemand kann sich eingeengt fühlen oder so, als würde er von zwei Seiten in die Mangel genommen werden. Wenn Sie die Stühle aufstellen und sich unsicher sind, können Sie mögliche Sitzordnungen im Kopf durchspielen und sich probeweise auf einen der Stühle setzen, um sich in die Person, die dort sitzen soll, hineinzuversetzen und zu schauen, wie es sich auf dieser Position aus der Rolle der jeweiligen Person anfühlt und welchen Blickwinkel man von dort aus hat. Schaut die Person z. B. auf die bunte Wanduhr, auf das Flipchart mit der Planung für den anstehenden Ausflug oder auf das Fenster mit Blick auf das Außengelände, wo um die Gesprächszeit gleich ein paar Kinder spielen? Solche äußeren Faktoren beeinflussen leicht, ob jemand aufmerksam oder abgelenkt ist. Als Faustregel für die Gestaltung von Gesprächsrunden, gerade auch bei konflikthaften Themen, kann gelten, dass die Stühle so viel Abstand zueinander haben sollten, dass man die Sitznachbarn mit ausgestrecktem Arm nicht erreichen kann. Auf jedem Stuhl sollte man die Möglichkeit haben, weiter nach hinten zu rücken, um sich mehr Abstand verschaffen zu können. Achten Sie auch auf die Position im Raum: Wird jemand gegebenenfalls geblendet? Würde jemand mit dem Rücken nahe zur Tür sitzen und sich deswegen vielleicht unwohl fühlen?

Wichtig ist auch, sich selbst als Gesprächsführung gut zu platzieren. Von allen Plätzen sollte eine gute Sicht auf die Moderationswand möglich sein, sofern eine eingesetzt wird. Als Präsentationsfläche für das Anbringen von Moderationskarten kann eine Pinnwand, eine Wand des Raums dienen oder auch die Tür. Neben dem Stuhl für die Gesprächsführung sollten die Moderationsmaterialien gut erreichbar aufgestellt sein, gegebenenfalls in einem Moderationskoffer, der neben der Moderationswand auf einem Stuhl steht.

Überprüfen Sie, ob alle Materialien (z. B. der Moderationskoffer) vollständig sind und funktionieren, etwa Beamer oder Notebook, sofern Sie diese nutzen.

Achten Sie darauf, dass Sie auf alle Materialien gut zugreifen können und dass das Anpinnen bzw. Ankleben von Moderationskarten an die Moderationswand leichtfällt. Zur Vorbereitung können Klebestreifen an den Rand der Wand geklebt oder Pinnnadeln an den Rand gesteckt werden.

Je nach Gesprächsanlass und Gesprächssetting sollte die Kinderbetreuung zuvor im Team geklärt sein. Wer passt während des Gesprächs in welcher Gruppe auf die Kinder auf, damit sie beim Gespräch nicht anwesend sein müssen?

»Ist der Raum geeignet und angemessen für das Gespräch?«
»Wie kann ich dafür sorgen, dass wir während des Gesprächs ungestört sind?«
»Gibt es möglicherweise Räume im Gemeindezentrum oder bei Kooperationspartnern, die für diese Gespräche besser geeignet wären?«
»Wie gestalte ich den Raum so, dass ich mich wohl und sicher fühle?«
»Wie sollten die Personen sitzen? Ist die Sitzordnung angemessen?«
»Ist das benötigte Material vorhanden?«
»Was könnte zu einer angenehmen Gesprächsatmosphäre beitragen?«
»Möchte ich Tee, Kaffee und Gebäck anbieten? Ist eine Bewirtung sichergestellt?«
»Liegen benötigte Unterlagen bereit?«
»Ist die Beaufsichtigung von Kindern, die zum Gespräch mitgebracht werden, gewährleistet?«

> »Wen könnte ich um Unterstützung bitten, damit ich mir Zeit nehmen kann, den Raum vorzubereiten?«

Auch wenn solche in der Aufzählung anklingende Idealbedingungen nicht immer hergestellt werden können, sollte doch versucht werden, diese so weit wie möglich zu berücksichtigen.

Für die Arbeit in Onlinesettings spielt die »Raumgestaltung« eine ebenso wichtige Rolle. Von der Zugänglichkeit der verwendeten Tools bis hin zur Vorbereitung kollaborativer Visualisierungstools gilt es, eine produktive Arbeitsatmosphäre zu schaffen, die möglichst nicht durch technische Störungen getrübt wird. Die Sicherstellung funktionierender Technik, ausreichender Netzleistung und einer geräuscharmen Arbeitsumgebung sind hierfür fundamental.

Diese Kriterien der Zugänglichkeit und Funktionalität gelten auch für die Software. Neben den zahlreichen zur Verfügung stehenden Video- und Konferenzplattformen finden auch zahlreiche Tools Verwendung, z. B. ClickUp, Conceptboard, Confluence, Hypothes.is, LamaPoll, Flinga, Mentimeter, MindMeister, Miro, Mural, Padlet, PollUnit, Slack, Slido, Trello sowie diverse Cloud-Speicher zur gemeinsamen Ablage und Bearbeitung von Dokumenten.

Hinsichtlich der Raumgestaltung ist es wichtig, dass die Teilnehmenden nicht nur Zugang zur Technik und Software haben, sondern auch mit ihr vertraut sind.

3.4 Baustein 4: Begrüßung

Dieser Baustein befasst sich damit, die Gesprächsbeteiligten willkommen zu heißen und alle miteinander bekannt zu machen.

Ankommen

Wenn Sie zum Gespräch eingeladen haben, müssen Sie vor allen anderen anwesend sein. Begrüßen Sie alle eintreffenden Beteiligten, stellen Sie sich gegebenenfalls vor, machen Sie Smalltalk:

> »Hallo Frau Müller, schön dass Sie da sind ...«
> »Haben Sie gut hergefunden?«
> »Es war sicher schwierig, einen Parkplatz zu finden. Steht Ihr Auto gut?«
> »Hallo Herr Nzeogwu! Wie war Ihr Arbeitstag?«
> »Das ist heute ein Wetter ...«
> »Schön, dass Sie da sind! Kann ich Ihnen etwas anbieten? Möchten Sie ein Glas Tee?«

Falls Sie für bestimmte Personen Plätze vorgesehen haben, begleiten Sie sie zu diesen Plätzen. Für Sie selbst oder für Kolleginnen vorgesehene Sitzplätze können durch Jacken, Taschen oder Schreibunterlagen blockiert werden.

Eine freie Platzwahl hingegen kann schon erste Hinweise auf die Dynamik im System geben. Auch wenn jemand Stühle verrückt oder versetzt, lässt sich das deuten. Übernimmt die gesprächsführende Person hierbei die Moderation, können die Stühle auch so lange verschoben werden, bis alle Beteiligten einen guten Platz für sich und eine angemessene Distanz oder Nähe zueinander gefunden haben.

Vorstellung und Rollenklärung

Sind Sie nicht allen Eingeladenen persönlich bekannt, stellen Sie sich vor und erläutern Sie Ihre Funktion:

> »Mein Name ist ... Ich bin ... Meine Aufgabe ist ... «
> »Ich leite dieses Gespräch, das heißt, dass ich darauf achte, dass alle zu Wort

> kommen und wir die eingeplante Zeit einhalten. Es kann sein, dass ich Sie hierzu auch mal unterbreche. Im Anschluss an den Termin schicke ich Ihnen eine Zusammenfassung des Gesprächs per Post.«
> »Wir haben uns im Vorfeld darüber verständigt, dass ich für dieses Gespräch die Gesprächsführung übernehme. Das bedeutet, dass ich auf die Struktur des Gesprächs achte, die wichtigsten Ergebnisse auf Moderationskarten festhalte und sortiere. Diese Ergebnisse werde ich am Ende des Gesprächs fotografieren und Ihnen per E-Mail zur Verfügung stellen. Ich werde auch aufpassen, dass alle zu Wort kommen und dass wir ein gutes Gespräch führen. Wenn Ihnen irgendetwas auffällt, das ich dabei besser machen könnte oder berücksichtigen sollte, sagen Sie mir das bitte.«

In den meisten Gesprächen ist den Anwesenden klar, dass Sie die Person, sind, die das Gespräch führt. Sollte dies nicht der Fall sein, oder sollten Sie einen Auftrag zur Gesprächsführung erhalten haben, können Sie kurz erläutern, wie es zu dem Auftrag gekommen ist:

> »Ich wurde von Frau Komaneko gebeten, die Gesprächsführung zu übernehmen. Ich habe mir keine genaueren Informationen über den Anlass des Gesprächs (und die Hintergründe des Konflikts) geben lassen, damit hier alle mit den gleichen Voraussetzungen teilnehmen können. Nach welchen Regeln ich dieses Gespräch führen möchte, werde ich mit Ihnen gleich klären. Haben Sie jetzt schon Fragen, die ich beantworten sollte, bevor wir fortfahren?«

Wenn Sie selbst Themen zu besprechen haben und an der Umsetzung möglicher Handlungen und Maßnahmen, die im Verlauf des Gesprächs vereinbart werden, beteiligt sind, bietet es sich an, diese doppelte Rolle in kurzen Worten transparent zu machen:

> »Ich werde dieses Gespräch leiten, mich aber auch inhaltlich beteiligen, da das Thema meinen Zuständigkeitsbereich betrifft. Ich sitze also in zwei Funktionen hier: als Moderatorin und involvierte Person. Ich werde mein Bestes tun, beiden Rollen gerecht zu werden. Sollte mir dies nicht immer gelingen, bitte ich schon jetzt um Nachsicht. Wenn Ihnen im Verlauf des Gesprächs etwas auffällt, was ich anders machen könnte, machen Sie mich bitte darauf aufmerksam.«

Sind die Anwesenden nicht miteinander bekannt, leiten Sie eine Vorstellungsrunde ein. Achten Sie darauf, dass hierbei nicht schon Inhalte oder Positionen vertreten werden.

> »Da sich noch nicht alle Anwesenden kennen, bitte ich Sie, sich kurz vorzustellen. Nennen Sie bitte Ihren Namen und in welcher Funktion Sie hier sind.«

Um ins Gespräch zu kommen, ist es für die Eingeladenen auch in Einzelgesprächen oft hilfreich, wenn Sie fragen, ob sie etwas über sich erzählen möchten.

> »Möchten Sie etwas über sich erzählen? Was sollte ich über Sie wissen? Und was möchten Sie gern loswerden?«

3.5 Baustein 5: Rahmen und Regeln

Dieser Baustein steht dafür, dass zu Terminbeginn die Rahmenbedingungen des Gesprächs zu klären und Gesprächsregeln festzulegen sind.

■ Zeitlichen Rahmen absichern

Sobald die Vorstellungsrunde beendet und der allgemeine Gesprächsauftrag geklärt ist, bedanken Sie sich, dass sich alle die Zeit genommen haben, um teilzunehmen. Wiederholen Sie noch einmal, wie lange das Gespräch dauern soll, und vergewissern Sie sich, dass alle Anwesenden auch so lange Zeit haben.

> »Wir haben vereinbart, das Gespräch bis 17 Uhr zu führen. Ich werde dafür sorgen, dass es pünktlich endet. Haben alle auch so lange Zeit oder muss jemand früher gehen?«
> »Es wurden in der Abfrage im Vorfeld mehrere Themen benannt, sodass ich davon ausgehe, dass wir nicht alle Themen besprechen können. Wäre es möglich, heute länger zu arbeiten? Andernfalls werde ich frühzeitig unterbrechen, um einen weiteren Termin zu vereinbaren. Was denken Sie?«
> »Frau Nakamura, ich danke Ihnen, dass Sie sich für das Gespräch Zeit genommen haben. Ich habe dafür eine Stunde eingeplant. Passt das noch für Sie?«

■ Regeln und Prinzipien klären

Bei jedem Gespräch sollten zumindest einige Regeln und Prinzipien benannt und zu diesen die Zustimmung der Beteiligten eingeholt werden, wofür ein Kopfnicken bereits ausreichend ist. Hierbei handelt es sich um Gesprächsziele (→ **Kapitel 2.5.3 »Gesprächsziele und Handlungsziele«**).

> »Dieses Gespräch ist vertraulich. Das heißt, dass alles, was hier besprochen wird, nicht an Außenstehende weitergetragen wird. Wenn jemand über Ergebnisse oder Inhalte dieses Gesprächs informiert werden soll, werden wir das hier gemeinsam vereinbaren. Ist das für alle Anwesenden in Ordnung?«
> »Möchten Sie von Ihrer Seite aus noch etwas ergänzen?«
> »Sie können sich darauf verlassen, dass alles, was wir hier über Sebastian besprechen, im Raum bleibt. Ich werde nichts ohne Ihre Zustimmung an das

> Jugendamt oder eine andere Person aus unserer Einrichtung weitergeben. Alles, von dem ich denke, dass andere Personen darüber informiert werden sollten, werde ich Ihnen mitteilen und diese Informationsweitergabe mit Ihnen vereinbaren. Wäre Ihnen sonst noch etwas wichtig zu klären? Oder können Sie sich so auf dieses Gespräch einlassen?«

Vor allem wenn es sich um ein Konfliktklärungsgespräch handelt, sollten auch Prinzipien für den Verlauf des Gesprächs aufgestellt oder gegebenenfalls gemeinsam entwickelt werden.

> »In diesem Gespräch werde ich auf folgende Prinzipien achten:
> *Fairness*: Das heißt, ich werde darauf achten, dass alle Beteiligten ihre Anliegen und Sichtweisen äußern können.
> *Respekt*: Das heißt, ich werde eingreifen, wenn es zu Beleidigungen und Abwertungen kommt.
> *Ergebnisoffenheit*: Das heißt, dass hier grundsätzlich andere Lösungen möglich sind als diejenigen, die Sie vielleicht bereits im Kopf haben. Alle Vereinbarungen werden am Ende einvernehmlich getroffen. Das heißt, dass Sie erst dann entscheiden, ob Sie ein hier gemeinsam erarbeitetes Ergebnis mittragen.
> *Verschwiegenheit*: Das heißt, dass nichts, was hier gesagt und besprochen wird, an andere Personen außerhalb dieses Kreises weitergegeben wird. Auch das (Foto-)Protokoll, das ich nach dem Gespräch an alle Teilnehmerinnen und Teilnehmer sende, ist vertraulich.
> *Vereinbarte Information anderer*: Wenn einige Informationen aus diesem Gespräch an andere Personen weitergereicht werden sollen, werden die betreffenden Personen und Inhalte hier abgesprochen und fest vereinbart.
> Gibt es noch etwas, was Sie von Ihrer Seite aus ergänzen möchten?«

Gelegentlich, vor allem bei sogenannten heißen Konflikten, ist es auch erwünscht, die Prinzipien schriftlich zu vereinbaren.

Eine gute Frage zur Klärung der prozessbezogenen Gesprächsziele ist die Frage nach Ausschlusskriterien oder eine Verschlimmerungsfrage:

> »Was sollte während dieses Gesprächs auf gar keinen Fall passieren?«
> »Was wäre das Schlimmste, das in diesem Gespräch passieren könnte?«
> »Was müsste ich hier als Gesprächsführung tun, damit Sie das Gespräch beenden und rausrennen?«

3.6 Baustein 6: Themen

> Dieser Baustein erinnert die Gesprächsführung daran, zu Gesprächsbeginn die Themen, über die die Beteiligten miteinander sprechen wollen oder sollen, vorzustellen oder zu sammeln. Hierbei ist darauf zu achten, dass zunächst nur Themen benannt werden, ohne dass die Beteiligten schon etwas zu den Inhalten äußern.

Themen sammeln

In vielen Gesprächen werden Themen erst zu Terminbeginn benannt. In solchen Situationen ist es für die gesprächsführende Person hilfreich, zunächst die anderen Anwesenden nach Themen zu fragen, über die sie sprechen wollen, und erst danach eigene Themen einzubringen. Oft werden ohnehin durch weitere Teilnehmende die Themen angeführt, die man selbst nennen würde, und man gibt durch ein solches Vorgehen zu verstehen, dass man an den Themen und Meinungen der anderen interessiert ist.

> »Zu Beginn möchte ich gern die Themen sammeln, über die Sie heute mit den hier Anwesenden sprechen möchten. Ich bitte Sie, nur die Überschriften zu benennen. Ich halte die Themen dann auf Moderationskarten fest und lege sie hier vor uns auf den Tisch. Dann werde ich gemeinsam mit Ihnen die Karten sortieren und Sie werden entscheiden, mit welchem Thema wir beginnen.«
> »Frau Janknecht, Herr Janknecht, mit Blick auf den Vorfall würde ich zuerst gern die Themen sammeln, über die wir jetzt hier in der Runde sprechen sollten. Was möchten Sie gern zum Thema machen?«
> »Sie haben nun drei Themen benannt. Ich wiederhole sie noch einmal: […] Welche Themen möchten Sie noch besprechen?«
> »Ich möchte die Themen, die hier besprochen werden sollen, gern auf Moderationskarten notieren, damit uns kein Thema verloren geht. Ist das für Sie in Ordnung?«

Die von den Anwesenden benannten Themen sollten von der Gesprächsführung lösungsorientiert paraphrasiert werden, damit sie sich von der Gruppe zielführend bearbeiten lassen. Für die genaue Formulierung eines Themas kann um Erlaubnis gefragt werden, bevor es auf Moderationskarten notiert wird. Sind die Themen zu allgemein gehalten, kann ihre Bearbeitung sehr ausufern und es ist kaum abschätzbar, worum es überhaupt gehen soll. Allzu abstrakte oder allgemeine Themen stellen eine implizite Einladung dar, alle möglichen Teilaspekte darunter zu verstehen, auch wenn diese Teilaspekte vielleicht eigenständige Themen darstellen.

EXKURS: Was ist ein gut formuliertes Thema?

Dass die Formulierung eines Themas aus mindestens drei Wörtern bestehen sollte, ist eine hilfreiche Faustregel. Das Thema kann personenbezogen, sächlich, räumlich oder zeitlich konkretisiert werden. Hier zwei Beispiele, die verdeutlichen, was sich alles hinter einem allgemeinen Thema verbergen kann (Tabelle 12).

Tabelle 12: Beispiele für Konkretisierungen eines Themas

<table>
<tr><th>Allgemeines Thema</th><th>Personenbezogen konkretisiert</th><th>Sächlich konkretisiert</th><th>Räumlich konkretisiert</th><th>Zeitlich konkretisiert</th></tr>
<tr><td rowspan="6">Mediennutzung</td><td>Mediennutzung durch die Kinder</td><td>Abonnement der Tageszeitung</td><td>Mediennutzung am Esstisch</td><td>Dauer der Fernsehzeiten</td></tr>
<tr><td>Mediennutzung durch die Eltern</td><td>iOS oder Android</td><td></td><td>Tägliches Zeitbudget für Internetnutzung</td></tr>
<tr><td></td><td>Umgang mit FSK-Kennzeichnungen</td><td></td><td></td></tr>
<tr><td colspan="2">Smartphone-Nutzung der Mutter</td><td colspan="2">Nächtlicher Aufbewahrungsort der Smartphones</td></tr>
<tr><td>Medienfreie Ruhezeiten der Tochter</td><td colspan="2">>>>>>>>>>>>>>>>>>>>>>>></td><td>Medienfreie Ruhezeiten der Tochter</td></tr>
<tr><td></td><td colspan="2">Fernsehapparat im Kinderzimmer</td><td></td></tr>
<tr><td></td><td colspan="4">Fußballabende des Vaters mit seinen Freunden vor dem Fernseher im Wohnzimmer</td></tr>
</table>

<table>
<tr><th>Allgemeines Thema</th><th>Personenbezogen konkretisiert</th><th>Sächlich konkretisiert</th><th>Räumlich konkretisiert</th><th>Zeitlich konkretisiert</th></tr>
<tr><td rowspan="4">Demokratie und Mitbestimmung</td><td>Politische Äußerungen von Geschäftsführung</td><td>Demokratie als Schwerpunkt im Fortbildungsprogramm</td><td>Abstimmung über Teilnahme an Projekten</td><td>Probeweise Einführung demokratischer Prozesse im Unternehmen</td></tr>
<tr><td colspan="2">Einrichtung eines Gremiums mit Mitarbeiterbeteiligung für die Bewertung von Verbesserungsvorschlägen</td><td colspan="2">Ausweitung der Fristen für die Beteiligung der Mitarbeitervertretung in den Filialen</td></tr>
<tr><td colspan="2">Mitbestimmung des Personalrats</td><td colspan="2">Einrichtung von Diskussionsforen in jeder Abteilung für neue Grundlagenentscheidungen</td></tr>
<tr><td colspan="4">Planung des Sommerfests durch den Festausschuss im Rahmen eines festgelegten Budgets</td></tr>
</table>

Das als Gesprächsgegenstand formulierte Thema »Mediennutzung« beinhaltet so viele mögliche Unterthemen, dass es schwer abzuschätzen ist, was genau besprochen werden soll. Sicherlich lässt es sich nicht umgehen, dass Themen bei ihrer Bearbeitung weiter ausdifferenziert werden, aber eine vorherige Konkretisierung im Baustein der Themensammlung vermeidet, dass ein Thema zu einer Art Wundertüte wird, in der sich viele unerwartete Inhalte wiederfinden.

> »Wenn Sie sagen, dass Sie über die Mediennutzung in der Familie sprechen wollen, worüber genau wollen Sie sprechen?«
> »Wenn Sie sagen, Ihr Thema ist ›Gerechtigkeit im Büro‹, worauf bezieht sich die Gerechtigkeit?«
> »Sie sagen, das Thema sei ›Ökologisches Bewusstsein‹, welche Personen, Orte oder Situationen haben Sie dabei im Sinn?«

Es kommt vor, dass Teilnehmende eines Gesprächs aus Angst, einer anderen beteiligten Person zu nahe zu treten, sehr allgemeine Themen benennen. Auch Verallgemeinerungen sind die Regel, wie »Pausenaufsicht durch ›einige‹ Kollegen«, wobei zumindest die Person, die das Thema anführt, bereits bestimmte Kollegen vor Augen hat, sie diese jedoch nicht namentlich benennen will. Die Konkretisierung des Themas sollte immer hinreichend sein, nicht umfassend. Eine Formulierung, wie »Unfall mit Schlüsselbund an der Kletterspinne während der Pausenaufsicht von Frau Artmann in der zweiten großen Pause am letzten Mittwoch« wäre zwar in allen möglichen Bereichen (personenbezogen, sächlich, räumlich oder zeitlich) konkretisiert, stellt aber wahrscheinlich nicht das Thema dar, über das gesprochen werden soll, sondern beschreibt den Anlass, sich zu besprechen:

> »Welche Themen haben Sie?«
> »Es geht um den Unfall mit dem Schlüsselbund an der Kletterspinne während der Pausenaufsicht von Frau Artmann in der zweiten großen Pause am letzten Mittwoch.«
> »Und was ist Ihr Thema dabei? Wollen Sie den Hergang noch einmal klären, oder geht es Ihnen darum, zukünftig Unfälle zu vermeiden?«
> »Eigentlich geht es darum, dass so etwas nicht wieder passiert.«
> »Wäre das Thema dann vielleicht ›Vermeidung von Unfällen an der Kletterspinne‹ oder ›Regeln für die Nutzung der Kletterspinne‹?«
> »›Regeln für die Nutzung der Kletterspinne‹ finde ich gut. Das ist mein Thema.«
> »Gut, dann schreibe ich das auf. Welche Themen haben Sie noch?«

Die Aufgabe der gesprächsführenden oder beratenden Person besteht in diesem Baustein darin, die Beteiligten aufmerksam, durch gezielte Fragen und auch durch Vorschläge bei der Formulierung ihrer Themen zu unterstützen. Dies gilt vor allem, wenn keine Themen benannt werden, und stattdessen bereits sehr einseitig auf spezifische Handlungen und Maßnahmen abgezielt wird, etwa bei Formulierungen wie »Gudruns Therapiebedarf«, »Schulung der Kollegen in Gewaltfreier Kommunikation« oder »Computerkurse für die Verwaltung«. Die dahinterliegenden Themen sind oft andere, auf die in der Themenformulierung enthaltenen Handlungen und Maßnahmen nur *eine* mögliche Reaktion darstellen; z. B. könnten die Themen der aufgeführten Beispiele lauten: »Gudruns Verhalten im Kindergarten«, »Gesprächsführung im Team« oder »Standards für Kundenbriefe«.

Die Gesprächsführung sollte den Teilnehmenden bei der Verallgemeinerung oder Konkretisierung ihrer Themen helfen, ohne zu sehr zu drängen. Es reicht bei unklaren Formulierungen in der Regel, gezielte Fragen zu stellen und Formulierungsvorschläge einzubringen.

Teilnehmende sollten bei der Themensammlung unterbrochen werden, wenn sie bereits damit beginnen, über ein Thema zu reden:

> »Ich kann verstehen, dass Sie jetzt direkt etwas zu dem Thema sagen möchten. Aber jetzt sammle ich erst noch die Themen. Bitte benennen Sie nur Überschriften für Ihre Themen. Sie sollen noch nichts über sie erzählen. Dazu haben Sie später ausreichend Gelegenheit.«
> »Ich erlebe Sie gerade sehr engagiert bei diesem Thema, das ist prima. Wir sind jedoch noch bei der Themensammlung, von daher würde ich Ihre Ideen dazu gern noch ein wenig zurückstellen. Können Sie sie noch kurz zurückhalten? Wir kommen auf sie zu sprechen.«
> »Ich kann verstehen, dass Sie sehr aufgewühlt sind und jetzt direkt auf den Vorfall eingehen möchten. Dennoch bitte ich Sie, noch einen Moment zu warten. Vorher würde ich gern wissen, ob Ihre Frau noch weitere Themen hat, die über diesen Vorfall hinausgehen.«

Eigene Themen benennen

Wurden bereits vor dem Termin Themen adressiert, können diese auf Moderationskarten vorbereitet und vorgestellt werden. Es sollte dann auch transparent gemacht werden, welcher der Beteiligten das Thema eingereicht hat.

> »Sie haben um diesen Beratungstermin gebeten, um über die Familiensituation am Wochenende und über die Verteilung der Hausarbeit zu sprechen. Sind das von Ihrer Seite alle Themen? Ich würde gern noch mit Ihnen den Bericht abstimmen, den ich an das Jugendamt schreiben muss. Dafür würde ich mir gern zehn Minuten unserer Zeit nehmen.«
> »Sie wurden im Einladungsschreiben darum gebeten, Themen für diese Besprechung zu benennen. Diese bereits angeführten Themen werde ich zunächst vorstellen. Dann können Sie noch weitere Themen ergänzen.«

Haben alle Anwesenden, Sie eingeschlossen, ihre Themen benannt, kann um weitere Themen und Ergänzungen gebeten werden.

> »Schauen Sie noch einmal auf die Themen, die wir jetzt gesammelt haben. Fehlt noch etwas?«

Ist hingegen bereits zu Beginn des Gesprächs klar, dass es um ein spezifisches Thema geht, sollte dieses auch direkt genannt werden, ohne erst eine Themensammlung durchzuführen.

> »Ich habe Sie eingeladen, um über … zu sprechen. Damit würde ich gern direkt beginnen. Wenn wir mit der Zeit gut auskommen, haben wir die Gelegenheit, auch noch weitere Themen zu besprechen. Gibt es etwas, das Sie noch vor dem Einstieg in das Thema loswerden möchten?«
> »Heute sollen, wie vereinbart, drei Themen bearbeitet werden: die Aufsicht im Bewegungsraum, die Organisation der Malutensilien und die Präsentation der Bilderbücher.«

■ Bearbeitungsreihenfolge klären

Stehen die Themen für den Gesprächstermin fest, wurde erfragt und ergänzt, sollte entschieden werden, mit welchem Thema begonnen wird. Die Themen nacheinander zu bearbeiten, soll verhindern, dass die Beteiligten von Thema zu Thema springen, wodurch letztlich zu keinem Thema eine Verständigung stattfinden würde. Bei mehreren Themen kann auch eine Bearbeitungsreihenfolge festgelegt werden, z. B., indem die Beteiligten in einem Abstimmungsverfahren eine bestimmte Anzahl von Punkten auf die Themen verteilen.

> »Wir haben jetzt sechs Themen. Um eine Reihenfolge festzulegen, möchte ich Sie bitten, jeweils acht Punkte auf die Themen zu verteilen. Sie können z. B. einem Thema acht Punkte geben und den anderen keine oder die Punkte beliebig anders verteilen. Notieren Sie Ihre Punkteverteilung bitte auf einem Zettel, anschließend tragen wir die Punkteverteilung aller zusammen.«

Fragen Sie: »Mit welchem Thema möchten Sie beginnen?« Oder sagen Sie: »Ich würde gern mit Thema … beginnen.« Vermeiden Sie die Frage: »Welches Thema ist Ihnen am wichtigsten?« und verzichten Sie selbst auf derartige Wertungen. Andernfalls kann eine Diskussion über die Wichtigkeit von Themen entstehen, die dazu führt, dass sich eine inhaltliche Auseinandersetzung verzögert oder sogar unmöglich wird. Die verschiedenen Themen sind für die Beteiligten unterschiedlich wichtig. Auch gibt es keinen Grund, warum wichtige Themen zuerst besprochen werden sollten. Es kann durchaus sinnvoll sein, einfache oder schnell zu klärende Themen vorzuziehen.

> »Mich würde jetzt interessieren, mit welchem Thema Sie gern beginnen möchten. Es geht nicht darum, welches Thema am wichtigsten ist, sondern nur darum, womit wir anfangen.«

Bearbeitungsrahmen prüfen

Bevor ein Thema bearbeitet wird, sollte die beratende Person sicherstellen, dass auch alle relevanten Personen, die zu einer erfolgreichen Besprechung des Themas benötigt werden, anwesend sind. Ein Thema, das aufgrund des Fehlens einer zentralen Person nicht besprochen werden kann, sollte auch nicht besprochen werden, oder der Fokus wird auf einen für die anwesenden Personen passenden Auftrag ausgerichtet.

> »Sind zur Bearbeitung dieses Themas alle relevanten Personen anwesend?«
> »Wenn wir das jetzt besprechen, wen müssen wir dann noch an einer Entscheidung beteiligen?«
> »Wenn wir das jetzt besprechen, wen müssen wir dann über unsere Ergebnisse informieren?«
> »Zu diesem Thema können wir heute nur Ideen sammeln. In eine Entscheidung und Umsetzung müssen wir die Leitung einbinden.«
> »Haben wir alle notwendigen Informationen vorliegen, um das zu besprechen?«
> »Dieses Thema betrifft Sarah und Joel nicht. Ich schlage vor, dass wir zuerst die Themen, die alle angehen, gemeinsam besprechen. Danach könnten die beiden gehen und wir anderen besprechen dann dieses Thema.«

Ein Thema, das aufgrund des Fehlens einer zentralen Person oder mangelnder Information nicht besprochen werden kann, sollte auch nicht besprochen werden. Dies gilt insbesondere bei Konflikten, wenn eine direkt am Konflikt beteiligte Person nicht anwesend ist, ebenso bei Planungen, von denen sich wichtige Interessengruppen oder Personen ausgeschlossen fühlen könnten. Als Grundsatz kann gelten: Je allgemeiner und umfassender ein Thema formuliert ist, desto mehr Personen sind von möglichen Entscheidungen betroffen und sollten gegebenenfalls beteiligt werden.

Aus diesem Grund wird in → **Baustein 6: »Themen«** schon darauf geachtet, den passenden Grad der Konkretisierung zu paraphrasieren: Geht es um ein Thema, dass nur einige Personen betrifft, eine Familie, zwei Kolleginnen, ein Team? Grundsätzlich sollte gefragt werden: Welche Personen sind die relevanten Gesprächspartnerinnen und -partner, die einbezogen werden sollten?

Dies gilt aber nur in Fällen, in denen die fehlende Person auch an der Teilnahme interessiert ist und teilnehmen würde, wenn sie könnte. Ist bekannt, dass sie das Gespräch verweigert, kann eine Besprechung ohne sie stattfinden, um die interessierten Personen in ihrem Anliegen zu unterstützen.

3.7 Baustein 7: Anliegen und Auftrag

Nachdem ein Thema ausgewählt wurde, stellt dieser Baustein sicher, dass eine gemeinsame Verständigung der Teilnehmenden darüber erfolgt, was am Ende das Ergebnis sein soll (Gesprächsziel, Gesprächs-/Beratungsauftrag) und was dadurch im Anschluss erreicht werden soll (Anliegen, Handlungsziel, Handlungsauftrag). Beide Punkte sind wichtig, da zu Beginn Ziele oft noch unklar sind oder bei mehreren Beteiligten auch unterschiedlich sein können.

Anliegenklärung

Es gibt Themen, die so allgemein oder undifferenziert formuliert sind, dass ein erster Schritt der Anliegenklärung darin bestehen kann, diese Themen weiter zu konkretisieren. Themen zu spezifizieren sowie die Anliegen und Gesprächsziele für die Themen herauszuarbeiten, hilft nicht nur der Gesprächsführung bei der nachfolgenden Klärung ihres Auftrags, es dient auch der Selbstklärung der Teilnehmenden sowie der Koordination unterschiedlicher Vorstellungen zwischen diesen, wenn mehrere Personen am Gespräch beteiligt sind oder eine Beratung in Anspruch nehmen. Themensammlung, Anliegen- und Auftragsklärung sind zentrale Schritte der Gesprächsführung und Beratung. Sie stellen immer einen unausgesprochenen Auftrag für die Gesprächsführung dar und liefern den Beteiligten bedeutsame Erkenntnisse, vor allem, wenn diese

- sich selbst darüber im Unklaren sind, was ihr Thema ist oder was sie wollen,
- ihre Themen und Anliegen zu allgemein und umfassend oder aber zu klein und zu spezifisch formuliert haben,
- ihre Anliegen negativ, als Abwesenheit von etwas oder als Lasse-das beschreiben.

Das Anliegen von Teilnehmenden besteht zunächst oft darin, eine Klärung herbeizuführen, Ideen zu sammeln, Anregungen zu erhalten, die eigenen Gedanken zu sortieren und zu strukturieren oder sich über Entscheidungsmöglichkeiten klar zu werden und eine Entscheidung zu treffen.

Lösungsorientiertes Paraphrasieren sowie der Einsatz der verschiedenen Fragetechniken sind bei der Anliegenklärung äußerst hilfreich. In einigen

Fällen stellen Teilnehmende nach einer gelungenen Anliegenklärung sogar fest, dass sie – sobald sie sich darüber klar geworden sind, »was sie eigentlich wollen« – zunächst keine weitere beraterische Unterstützung benötigen. Ein geklärtes Anliegen kann so schon das erwünschte Gesprächsziel erfüllen.

Als Ergebnis einer moderierenden Begleitung können die Anwesenden ihre Anliegen dann im Sinne von Handlungsaufträgen konkretisieren, die sie für sich selbst erarbeiten. Diese richten sich dann z. B. auf:

- Veränderung,
- Stabilisierung,
- Gestaltung von Übergängen,
- Beginnen von etwas Neuem,
- Abschied von etwas Altem,
- Konsolidierung,
- Vereinigung, Fusion,
- Trennung, Auflösung,
- Vorbereitung auf eine bevorstehende Situation,
- Bedürfnisbefriedigung und Verfolgung von Werten,
- Persönlichkeitsentwicklung,
- Bewältigung von Krisen.

Bei der Themensammlung sowie Anliegen- und Auftragsklärung mehrere Schleifen zu drehen, erspart gegebenenfalls viel Zeit. Andernfalls kann man im späteren Gesprächsverlauf möglicherweise feststellen, dass man zwischen verschiedenen Themen hin und her springt, neue Themen auftauchen oder sich die Anliegen verändern. Es ist daher im Verlauf eines Gesprächs oder einer Beratung hilfreich, immer wieder einmal zu diesem Baustein zurückzukehren, um zu überprüfen, ob das formulierte Anliegen noch so besteht, oder ob es sich verändert oder ausdifferenziert hat. Genaueres zur Anliegenklärung – als zentralem Bestandteil systemisch-lösungsorientierter Gesprächsführung – findet sich in → **Kapitel 1.3 »Anliegen- und Auftragsklärung«**.

Ebenso wie bei der Themensammlung können Teilnehmende bezüglich ihres Anliegens unsicher sein oder das Bedürfnis haben, erst einmal ihre Situation schildern zu wollen oder sich etwas von der Seele zu reden. In diesem Fall, wenn eine explizite Themensammlung und Anliegenklärung nicht funktioniert oder nicht sinnvoll erscheint, kann ein Einstieg über eine

Spontanerzählung erfolgen, aus der dann mögliche Anliegen herausgehört und thematisiert werden können.

Auftragsklärung

Den allgemeinen Auftrag und die Rahmenbedingungen für das Gespräch oder die Beratung haben Sie bereits bei Ihrer Beauftragung und Vorstellung geklärt. Offen ist aber, welche Ergebnisse bei der Bearbeitung eines konkreten Themas gewünscht sind, also die **ergebnisbezogenen Gesprächsziele**. Da die Gesprächsziele und der damit verbundene Auftrag von Thema zu Thema und von Anliegen zu Anliegen sehr unterschiedlich sein können, werden sie für jedes Thema und jedes Anliegen geklärt (→ **Kapitel 1.3 »Anliegen- und Auftragsklärung«**).

> »Welches Ergebnis erwarten Sie von einem Gespräch zu diesem Thema?«
> »Was soll zu diesem Thema hier und heute geklärt werden?«
> »Was könnten wir hier tun, damit Sie mit Ihrem Anliegen weiterkommen?«
> »Wenn wir hier in einer Stunde rausgehen, nachdem wir über das ausgewählte Thema gesprochen haben, und Sie sagen sich: ›Wow, war das ein effektives Gespräch!‹, was wäre dann hier passiert?«
> »Wie kann ich Sie dabei unterstützen, die genannten Ergebnisse des Gesprächs zu erreichen?«
> »Gibt es eine Methode oder Technik, die Ihnen besonders hilfreich erscheint, um am Ende des Gesprächs das von Ihnen gewünschte Ergebnis vorliegen zu haben?«

Implizite oder explizit benannte Gesprächsziele von Teilnehmenden sowie die dazugehörenden möglichen Gesprächs- oder Beratungsaufträge lassen sich wie folgt (Tabelle 13) zusammenfassen:

Tabelle 13: Mögliche Gesprächsziele und Gesprächs- bzw. Beratungsaufträge

<table>
<tr><th>Mögliche Gesprächsziele</th><th>Mögliche Gesprächs-/ Beratungsaufträge</th></tr>
<tr><td>Austausch, Orientierung und Information
▪ Sichtweisen hören
▪ Erfahren, was die anderen denken
▪ Situation ausloten
▪ Sich orientieren
▪ Probleme benennen
▪ Sich austauschen
▪ Informationen erhalten
▪ Die Lage diskutieren
▪ Einfach mal reden
▪ Verstehen, Nachvollziehen und Einordnen</td><td rowspan="5">▪ Moderieren (Starten, Steuern, Stoppen, Strukturieren)

▪ Themensammlung
▪ Anliegen- und Auftragsklärung

▪ Austausch von Sichtweisen anleiten
▪ Perspektivenwechsel anleiten
▪ Zuhören und Fragen stellen
▪ Gesprächsbeiträge zusammenfassen und visualisieren
▪ Ordnen, sortieren und strukturieren
▪ Eine Beratungsmethode vorschlagen und anleiten

▪ Erklärende Modelle anbieten
▪ Gemeinsam ein Modell zur Hypothesenbildung nutzen
▪ Fachliche Informationen geben
▪ Fachwissen teilen
▪ Informationssammlung und Recherche begleiten
▪ Einigung anleiten
▪ Entscheidungsprozesse anleiten
▪ Entwicklung von Handlungsideen anleiten
▪ Entwickelte Handlungsideen sortieren
▪ Simulation ermöglichen

▪ Ergebnisse zusammenfassen
▪ Ergebnisse dokumentieren

▪ Über Weiterbildungs- und Unterstützungsangebote informieren
▪ Über weitere Hilfsangebote informieren
▪ Kontakte zu anderen Angeboten herstellen und gegebenenfalls anbahnen

▪ Mediation aus einer möglichst unabhängigen, von allen Beteiligten akzeptierten Position</td></tr>
<tr><td>Ideensammlung, Grobplanung und Handlungsorientierung
▪ Lösungen finden
▪ Einen Plan schmieden
▪ Vorschläge erarbeiten
▪ Ideen entwickeln
▪ Handlungsorientierung
▪ Empfehlungen erarbeiten</td></tr>
<tr><td>Detailplanung und Handlungsentscheidung
▪ Aufträge koordinieren
▪ Aufgaben verteilen
▪ Expertenmeinung erfragen
▪ Entscheidungen treffen
▪ Vorgehen vereinbaren</td></tr>
<tr><td>Konfliktklärung und Streitschlichtung
▪ Konflikt klären
▪ Streit beilegen
▪ Tacheles reden</td></tr>
<tr><td>Beratung und Hilfestellung
▪ Rat erhalten
▪ Tipps bekommen
▪ Beraten werden</td></tr>
</table>

Gelegentlich kommt es auch vor, dass die Gesprächsziele darin liegen, sich zu treffen, zusammenzusitzen, gemeinsam in die Woche zu starten oder die Woche ausklingen zu lassen. Dies sind berechtigte Interessen, bei denen aber geprüft werden sollte, ob der dafür gewählte Rahmen, z. B. eine Teamsitzung oder ein Beratungsgespräch, angemessen ist. Als Gesprächsführung können Sie in solchen Situationen gegebenenfalls eine Themensammlung initiieren bzw. eine Anliegen- und Auftragsklärung anleiten.

3.8 Baustein 8: Informationen geben oder erfragen

Dieser Baustein bietet die Möglichkeit, die Anwesenden zu informieren, also bereits vorliegende Schriftstücke, Vereinbarungen und dergleichen mehr zusammenzutragen, die eine Grundlage des Austausches über die Sichtweisen der Teilnehmenden bilden können. Zudem können Informationen erfragt werden.

Informationen bestehen grundsätzlich aus belegbaren, messbaren und überprüfbaren Mitteilungen und Sichtweisen. Obwohl Informationen eine andere Quelle als lediglich die eigene Wahrnehmung und Beobachtung haben, sind sie deswegen aber nicht »wahr« oder »unumstößlich«. Oft gehen sie auf früher getroffene Einigungen zurück, auf Teamentscheidungen, Verhaltensregeln im Betrieb, Betriebsvereinbarungen, Informationsschreiben oder Fachliteratur. Wenn informiert wird, sollte immer auf die entsprechende **Quelle** des Gesagten verwiesen werden.

Bei Informationen, die Sie liefern oder erfragen, kann es sich z. B. um Folgendes handeln:

- Regeln der Wohngruppe (Kleiderordnung, Essensregeln, Zeiten, Erziehungsgrundsätze usw.),
- pädagogisches Konzept,
- Führungsgrundsätze,
- Unternehmensphilosophie,
- Angebotspalette der Beratungsstelle,
- Ankündigungen zu Terminen,
- Anmelde- und Vertragsbestandteile (z. B. Kosten, Absage von Terminen usw.),
- gesetzliche Regelungen und Vorschriften,
- Börsenkurse, Verkaufszahlen, Quartalsabschlüsse,
- Prüfungsergebnisse (z. B. Testergebnisse, Befragungsergebnisse),
- Informationen über mögliche, weiterführende oder ergänzende Beratungs-, Therapie- und Unterstützungsangebote,
- Termine, Fristen, Öffnungszeiten,
- Fachliteratur.

Prinzipiell stehen Informationen immer zur Verfügung. Gegebenenfalls haben die Beteiligten mit der Einladung auch Unterlagen und Vorinformationen zum Gespräch erhalten (→ **Baustein 2: »Einladung**). Der Schritt »Informationen geben oder erfragen« erfüllt die Aufgabe, bereits vorliegende Informationen zu verdeutlichen, zu relativieren oder gegenüberzustellen. Falls Informationen neu sind oder durch Teilnehmende mitgebracht werden (Schriftstücke, Fachartikel, Untersuchungsergebnisse), bedürfen sie möglicherweise einer Sichtung, Reflexion oder Erläuterung innerhalb des Termins.

Manchmal ergibt sich auch aufgrund der Sichtweisenschilderung (→ **Bausteine 9 und 10**) der Wunsch, Informationen zu sammeln, da man feststellt, dass für eine weitere Bearbeitung noch Quellen fehlen. Diese müssen dann mitgebracht oder recherchiert werden. Bei der Recherche von Fachinformationen kann z. B. vereinbart werden, dass die gewünschten Informationen bis zu einem vereinbarten Termin vorliegen.

Der Sinn von → **Baustein 8: »Informationen geben oder erfragen«** ist nicht, bereits vorliegende Informationen zu wiederholen oder vorzulesen, sondern diese gegebenenfalls zu verdeutlichen und zu begründen oder Verständnisfragen zu stellen. Es kann zur Wahrung der Neutralität sehr hilfreich sein, als gesprächsführende oder beratende Person deutlich zu machen, wann man sich auf vorliegende Informationen bezieht und wann man eine eigene Meinung äußert. Um Informationen von Sichtweisen abzugrenzen, sollten die Quellen der genannten Details genannt werden. Dies können Entscheidungsgremien, gesetzliche Vorgaben oder Autorinnen und Autoren sein. Die Weitergabe einer Information bedeutet nicht, dass Sie dieser auch zustimmen müssen. Generell sollten Sie darauf achten, dass Sie in diesem Baustein Ihre allparteiliche Haltung wahren und vorliegende Informationen nicht werten.

> »Diese Urlaubsregelung haben die Leitungskräfte zusammen mit der Geschäftsführung und dem Betriebsrat in dieser Form vereinbart. Ich kann Ihre Rückmeldung gern notieren und weitergeben, an der Regelung aber nichts ändern.«
> »Das ist eine Bestimmung des Kreisrates, die wir umsetzen müssen. Ich kann daher nur darüber informieren.«
> »Es gibt ein Fachbuch zu diesem Thema. Gern können wir die dort verwendete Definition einmal gemeinsam nachschlagen.«

Aus systemischer Sicht sollten keine verallgemeinernden Bewertungen von Informationen gegeben werden, die suggerieren, diese seien »richtig«, »gut«, »wissenschaftlich« oder »fachlich«. Vielmehr geht es um eine weitere – aber belegbare oder zitierfähige – Sichtweise unter anderen. Im Sinne der Gewaltfreien Kommunikation lässt sich auch davon sprechen, »Informationen zu geben, ohne zu werten«. Im weiteren Verlauf eines Gesprächs oder einer Beratung kann es darum gehen, sich gemeinsam darauf zu verständigen, wie man mit dieser Information umgehen möchte bzw. wie man sie gegebenenfalls bei → **Baustein 13: »Handlungsideen«** und → **Baustein 14: »Handlungsplanung«** berücksichtigt.

3.9 Baustein 9: Sichtweisen hören

Dieser Baustein wird genutzt, um die Teilnehmenden anzuregen und zu ermutigen, ihre Sichtweise zu dem ausgewählten Thema zu schildern. Zu hören, wie alle Beteiligten die Situation sehen und was sie erlebt haben, ist ein wesentlicher Aspekt in der systemisch-lösungsorientierten Gesprächsführung.

Die gesprächsführende Person sollte sich bewusst sein, dass es sich bei allen geäußerten Sichtweisen um persönliche Erlebnisse, individuelle Einschätzungen und subjektive Hypothesen handelt. Das heißt: So unangenehm oder widerstrebend eine Sichtweise auch für Sie sein mag, sie hat prinzipiell die gleiche Berechtigung wie Ihre eigene. Das bedeutet nicht, dass Sie dieser Sichtweise folgen oder Ihre Arbeit an anderen Sichtweisen ausrichten müssen, ebenso wenig müssen die anderen Beteiligten im nachfolgenden → **Baustein 10: »Eigene Sichtweise schildern«** Ihre Sichtweise teilen. Eine wertschätzende und gleichwertige Haltung gegenüber unterschiedlichen, oft auch widerstreitenden Sichtweisen erhöht jedoch die Chance, dass gemeinsam Strategien und Einigungen erarbeitet werden können. Es geht in erster Linie darum, die Sichtweise des Gegenübers zu verstehen sowie Gemeinsamkeiten und Unterschiede zu erkennen.

> »Ich bin ganz neugierig, wie Sie diese ersten Wochen auf der neuen Leitungsposition erlebt haben.«
> »Was denken Sie zu diesem Thema?«
> »Was hat sich seit unserem letzten Beratungstermin alles bezogen auf Ihr Anliegen ereignet?«
> »Nach dem letzten Termin wollten Sie die Begleitung der Hausaufgaben von Mira anders gestalten. Was hat sich verändert? Wie ist es gelaufen?«

Eine Sichtweisenschilderung enthält in der Regel vier Aspekte, die meist unstrukturiert mitgeteilt werden: Beobachtungen, Ressourcen, Bedürfnisse und Handlungsideen. Wenn in der Beschreibung eine problemorientierte Sichtweise vertreten wird, tauchen Beobachtungen als Probleme und Herausforderungen auf, anstatt Ressourcen werden Störquellen genannt, statt Bedürfnissen Mängel und anstelle von Handlungsideen werden Forderungen geäußert. Neben der Aufgabe, die unsortierte Schilderung zu ordnen, ist es hilfreich, die aufgeführten Aspekte lösungsorientiert zu paraphrasieren:

- **Beobachtungen bzw. Probleme und Herausforderungen**
  Es werden Hindernisse beschrieben, etwas, das nicht funktioniert, etwas das stört. Bei der Schilderung von Problemen und Herausforderungen können weitere Unterthemen und Teilaspekte des Themas deutlich werden. Es lohnt sich, bei Problemschilderungen auf Themen und Anliegen zu hören und diese lösungsorientiert und wertfrei aufzunehmen.
- **Ressourcen bzw. Störquellen**
  Es werden störende Umgebungsfaktoren benannt (personell, materiell, räumlich, zeitlich) und gelegentlich wird anderen Personen vorgeworfen, daran schuld zu sein. Es ist hilfreich, diese Perspektive zu erweitern, indem nach vorhandenen Ressourcen und nach Personen gefragt wird, die positiv auf die Situation wirken, zu einer Verbesserung oder Lösung beitragen bzw. verhindern, dass sich etwas verschlimmert.
- **Bedürfnisse und Werte bzw. Mängel**
  Bei der Situationsschilderung wird oft der Mangel anstatt das Erwünschte beschrieben, z. B. Lärm statt Ruhe, Unzufriedenheit statt Zufriedenheit, Unordnung statt Ordnung, Lernverzögerung statt Lernfortschritt, Belastung statt Entlastung, Stress statt Entspannung. Das Reden über Mängel führt das Denken in die Richtung von Vermeidung oder Bekämpfung, das Reden über Ressourcen bietet die Chance, über Strategien nachzudenken, mit denen das Gewünschte erreicht werden kann, und Ausnahmen zu erkennen.
- **Handlungsideen bzw. Forderungen**
  Oft gibt es feste Vorstellungen davon, was man tun kann, soll oder gar muss. Diese Handlungen wurden aber meist nicht daraufhin geprüft, ob sie zur Beseitigung von Störquellen, zur Stärkung von Ressourcen oder zur Befriedigung von Bedürfnissen beitragen sollen. Zudem wurde häufig nicht ausreichend überlegt oder ausgesprochen, welche Alternativen zu ihnen bestehen.

Wenn Sie die Schilderungen der Beteiligten in eine lösungsorientierte Richtung leiten wollen, können Sie als Gesprächsleitung Elemente der Gewaltfreien Kommunikation nutzen, um eine entsprechende Fokussierung zu ermöglichen. Fragen Sie z. B.:

> »Können Sie bezogen auf das Thema einmal schildern, was genau Sie beobachtet haben?«
> »Wie läuft das normalerweise bei Ihnen zu Hause?«
> »Was genau hat er gesagt und getan?«
> »Welche messbaren und zählbaren Fakten gibt es dazu?«
> »Was ist vorgefallen?«
> »Wenn Ihr Kind sich nicht wohlfühlt, woran merken Sie das? Was hilft dann am ehesten?«

Die Sichtweisenschilderung kann durch »schriftliches Paraphrasieren und Clustern« (→ Kapitel 2.2.3) begleitet werden, indem beschriftete Moderationskarten ausgelegt und geordnet werden. Auch weitere »Visualisierungstechniken« (→ Kapitel 2.2.7) sind dabei nützlich, die geschilderten Sichtweisen pointiert festzuhalten und zu strukturieren. Für die systemisch-lösungsorientierte Arbeit ist es sinnvoll, sich dabei auf Ressourcen, Bedürfnisse und Handlungsideen zu konzentrieren.

In der Praxis der systemischen Arbeit stehen für die Darstellung von Sichtweisen und den Austausch über diese viele Methoden zur Verfügung, mit denen »ein Bild des Ist-Zustandes«, bzw. des »relevanten Systems« mit den Teilnehmenden entworfen werden kann. Hierzu gehören z. B. (Lindemann, 2023a, 2023b):

- Systembrett und Figurenaufstellung,
- Aufstellung mit Stühlen,
- Stellvertreteraufstellung,
- Timelines,
- Arbeit mit Bildkarten,
- Malen von Bildern sowie
- Geschichten und Metaphern.

Wurden die Sichtweisen der Beteiligten ausreichend dargestellt, und hat die gesprächsführende Person keine »eigene Sichtweise zu schildern« (→ Baustein 10), kann zu → Baustein 11: »Interessen und Bedürfnisse« und → Baustein 12: »Handlungsideen« übergeleitet werden. Dazu kann es hilfreich sein, den Austausch von Sichtweisen unter den Beteiligten deutlich abzuschließen. Bei verschiedenen Sichtweisen muss kein Konsens erzielt worden sein, Gemeinsamkeiten und Unterschiede in den Sichtweisen können festgestellt werden, ohne dass diese gewertet werden müssen.

> »Ich denke, Sie haben Ihre Sichtweisen nun dargestellt und sich ausreichend darüber ausgetauscht. Auch die Gemeinsamkeiten und Unterschiede konnten Sie herausarbeiten. Ich würde nun gern zu der Frage übergehen, welche Interessen und Bedürfnisse Sie auf dieser Grundlage verfolgen, und was Sie sich gemeinsam, sowie jede und jeder für sich, vorstellen könnten zu tun, also zu schauen, welche Handlungsideen Sie hier entwickeln können. Passt das für Sie als nächsten Schritt?«

3.10 Baustein 10: Eigene Sichtweise schildern

In diesem Baustein geht es darum, dass die Gesprächsleitung ihre eigene Sicht auf das zu bearbeitende Thema und Anliegen einbringt. Dies ist vor allem bei eigener Involviertheit sinnvoll und notwendig.

In unabhängigen Gesprächs- und Beratungssituationen ist die eigene Sichtweise der gesprächsführenden Person nicht notwendigerweise einzubringen. Vielmehr ist es ihre maßgebliche Aufgabe, die Sichtweisen der beteiligten Personen zu paraphrasieren und sie bei der Ordnung und Strukturierung zu unterstützen.

Als involvierte und inhaltlich beteiligte Person können Sie in der Rolle als Gesprächsführung das Gesamtbild der Sichtweisen um fehlende Aspekte ergänzen, nachdem alle anderen ihre Sichtweise geschildert haben. Vertrauen Sie vorab unbedingt auf die Intelligenz der Gruppe und seien Sie geduldig. Die meisten Aspekte des Themas, die Ihnen wichtig sind, werden vermutlich von anderen Beteiligten ebenfalls benannt. Es ist sinnvoll, dass die gesprächsführende Person ihre eigenen Beobachtungen und Einschätzungen erst dann neben die Sichtweisen der anderen Beteiligten stellt, nachdem sie interessiert nachgefragt und zugehört hat, was diese zu sagen haben (→ **Baustein 9: »Sichtweisen hören«**). Sie sollten dabei immer deutlich machen, aus welcher Rolle heraus Sie Ihre eigene Sichtweise schildern. Neben Ihrer Rolle als moderierende Gesprächsführung sprechen Sie gegebenenfalls als Kollege, Vorgesetzte, Einrichtungsleitung, behandelnde Ärztin oder Erzieher.

In → **Baustein 1** haben Sie Ihre Sichtweise im Zuge der Selbstklärung bereits reflektiert:

- Was genau haben Sie beobachtet, gehört und erlebt?
- Welche weiteren belegbaren Fakten stehen Ihnen zur Verfügung? (Ergänzend zu → **Baustein 8: »Informationen geben oder erfragen«**)
- Was davon gibt Ihnen Anlass, tätig zu werden und etwas zu verändern?
- Oder: Was davon möchten Sie gern beibehalten oder verstärken?

Von Situationen zu berichten, in denen wir etwas Wünschenswertes erlebt haben, das wir gern beibehalten oder intensivieren wollen, fällt uns in der Regel nicht schwer. Dennoch wird ein solches positives und lösungsorientiertes Feedback eher selten gegeben.

Bei Situationen, in denen wir etwas Veränderungswürdiges oder Irritierendes erlebt haben, hindert uns oft die Sorge vor einem möglichen Konflikt, die eigene Sichtweise deutlich auszusprechen. Dies liegt auch daran, dass uns zunächst eher Wertungen anstatt Beobachtungen in den Sinn kommen und wir uns dann vorstellen, wie es ausgehen wird, wenn wir den betreffenden Personen diese schildern.

Besonders in Fällen, in denen wir Handlungsbedarf bei anderen Personen sehen, sind wir verführt, eigene Sichtweisen zu verallgemeinern, sie direkt wieder zurückzunehmen (»wahrscheinlich ist da gar nichts«) oder zu relativieren (»ach, so schlimm ist es bestimmt nicht«), uns der Hoffnungslosigkeit zu bedienen (»es nützt doch eh nichts, wenn ich das mit den Kollegen bespreche«) oder uns durch vermeintlich Verbündete zu stärken (»Alle im Team sehen das so!«).

Besonders in Gesprächen, in denen unterschiedliche Sichtweisen besprochen werden sollen, ist es wichtig, hier die eigenen Anteile als involvierte Person von der Rolle der Gesprächsführung zu trennen. In solchen Fällen ist eine gute inhaltliche Vorbereitung empfehlenswert, in der Sie Ihre Beobachtungen, Bedürfnisse und Handlungsideen differenzieren und Ihre fachliche Sichtweise angemessen und klar formulieren.

Machen Sie dafür zunächst fundierte und konkrete Aussagen zu dem, was Sie selbst beobachtet, gehört und erlebt haben. Vermeiden Sie hier das verallgemeinernde »Wir« und bleiben Sie bei dem, was Sie selbst tatsächlich beobachtet haben oder benennen Sie eine andere Person, die etwas gesehen und Ihnen berichtet hat. In diesem Fall referieren Sie eine Mitteilung von jemand anderem und keine eigene Beobachtung. Der Schritt »Beobachtungen schildern, ohne zu werten« der Gewaltfreien Kommunikation ist hierfür ein guter Einstieg. Bleiben Sie stets wertfrei. Machen Sie deutlich, dass es sich um Ihre subjektive Sichtweise handelt.

> »Ich habe gesehen, dass Sie am Montag und Mittwoch erst 20 Minuten nach Arbeitsbeginn erschienen sind.« Statt: »Sie waren unpünktlich.«
>
> »Während der letzten Teamsitzung hast du mehrmals auf dein Handy geschaut. Das hat mich geärgert.« Statt: »Du bist unhöflich und unaufmerksam.«
>
> »Wenn Tina im Atelier ist, fällt es ihr schwer, die Farben zu benennen, mit denen sie malen möchte. Das würden wir gern mit ihr üben.« Statt: »Tina kann immer noch nicht alle Farben benennen, das müsste sie in ihrem Alter aber schon können.«

Um im Anschluss an die geschilderte Beobachtung wieder in den Austausch zu kommen, bieten sich Fragen an, wie: »Können Sie meine Beobachtung nachvollziehen und ihr zustimmen?«, »Ist das bei Ihnen zu Hause auch so?«, »Haben Sie das auch schon mal beobachtet?« In dieser Rückversicherung folgt also ein weiterer Einsatz von → **Baustein 9: »Sichtweisen hören«**, sodass sich Schilderung und Hören von Sichtweisen abwechseln.

Beim Austausch über Sichtweisen ist es nicht das Ziel, einen Konsens zu erreichen. Es genügt völlig, Gemeinsamkeiten und Unterschiede in den Sichtweisen festzustellen, ohne diese zu werten. »Interessen und Bedürfnisse« (→ **Baustein 11**) sowie mögliche »Handlungsideen« (→ **Baustein 12**), die sich auf die gesammelten Gemeinsamkeiten und Unterschiede in den Sichtweisen beziehen, lassen sich dann in den anschließenden Bausteinen zusammengetragen. Es kann hilfreich sein, den gegenseitigen Austausch von Sichtweisen deutlich abzuschließen und zu den folgenden Bausteinen überzuleiten.

> »Ich denke, wir haben jetzt unsere Sichtweisen ausreichend ausgetauscht, sodass wir wissen, wie alle Beteiligten die Situation sehen. Können wir uns nun der Frage widmen, welche Interessen und Bedürfnisse die einzelnen Beteiligten diesbezüglich haben und welche Handlungsideen daraus entwickelt werden können? Passt das für Sie als nächsten Schritt?«

3.11 Baustein 11: Hypothesenbildung

Dieser Baustein gibt die Möglichkeit, an dieser Stelle des Gesprächsprozesses ein Modell zur Hypothesenbildung einzubringen, das die Beteiligten dabei unterstützt, ihre Sichtweisen zu ordnen und Handlungsperspektiven zu entwickeln.

Während eines Gesprächs oder einer Beratung bilden alle Beteiligten – die gesprächsführende Person eingeschlossen – fortlaufend eigene Hypothesen darüber, welche Beziehungsmuster im relevanten System vorliegen und wie diese Muster verstärkt oder unterbrochen werden könnten (→ **Kapitel 1.2.4 »Was ist systemisch?«**). Sich über solche erklärenden und strategischen Hypothesen auszutauschen, ist ein wichtiger Aspekt von Klärungsprozessen (Lindemann, 2023b, S. 112–124). In diesem Baustein sollen die impliziten Hypothesenbildungen der Beteiligten gemeinsam reflektiert werden.

Als unabhängige, nicht involvierte Gesprächsführung ist es in vielen Fällen weder notwendig noch hilfreich, eigene Sichtweisen zu schildern (→ **Baustein 10**) oder eigene Hypothesen einzubringen. Eine systemische Haltung der Neutralität steht der Idee entgegen, Ursachen zu kennzeichnen, Diagnosen zu erstellen oder Lösungsvorschläge zu unterbreiten. Gegebenenfalls können Sie aber ein Modell anbieten, das den anderen Teilnehmenden dabei hilft, ihre Sichtweisen und Hypothesen angeleitet zu reflektieren, zu erweitern und zu verändern. Auch als selbst involvierte Person ist die gemeinsame Nutzung solcher Modelle oftmals hilfreich. Hierdurch entstehen neue Perspektiven und bisherige Sichtweisen und Hypothesen werden kontrastiert oder miteinander verbunden. Solche Modelle der Hypothesenbildung dürfen aus dem eigenen fachlichen Kontext stammen oder aus dem großen Fundus systemischer Modelle und Methoden. Gut geeignet sind z. B. die folgenden Modelle (Lindemann, 2023a):

- Rollen, innere Anteile und Ego-States,
- Inneres Team,
- Teamrollen,
- Teufelskreis oder Interpunktionsmodell,
- Transaktionsanalyse,
- Triaden,
- Dramadreieck,

- Riemann-Thomann-Kreuz (Nähe – Distanz, Dauer – Wandel),
- Werte- und Entwicklungsquadrat,
- Tetralemma,
- Phasenmodelle von Krisen, Konflikten oder Teamentwicklung,
- logische Ebenen,
- Überzeugungen, Leit- und Glaubenssätze,
- Neun-, Zwölf- oder Fünfzehn-Felder-Schema,
- synergetisches Modell der Systemveränderung (generische Prinzipien).

Auch psychologische und organisationstheoretische Modelle lassen sich an dieser Stelle einbringen:

- Entwicklungsaufgaben,
- Persönlichkeitsmodelle,
- SORKC-Modell der Verhaltensanalyse,
- Change-Management,
- Transition,
- Resilienz,
- Stress,
- Emotion,
- Achtsamkeit,
- Macht,
- Rubikon-Modell,
- Bedürfnispyramide,
- SWOT-Analyse,
- alle anderen Modelle, die helfen, die Sichtweise zu ordnen und zu erweitern.

Bei der gemeinsamen Hypothesenbildung ist es – ebenso wie bei der Sichtweisenschilderung – nicht das Ziel, einen Konsens zu erreichen. Es genügt, Gemeinsamkeiten und Unterschiede in den Sichtweisen, Hypothesen und Interpretationen festzustellen, ohne diese zu bewerten. Für eine Überleitung zu »Interessen und Bedürfnisse« (→ **Baustein 11**) sowie »Handlungsideen« (→ **Baustein 12**) kann die Hypothesenbildung für den »Ist-Zustand« (erklärende Hypothesen) abgeschlossen werden, um sich im Anschluss den Veränderungsmöglichkeiten (strategische Hypothesen) zuzuwenden (Lindemann, 2023a, S. 116 ff.).

3.12 Baustein 12: Interessen und Bedürfnisse

In diesem Baustein geht es darum, herauszufinden, was Ihnen und anderen Gesprächsbeteiligten an einem Thema, einer Situation oder einem Vorhaben wichtig ist.

Interessen und Bedürfnisse, die benannt werden, können sich auf die eigene Person beziehen (z. B. Arbeitsentlastung, mehr Arbeitsfreude), auf eine andere Person (z. B. bessere Mitarbeit im Projektteam, Freundschaften schließen), auf mehrere Personen, zu denen man selbst gehört (z. B. mehr Kontakt im Team, besserer Austausch mit Kooperationspartnerinnen, Ästhetik des Empfangsbereichs) oder auf andere Personengruppen (z. B. Gelassenheit der Eltern im Umgang mit ihrem Sohn, mehr Sportangebote im Stadtteil). Oft sind sie auch mit einer Wertung verbunden, meist mit Worten wie »besser«, »mehr«, »umfassender«, »schneller« oder »größer«.

Interessen und Bedürfnisse sind grundsätzlich allgemein gefasst und noch keine konkreten Handlungen. Es gibt immer mehrere Möglichkeiten, Interessen und Bedürfnisse zu befriedigen. Dieser Baustein dient dazu, dieses Allgemeine herauszuarbeiten, damit konkrete Handlungen und Maßnahmen freier und flexibler vereinbart werden können.

Interessen und Bedürfnisse hören

Von Gesprächsbeteiligten werden häufig Handlungen und Maßnahmen (z. B. Stundenreduzierung, Gehaltserhöhung, Fortbildung, Supervision, Therapie) oder Rahmenbedingungen (z. B. mehr Budget, Räume, Material, Personal, Zeit) aufgeführt und nicht die dahinterliegenden Bedürfnisse. Für eine gute Einigung ist der Weg über die Bedürfnisse aber äußerst hilfreich. Auf viele Fragen, die Sie stellen, werden Ihre Gesprächspartnerinnen und -partner aber nicht mit der Äußerung von Bedürfnissen antworten, sondern mit Handlungen:

> »Was wünschen Sie sich von uns?« – »Dass Sie die Mitarbeiterkantine modernisieren.«
> »Was macht ein Team für Sie zu einem guten Team?« – »Dass man nach der Arbeit auch mal zusammen ein Bier trinken geht.«

> »Was ist Ihnen in der Erziehung wichtig?« – »Dass das Zimmer aufgeräumt ist und die Hausaufgaben gemacht sind.«

Damit sich die Gesprächsbeteiligten nicht schon direkt mit Veränderungswünschen und Handlungsideen befassen, ist es hilfreich, das Gespräch immer wieder auf Bedürfnisse und Werte zurückzulenken. Bedürfnisse sind allgemeiner als Handlungsideen, da sie durch viele verschiedene Handlungen und Maßnahmen befriedigt werden können. Handlungsideen sind hingegen schon Reduktionen auf spezifische Vorgehensweisen und schränken den Diskurs daher ein. Es gibt einige Formulierungen, mit denen Sie Bedürfnisse und Werte – also die allgemeinen Aspekte, die »hinter« Handlungen, Maßnahmen und Ressourcen liegen – erfragen können:

> »Was ist Ihnen daran wichtig?«
> »Was könnte sich verändern, wenn wir das täten?«
> »Wozu soll das dienen?«
> »Wozu könnte es gut sein, das zu tun?«
> »Angenommen, Sie hätten …, was wäre dann anders?«
> »Angenommen, wir würden … tun, was würde sich dadurch verändern?«
> »Angenommen, diese Maßnahme wäre erfolgreich, was wäre dann anders?«
> »Angenommen, Sie würden das umsetzen, welchen Gewinn hätten Sie davon?«
> »Woran würden die Kollegen merken, dass du dich gut von mir unterstützt fühlst?«
> »Angenommen, du wärst die Leitung dieser Abteilung, nach welchen Prinzipien würdest du die Urlaubsvertretung regeln?«
> »Angenommen, Sie hätten sich bereits für diesen Weg entschieden, was wäre dann anders?«
> »Angenommen, wir würden das Mittagessen gemeinsam einnehmen, was würde sich dadurch verändern?«

Eigene Interessen und Bedürfnisse benennen

Vielen der benannten Bedürfnisse werden Sie als gesprächsführende Person zustimmen können. Uneinigkeit entsteht oft eher durch einen Widerstreit zwischen verschiedenen Bedürfnissen oder durch unterschiedliche

Vorstellungen darüber, auf welche Weise sie befriedigt werden sollten. Werden Werte und Bedürfnisse von den beteiligten Personen anerkannt oder sogar geteilt, lassen sich gemeinsame Ideen entwickeln, auf welche Weise sie Berücksichtigung finden könnten (→ **Baustein 13: »Handlungsideen«**).

> »Jetzt weiß ich, was Ihnen bezogen auf die Ernährung wichtig ist. In unserer Schulküche legen wir zudem Wert darauf, dass wir ökologische und regionale Lebensmittel verwenden. Auch liegt uns beim Essen die Selbstbestimmung der Kinder am Herzen. Ich würde also gern Ökologie, Regionalität und Selbstbestimmung ergänzen.«

Die genannten Interessen und Bedürfnisse können gemeinsame und individuelle Bedürfnisse sein. Sie dürfen Widersprüche enthalten und müssen nicht auf Konsens ausgerichtet sein. Zielführend ist hierbei, eine Sowohl-als-auch-Haltung einzunehmen. Interessen und Bedürfnisse widersprechen einander nur, wenn sie zur selben Zeit durch widerstreitende Maßnahmen befriedigt werden sollen oder wenn jemand ein Bedürfnis generell ablehnt.

Als Gesprächsführung kann es zum Abschluss des → **Bausteins 11** sinnvoll sein, die Beteiligten und deren Sichtweisen abschließend zu würdigen.

> »Ich bedanke mich für die Offenheit und Geduld, mit der Sie Ihre Bedürfnisse benannt und zugehört haben, wie andere ihre Bedürfnisse benennen. Ich denke, es ist nun klar, was die beteiligten Personen gern hätten.«
> »Sie sehen bei den hier ausgelegten Moderationskarten einige Gemeinsamkeiten und einige Unterschiede. Das ist völlig normal. Sie stellen möglicherweise auch fest, dass gegen die einzelnen Bedürfnisse selbst nichts einzuwenden ist. In aller Regel ist es immer die Art und Weise, wie diese Bedürfnisse befriedigt werden, über die wir uns uneinig sind oder sogar streiten.«
> »Es zeigt sich, dass wir an diesem Punkt unterschiedliche Bedürfnisse haben bzw. unterschiedliche Werte vertreten. Ich würde gern mit Ihnen überlegen, wie wir diese unter einen Hut bekommen können.«

3.13 Baustein 13: Handlungsideen

Dieser Baustein befasst sich damit, Handlungsideen zu formulieren, die die Interessen und Bedürfnisse der beteiligten Personen erfüllen. Dieser Baustein ist für die Anliegen- und Auftragsklärung bedeutsam, da die unterschiedlichen Handlungsaufträge bzw. Handlungsziele benannt werden können.

Handlungsideen hören

Dies ist ein kreativer Baustein im Gespräch. Hier geht es darum, Handlungsideen zu entwickeln, um die zum ausgewählten Thema geschilderten Probleme zu mildern oder zu beheben. Es sollen Ideen entwickelt werden, welche Handlungen und Maßnahmen helfen können, die benannten Interessen und Bedürfnisse zu befriedigen. Es gilt, möglichst vielfältige »Handlungsaufträge« zu entwerfen: Wer kann sich welche Handlungen, Maßnahmen und Veränderungen vorstellen, die die geschilderte Situation verbessern?

Dieser Baustein sollte sehr offen, kreativ und störungsfrei verlaufen, da sich das kreative Potenzial der Beteiligten sonst nicht entfalten kann. Ziel ist es, viele Ideen zu produzieren. Hierfür lassen sich alle Kreativitätstechniken einsetzen, die möglichst viele Ideen zu potenziellen Handlungen und Maßnahmen erzeugen. Bei der Arbeit mit größeren Gruppen können Handlungsideen in Kleingruppen entwickelt und dann gegenseitig präsentiert werden. Die Ideen sollten noch nicht bewertet werden.

> »In diesem Schritt ist es das Ziel, möglichst viele Ideen zu sammeln. Es geht um hypothetische Gedankenspiele, um Möglichkeiten und Optionen. Es geht noch nicht um eine Bewertung, Auswahl oder Vereinbarung von Handlungen und Maßnahmen! Es dürfen also ausdrücklich auch unsinnige oder seltsame Ideen geäußert werden!«
>
> »Achten Sie bitte bei allen Handlungsideen und möglichen Maßnahmen darauf, dass sich diese auf die gesammelten Bedürfnisse beziehen.«
>
> »Überlegen Sie bitte, welche Handlungsideen und Maßnahmen denkbar wären, um Ihrem Sohn mehr Bewegung zu ermöglichen. Was könnte ihm Spaß machen? Welche sportlichen Aktivitäten gibt es in Ihrem Stadtteil?«
>
> »Was können Sie sich vorstellen, zu unternehmen, damit sich die Situation verbessert?«

Handlungsideen können sich an positiven Vorerfahrungen orientieren, daran, wie andere das Erwünschte erreicht haben (best practice), oder den Raum bieten, frei über eine mögliche Zukunft zu spekulieren:

> »Überlegen Sie einmal, wann für Sie die gesammelten Bedürfnisse schon einmal erfüllt waren. Was war da anders? Wie haben Sie das geschafft?«
> »Kennen Sie andere, die bei diesem Thema erfolgreich sind? Wie schaffen die das? Was ist deren Erfolgsrezept?«
> »Stellen Sie sich vor, Sie hätten all das erreicht. Wie wäre es dann? Was würden Sie anders machen? Wer wäre alles daran beteiligt?«

Handlungsideen ergänzen

Eigene Ideen können in diesem Baustein ebenfalls eingebracht werden, vor allem dann, wenn Sie selbst inhaltlich involviert sind. Sofern Sie selbst an der Umsetzung möglicher Handlungen und Maßnahmen beteiligt sind, sollten Sie auch Ihre eigenen Optionen und Vorstellungen vortragen. Allerdings werden die eigenen Ideen häufig auch von anderen Personen benannt, sodass die Gesprächsführung sich mit Äußerungen zurückhalten und auf die Moderation konzentrieren kann. Vor allem bei Handlungsideen und möglichen Maßnahmen, die von anderen Personen umgesetzt werden sollen, dürfen Sie anderen den Vortritt lassen, um zu schauen, ob diese nicht von diesen selbst oder von anderen Beteiligten benannt werden. In Fällen, in denen Sie selbst nicht involviert sind, sollten Sie sich mit eigenen Ideen, Ratschlägen oder guten Tipps erst recht zügeln. Haben Sie aber eine wirklich gute Idee, können Sie um Erlaubnis bitten, diese zu nennen, und sie als hypothetische Möglichkeit formulieren. Entscheidend ist, dass in der systemischen Arbeit keine Tipps oder Ratschläge erteilt, sondern diese als Optionen im Konjunktiv angeboten werden:

> »Mir würde da auch noch etwas einfallen. Möchten Sie das gern hören? … Könnten Sie sich vorstellen … zu versuchen?«
> »Darf ich noch etwas ergänzen? … Ich könnte mir auch vorstellen, dass … hilfreich sein könnte. Was denken Sie?«
> »Angenommen, Sie würden … Würde das Ihren Bedürfnissen und den Bedürfnissen von Lara gerecht werden?«

> »Ich dachte gerade, man könnte auch … Wäre das machbar? Würden Sie das vielleicht in Erwägung ziehen?«
> »Wenn ich an Ihrer Stelle wäre, könnte ich mir auch vorstellen … auszuprobieren. Fänden Sie das auch reizvoll?«
> »Als mein Kind so klein war, habe ich immer … Was denken Sie darüber? Könnten Sie sich vorstellen, das auch einmal auszuprobieren?«
> »Von meiner Kollegin weiß ich, dass sie gute Erfahrungen damit gemacht hat, wenn man in solch einer Situation … Was meinen Sie?«
> »Im letzten Jahr hatten wir einen ganz ähnlichen Fall. Da hat die Mutter … Wäre das für Sie denkbar? Könnten Sie sich das vorstellen?«
> »Mit Blick auf die neuesten Studien, die ich zu diesem Thema gelesen habe, würde mir auch noch einfallen, dass man … Könnten Sie sich vorstellen, das so oder ähnlich auch einmal zu versuchen?«

Handlungsauswahl treffen

Ist die kreative Phase der Ideensammlung beendet und wurden gegebenenfalls die Ergebnisse aus Kleingruppenarbeiten vorgestellt, kann eine Auswahl der Handlungen und Maßnahmen getroffen werden, die man konkretisieren und gegebenenfalls vereinbaren möchte. Grundsätzlich lässt sich hierzu auf die Auswahlverfahren zurückgreifen, die bereits in früheren Bausteinen zur Anwendung gekommen sind, wie Abstimmung oder Punkte kleben (→ **Kapitel 2.2.4 »Priorisieren«**). Es gilt, diejenigen Handlungen und Maßnahmen zu wählen, die die genannten Bedürfnisse am besten erfüllen und zugleich den vorhandenen oder bereitzustellenden Ressourcen am besten entsprechen.

> »Aus den vorgestellten Möglichkeiten können nun diejenigen ausgewählt werden, die auch in die Tat umgesetzt werden sollen. Sie sollten hierbei auch schon Überlegungen anstellen, welche Personen für die Umsetzung infrage kommen und welche Ressourcen Sie dafür einsetzen möchten. Sollte eine Aufgabe dabei sein, die Sie selbst gern übernehmen möchten, können Sie das auch schon benennen. Berücksichtigen Sie bitte, dass die Handlungen und Maßnahmen, die Sie auswählen, dazu dienen sollen, die gesammelten Bedürfnisse zu befriedigen. Achten Sie bitte immer darauf, dass die Handlungen und Maßnahmen auch umsetzbar und die durch sie ausgelösten Veränderungen überprüfbar sind. Diese Aspekte werden wir in der folgenden Phase, wenn es um die Vereinbarung geht, noch genauer in den Blick nehmen.«

3.14 Baustein 14: Handlungsplanung

Dieser Baustein dient dazu, Handlungsschritte oder Verhaltensweisen zu planen, nachdem eine Entscheidung darüber getroffen worden ist, welche der möglichen Handlungsoptionen umgesetzt werden soll. Er kann auch dazu genutzt werden, mit den anderen Beteiligten eine Vereinbarung über die geplanten Handlungsschritte zu treffen, also einen Handlungskontrakt zu schließen. Nur wenn Sie selbst involviert und gegebenenfalls für die Umsetzung einzelner Handlungsschritte zuständig sind, sollten Sie sich hier inhaltlich beteiligen, andernfalls kommt Ihnen lediglich eine moderierende Rolle zu.

Bezogen auf die Anliegen- und Auftragsklärung geht es in diesem Baustein darum, die gewählte Handlungsidee so weit zu konkretisieren, dass sie messbar und überprüfbar umgesetzt werden kann. Hieraus ergibt sich für die beteiligten Personen bei Bedarf ein Handlungskontrakt, der im nachfolgenden Baustein in eine Vereinbarung münden kann.

■ Handlungsideen konkretisieren

Je genauer Handlungen und Maßnahmen beschrieben sind, desto geringer sind die Missverständnisse darüber, was getan und was damit erreicht werden soll. Wer soll was wie bis wann und eventuell mit wem wo tun – das gilt es auszuhandeln und festzuhalten.

Der Schritt der Gewaltfreien Kommunikation, »um eine erfüllbare Handlung bitten« bzw. »eine erfüllbare Handlung formulieren«, ist bei der Konkretisierung von Handlungen und Maßnahmen äußerst hilfreich.

> »Nachdem wir aus den vielen Handlungsideen ausgewählt haben, in welche Richtung wir vorgehen wollen, können wir jetzt Überlegungen darüber anstellen, wie wir das genau umsetzen möchten. Wir müssen auch schauen, wer was bis wann erledigt.«
> »Was genau wollen Sie tun?«
> »Wann wollen Sie das tun?«
> »Wie oft und womit soll das getan werden?«
> »Wer könnte Ihnen hierbei helfen?«

Da es lange dauern kann, konkrete Handlungsplanungen zu entwickeln, und dafür nicht immer die Beteiligung aller Anwesenden erforderlich ist, können Konkretisierungen auch delegiert werden. Je nach Anliegen und beteiligen Personen reicht es unter Umständen aus, für diese Aufgabe verantwortliche Personen zu benennen und gegebenenfalls ein Datum festzusetzen, bis zu dem die anderen Beteiligten über die genauere Planung informiert werden.

Werden die Namen und Termine auf die Moderationskarten mit den Handlungsideen oder die Pinnwand geschrieben oder als zusätzliche Karten beigefügt, kann ein einfaches Fotoprotokoll als erste Konkretisierung dienen.

Das Maß der Konkretisierung hängt stark von der Verlässlichkeit und den bisherigen Erfahrungen in der Zusammenarbeit der Beteiligten ab. Je mehr der genannten Punkte offenbleiben, desto größer ist die Freiheit der ausführenden Personen, diese umzusetzen – das Maß der Verbindlichkeit ist dann aber geringer. Je genauer die Punkte festgehalten sind, desto starrer ist ihre Umsetzung vorgegeben und desto höher ist die Verbindlichkeit. Die Konkretisierung kann bis zum Erstellen einer schriftlichen »Zielvereinbarung« reichen (→ **Kapitel 2.5.5**).

Einbeziehung relevanter Personen vereinbaren

Sobald in einem Gespräch etwas vereinbart wurde und nachfolgend umgesetzt werden soll, oder wenn neue Informationen weitergegeben wurden, ist es sinnvoll festzulegen, wer von den Ergebnissen und Planungen erfahren und wer gegebenenfalls um Unterstützung gebeten werden soll, z. B.:

- andere Kolleginnen und Kollegen,
- Teamleitung und Verwaltung,
- Vorgesetzte, Geschäftsführung und Vorstand,
- Behörden, Banken, Investorinnen und Investoren,
- Zulieferer, Kundinnen und Kunden,
- Familienangehörige,
- Nachbarn,
- Familienhelfer und Therapeutinnen,
- Kinder.

Diese Personen brauchen vielleicht nur eine Information, können aber auch dazu eingeladen werden, sich aktiv an Vorhaben zu beteiligen, als Erinnerungshilfe zu fungieren oder ihre Beobachtungen zur Ergebnisprüfung zur Verfügung zu stellen. Häufig wurden andere relevante Personen bereits in den vorhergehenden Schritten benannt und müssen hier gegebenenfalls nur noch einmal zusammenfassend aufgeführt werden. Möglicherweise fallen Ihnen aber auch noch Personen ein, die nur eine kurze Information benötigen, aber ansonsten mit der Umsetzung von Vereinbarungen nichts zu tun haben.

Die Einbeziehung anderer relevanter Personen zu thematisieren, ist sehr wichtig, um Vertrauen und Verschwiegenheit zu wahren. Gerade bei persönlichen Themen kann sonst schnell der Eindruck entstehen, dass hinter dem Rücken über andere geredet wird.

> »Wer sollte von dem, was wir hier besprochen haben, erfahren?«
> »Wer braucht diese Informationen, damit unser Vorhaben gelingen kann?«
> »Möchten Sie Ihrer Familienhelferin von unserer Vereinbarung berichten? Und wie genau würden Sie dies tun?«
> »Wem gegenüber möchten Sie, dass über die Inhalte unseres Gesprächs Stillschweigen gewahrt wird?«
> »Ich möchte mich gern mit meinen Kolleginnen und der Teamleitung über unser Gespräch austauschen. Was soll ich dabei beachten?«
> »Welche Personen könnten Sie für diese Veränderung um Unterstützung bitten?«
> »Wie könnten Sie Ihre Familie hierbei um Unterstützung bitten?«
> »Ich möchte gern die anderen Kolleginnen der Gruppe über unsere Vereinbarung informieren und um Hilfestellung bitten. Okay?«

Erinnerungshilfen und Umsetzungsunterstützung festlegen

Ebenfalls festgehalten werden sollte, wie die Erledigung der vereinbarten Handlungen und Maßnahmen sichergestellt werden kann.

Zum Handeln zu motivieren und Veränderungen zu beobachten, kann selbstverantwortlich erfolgen, aber auch durch eine andere Person übernommen oder unterstützt werden. Mit den Beteiligten soll thematisiert werden, was dafür getan werden kann, dass Aufgaben erledigt werden und woran sich feststellen lässt, ob erwünschte Veränderungen eintreten. Es sollte keine Überwachung oder Bewertung angedroht werden, auch sollten den

Beteiligten keine ihnen obliegenden Aufgaben abgenommen oder in ihre Handlungsspielräume eingegriffen werden. Die Grundhaltung sollte bestenfalls eine Hilfe zur Selbsthilfe sein. Bei der Festlegung von Erinnerungshilfen oder Umsetzungsunterstützung können Sie fragen:

> »Wie wird es Ihnen gelingen, das zu machen?«
> »Wie werden Sie sich daran erinnern, das zu tun?«
> »Wer fällt Ihnen ein, den Sie bitten könnten, Sie dabei zu unterstützen?«
> »Wie zuversichtlich sind Sie auf einer Skala von 1 bis 10, dass Sie das schaffen? … Was bräuchten Sie, um eine Zahl höher zu kommen?«
> »Bis wann wollen Sie den Anruf erledigt haben?«
> »Was könnte ich mit wenig Aufwand zuerst tun?«
> »Wobei benötigen Sie Unterstützung?«
> »Was könnte Sie daran hindern, Ihr Vorhaben umzusetzen?«
> »Was könnte Ihnen im Alltag dabei helfen, sich an Ihr Vorhaben zu erinnern?«
> »Wie zuversichtlich sind Sie auf einer Skala von 1 bis 10, dass Sie das umsetzen, was wir vereinbart haben? Was würde Sie etwas zuversichtlicher machen?«
> »Wie kann ich Sie dabei unterstützen?«
> »Wen könnten Sie noch in Ihr Vorhaben einweihen? Welche Freundin könnte Sie an Ihr Vorhaben erinnern? Was müsste sie sagen oder tun, damit es eine Wirkung auf Sie hat?«
> »Womit könnten Sie sich belohnen, wenn Sie es geschafft haben, das Formular auszufüllen?«
> »Damit wir die vereinbarten Ziele erreichen, möchte ich gern ein Auge darauf haben, ob auch alle Aufgaben erledigt werden. Ist es in Ordnung, wenn ich gelegentlich nachfrage, wie der Stand bei Ihnen ist?«

Erinnerungshilfen und Umsetzungsunterstützung sind kein Selbstzweck oder Ausdruck des Misstrauens, sondern sollen sicherstellen, dass Aufgaben verbindlich erledigt und Vereinbarungen eingehalten werden. Viele Personen sind sogar äußerst dankbar für Erinnerungshilfen und Rückfragen, wenn ihre Fähigkeiten zur Selbstkontrolle oder auch Selbstmotivation gering sind. Sie erleben dies als Ansporn, Aufmerksamkeit, Wertschätzung und Hilfestellung. Für eine gute Zusammenarbeit gilt es daher, das Maß und die Art der Fremd- oder Selbstmotivation zu vereinbaren.

Mögliche Erinnerungshilfen und Umsetzungsunterstützung sind etwa:

- Telefonanrufe,
- Erinnerungsmails,
- persönliche Ansprachen,
- Berichtspflicht auf Dienstbesprechungen oder in Teamsitzungen,
- Visualisierungen der Erledigung über den Eintrag in Kalendern oder Projektstrukturplänen,
- Berichtspflicht in Qualitätszirkeln,
- Kleben von Smileys in Belohnungsplänen.

> »Ich möchte Sie um Ihr Einverständnis bitten, dass ich bei allen, die jetzt zugesagt haben, Aufgaben zu übernehmen, gelegentlich nachfrage, wie es läuft. Ich würde dann auch in etwa sechs Wochen bei allen um eine Bewertung bitten, ob die Handlungen und Maßnahmen Wirkung zeigen. Können wir das so machen?«
> »Ich freue mich, dass Sie das wie besprochen mit den Übungen zu Hause versuchen wollen. Darf ich in zwei Wochen einmal telefonisch nachfragen, wie es läuft? … Wann sind Sie denn gut erreichbar?«
> »Wir hängen hier ins Büro einen Kalender mit den Aufgaben des Projekts. Wenn eine Aufgabe erledigt ist, macht die verantwortliche Person einen Haken in das Kästchen. Wenn es Gesprächsbedarf dazu gibt, klemmt sie eine gelbe Wäscheklammer daran. Wenn die Aufgabe gefährdet ist oder zu scheitern droht, eine rote Wäscheklammer.«

Ergebnisüberprüfung planen

Wenn in einem Gespräch Handlungen und Maßnahmen vereinbart wurden, mit dem Ziel, dass sich etwas dadurch verändern soll, lohnt es sich, zu besprechen, woran man sehen können wird, ob diese gewünschten Veränderungen eingetreten sind:

> »Woran werden wir sehen, dass das hilft?«
> »Wann wollen wir uns zusammensetzen, um zu schauen, was sich durch unsere Vereinbarungen verändert hat?«
> »Ich würde Ihnen gern in regelmäßigen Abständen mitteilen, was ich an Ihrem Sohn beobachte, und von Ihnen hören, was Ihnen auffällt. Wollen wir jeden

> zweiten Freitag, wenn Sie ihn abholen, kurz darüber sprechen? Wir können uns dazu zehn Minuten in der Sitzecke zusammensetzen.«
> »Ich würde gern jeden Freitag kurz mit Ihnen telefonieren, um zu hören, wie es zu Hause mit Ihrer Tochter funktioniert und ob Sie alles, was wir besprochen haben, so umsetzen können. Vielleicht können wir dann gemeinsam schauen, was wir noch tun können, damit sich die Situation entspannt. Ist das für Sie in Ordnung?«
> »Für die Dienstbesprechung in vier Wochen habe ich notiert, dass wir überprüfen, wie wirksam die besprochenen Veränderungen sind. Wir können dann gegebenenfalls wie vereinbart fortfahren oder auch weitere Handlungen und Maßnahmen beraten.«
> »Ich halte dann fest, dass wir uns darauf geeinigt haben, dass wir … Wenn Sie oder wir denken, dass wir daran etwas ändern sollten, werden wir uns umgehend beim jeweils anderen melden.«

Ergebnisüberprüfung heißt nicht immer »Erfolgskontrolle«, sondern zunächst nur Wahrnehmung von Veränderungen:

> »Die Annahmezeiten für Reparaturen sind um 18 % gesunken.«
> »Ich habe eine Eingangsbestätigung erhalten und soll in zwei Wochen einen schriftlichen Bescheid erhalten!«
> »Carlottas Feinmotorik hat sich noch nicht sichtbar verbessert. Der Ergotherapeut hat aber gesagt, wenn wir so weiterarbeiten, ist er zuversichtlich, dass bis zur Einschulung alles im grünen Bereich liegt.«
> »Der Umbau war eine super Idee! Das Gedränge im Flur zum Außengelände hat sich komplett entspannt!«

Dokumentierte Vereinbarung

Eine Vereinbarung dient dazu, dass sich alle verpflichten, besprochene Abläufe und Vorgehensweisen auch einzuhalten. Die dokumentierte Vereinbarung kann ein Fotoprotokoll von beschrifteten Moderationskarten oder Flipcharts sein, aber auch ein Protokoll, ein ausgefülltes Zielvereinbarungsformular oder sogar ein ausgearbeiteter Vertrag. Je konflikthafter die besprochenen Themen sind, desto höher ist oftmals der Anspruch an die schriftliche Vereinbarung. Die Notwendigkeit, Ergebnisse und Vereinbarungen schriftlich festzuhalten, trifft unter Umständen auf Hilfeplangespräche ebenso zu wie auf eine Konfliktschlichtung zwischen Kolleginnen und Kollegen.

Wird ein regelrechter Vertrag ausgearbeitet, sollte dieser schriftlich mit der Bitte um Änderungswünsche oder Ergänzungen an alle Beteiligten geschickt werden, bevor er zur Unterzeichnung vorgelegt wird.

Dokumentierte Vereinbarungen setzen voraus, dass die Beteiligten diese verstehen. Hierfür müssen diese gegebenenfalls übersetzt werden. Es kann auch – vor allem wenn Kinder beteiligt sind – mit Symbolen oder Bildern gearbeitet werden.

3.15 Baustein 15: Zusammenfassung

Dieser Baustein steht dafür, das Gespräch zusammenzufassen. Dieser Punkt sollte in keinem Gesprächstermin fehlen.

Nehmen Sie sich fünf bis zehn Minuten Zeit für die Zusammenfassung des Gesprächs, und zwar bevor die vereinbarte Zeit des Gesprächstermins zu Ende ist. Es sollte kurz rekapituliert werden, wozu das Gespräch stattgefunden hat, was erreicht wurde und wie es weitergeht. Diese Zusammenfassung können Sie, vor allem in Beratungssituationen, in denen Sie selbst unabhängig sind, Ihr Gegenüber übernehmen lassen.

> »Wenn Sie noch einmal schauen, wie wir hier vorhin gestartet sind und wo Sie jetzt gelandet sind, was war daran für Sie bemerkenswert?«
> »Was war heute in diesem Gespräch für Sie wichtig?«

In Gesprächen, die Sie anleiten und in deren Anliegen Sie gegebenenfalls selbst involviert sind, können Sie die Zusammenfassung selbst übernehmen.

> »Wir haben uns zusammengesetzt, um … zu besprechen. Heute haben wir die Sammlung der Bedürfnisse abgeschlossen und erste Handlungsideen entwickelt. Offen geblieben ist die Auswahl, Konkretisierung und Vereinbarung.«
> »Heute haben wir viel geschafft. Wir haben uns auf die Themen geeinigt, über die wir gemeinsam sprechen wollen. Dazu haben wir unsere Sichtweisen ausgetauscht und bemerkt, dass es völlig normal ist, dass wir manche Dinge auch unterschiedlich sehen. Und wir haben uns darauf geeinigt, weiterhin darüber im Gespräch zu bleiben. Ich denke, wir sind auf einem guten Weg.«
> » Frau Finke hat zugesagt, bis dahin Informationen über … zu sammeln und allen Beteiligten per E-Mail zu senden. Frau Gharibyan will noch einmal in ihrem Team nach Ideen fragen und diese dann bei unserem nächsten Termin vorstellen. Das Fotoprotokoll der heutigen Sitzung sende ich Ihnen morgen zu. Als nächsten Termin vereinbaren wir … In der Zwischenzeit können Sie sich mit Rückmeldungen gern an mich wenden.«

Gegebenenfalls sind während des Gesprächsprozesses Bausteine, die Sie nutzen wollten, oder Themen, die festgelegt wurden, nicht bearbeitet worden. In einem solchen Fall sollte besprochen werden, wann, wo, mit wem und wie bezogen auf offene Themen weiter vorgegangen werden soll.

3.16 Baustein 16: Verabschiedung

Dieser Baustein widmet sich der Verabschiedung der Beteiligten. Er beginnt immer einige Minuten, bevor die vereinbarte Zeit des Gesprächstermins zu Ende ist. Die Verabschiedung sollte höchstens fünf bis zehn Minuten in Anspruch nehmen.

- Um Feedback bitten

Will die Gesprächsführung zu ihrer Moderation eine kurze Rückmeldung erhalten, kann sie eine solche zu diesem Zeitpunkt erbitten. Dabei sollte sie darauf achten, dass es bei kurzen Statements bleibt und keine Diskussion entsteht.

> »Wenn Sie möchten, haben Sie jetzt noch kurz die Gelegenheit, mir eine Rückmeldung zu der Gestaltung dieses Gesprächs zu geben.«
> »Sagen Sie mir bitte, was ich heute getan habe und beim nächsten Mal auf jeden Fall wieder tun sollte; was ich heute nicht getan habe, aber beim nächsten Mal unbedingt tun sollte und was ich heute getan habe, aber beim nächsten Mal lieber lassen sollte.«
> »Ich habe noch nicht viel Erfahrung mit Gesprächsführung. Es wäre für mich sehr hilfreich, wenn Sie mir ein kurzes Feedback geben, wie Sie das Gespräch erlebt haben. Dann kann ich mich für das nächste Mal noch besser vorbereiten und auf das achten, was Ihnen wichtig ist.«

Für die erhaltenen Rückmeldungen sollte man sich bedanken. Es können auch Verständnisfragen gestellt werden. Das Feedback sollte nicht kommentiert oder diskutiert werden. Möchte man auf maßgebliche Änderungswünsche eingehen, kann dies zu Beginn des nächsten Termins geschehen. Zu diesem Zeitpunkt lassen sich gegebenenfalls auch die vereinbarten Regeln und Prinzipien der Zusammenarbeit anpassen und man kann um die Mitwirkung bei deren Einhaltung bitten.

Feedback geben

Die Verabschiedung beinhaltet Rückmeldung, Höflichkeit und Wertschätzung. Sie sollte ehrlich und ermutigend sein.

> »Ich bedanke mich für Ihre aktive (engagierte, konstruktive, offene ...) Mitarbeit. Ich hoffe, dass Sie mit den heute erarbeiteten Ergebnissen zufrieden sind, und freue mich auf unseren nächsten Termin.«
> »Trotz einiger strittiger Punkte konnten wir heute erste Eckpunkte einer Vereinbarung festhalten. Dass Sie bei diesem Thema emotional so stark beteiligt sind, ist völlig verständlich. Ich bin sehr zuversichtlich, dass wir auf einem guten Weg sind, eine gemeinsame Lösung zu finden. Die Fotodokumentation der heutigen Besprechung sende ich Ihnen zu.«
> »Frau Mirak, Herr Paulsen, ich bedanke mich, dass Sie mir so offen Ihren Unmut geschildert haben und bereit waren, diesen Vorfall mit mir zu klären.«
> » Danke für die gute Zusammenarbeit! Ich wünsche Ihnen eine gute Heimfahrt und einen erholsamen Feierabend.«
> »Wenn Sie noch Fragen haben sollten, melden Sie sich gern bei uns. Hier ist es üblich, dass wir mit den Eltern im engen Kontakt stehen. Nur so kann die Entwicklung Ihres Kindes optimal begleitet werden. Scheuen Sie sich also nicht, uns anzusprechen, wenn Sie etwas zu sagen oder Fragen haben.«

3.17 Baustein 17: Reflexion

Dieser Baustein umfasst alle Formen, über das gerade beendete Gespräch nachzudenken, darüber wie es gelaufen ist und was erreicht wurde.

Die erste Reflexion eines Gesprächs erfolgt in der Regel beim Aufräumen des Besprechungsortes oder auf der Fahrt nach Hause. Als für das Gespräch verantwortliche Person schießen Ihnen vermutlich unsortiert Bilder von Gesprächsmomenten durch den Kopf, Sie fühlen eine bestimmte Stimmung und denken an besonders emotionale Momente der Unterhaltung. Sie fragen sich möglicherweise selbstkritisch: Was hat der Termin gebracht? Konnte ich allen gerecht werden? Warum habe ich mich nicht getraut, meine Kritik so deutlich anzusprechen, wie ich es mir vorgenommen hatte? Oder aber Sie spüren auch eine Abneigung oder Beklemmung gegenüber einem Gesprächsbeteiligten. Gerade wenn man über wenig Routine in der Gesprächsführung verfügt, sollte diese Reflexion strukturiert anhand einiger Leitfragen durchgeführt werden. Dabei können Sie drei Bereiche reflektieren:

- den Verlauf und die Dynamik des Gesprächs (Gesprächsreflexion),
- die von Ihnen beobachteten und vermuteten Zusammenhänge und Wechselwirkungen des Systems, auf das sich die Themen des Gesprächs bezogen haben (Systemreflexion),
- Ihr Selbsterleben in Ihren verschiedenen Rollen, Ihre Selbstwirksamkeit, Ihr Auftreten und die Wirkungen, die das Gespräch auf Sie hat (Selbstreflexion).

Die Reflexion geführter Gespräche ist zugleich der Beginn der Vorbereitung kommender Gespräche. Mit jeder Reflexion können Sie sich, Ihre Haltung und Ihr Vorgehen ein Stückchen besser verstehen und steuern.

Gesprächsreflexion

»An welchen Stellen lief das Gespräch gut?«
»Welche Bausteine des Gesprächs waren mühsam? Woran lag das?«
»Welche Techniken konnte ich erfolgreich einsetzen?«
»Welche Techniken hätte ich noch einsetzen können oder gern ausprobiert?«
»An welchen Stellen lief das Gespräch anders als erwartet?«

»Was hat mich überrascht?«
»Waren tatsächlich alle relevanten Personen am Gespräch beteiligt?«
»Was möchte ich beim nächsten Mal wieder genauso machen?«
»Was würde ich gern anders machen? Und wie?«

Systemreflexion

Bereits in der Gesprächsvorbereitung hat eine Systemreflexion stattgefunden. Im Nachgang des Gesprächs lässt sich überprüfen, inwieweit sich die Hypothesen verstärkt oder durch neue Informationen und neue Ideen verändert oder erweitert haben.

»Was habe ich über die Anwesenden erfahren, das ich noch nicht wusste?«
»Wie habe ich den Umgang miteinander erlebt?«
»Wer oder was könnte, bezogen auf die besprochenen Themen, noch wichtig sein?«
»Welche weiteren Personen könnten eine Ressource für die Entwicklung des Kindes darstellen?«
»Welche fachlichen Aspekte sollte ich gegebenenfalls noch einmal überdenken oder nachlesen?«
Wenn das Gespräch mit anderen Kolleginnen und Kollegen gemeinsam geführt wurde: »Wie haben Kolleginnen und Kollegen ihre Rollen ausgefüllt?«
»Worüber möchte ich gern noch mehr erfahren, und wie gelingt mir das?«

Selbstreflexion

Eine Selbstreflexion ist ebenfalls Bestandteil der Gesprächsvorbereitung. Nach dem Gespräch kann diese erneut durchgeführt werden, um zu überprüfen, welche Aspekte sich bestätigt haben und an welchen Stellen die Vorüberlegungen nicht zutrafen. Diese Selbstreflexion betrifft in der Regel vor allem die Rollen, die Sie als Gesprächsführung und gegebenenfalls auch als involvierte Person eingenommen haben.

»Was ist mir richtig gut gelungen? Wie habe ich das geschafft?«
»Wie habe ich mich in der Rolle als Moderatorin/Gesprächsführung gefühlt?«

»An welchen Punkten habe ich mich als professionell erlebt, an welchen nicht? Und wie ging es mir damit?«
»In welchen Phasen des Gesprächs ist es mir gelungen, die Gesprächsführung zu behalten? In welchen nicht und warum? Ab wann habe ich die Führung abgegeben? Und konnte ich sie zurückgewinnen? Wenn ja, wie? Wenn nicht, warum nicht? Was führte dazu?«
»An welchen Stellen war ich emotional berührt, an welchen nicht?«
»Wie habe ich mich in der Rolle als Fachkraft gefühlt?«
»Wie ist es mir gelungen, meine Themen und Anliegen darzustellen?«
»Wie ist es mir gelungen, respektvoll und wertschätzend mit anderen Wahrnehmungen umzugehen?«
»In welchen Momenten hatte ich den Eindruck, dass ich gehört und gesehen werde?«
»Was scheint noch nicht deutlich geworden zu sein? Wie könnte ich mich anders verständlich machen?«
»Wie ist es mir gelungen, nur Handlungsaufträge anzunehmen, die ich erfüllen kann und will?«

Supervision und Coaching

Professionelles Handeln zeichnet sich auch durch professionelle Reflexion aus. Während Supervision oder Formen kollegialer Beratung in vielen Bereichen bereits zum Arbeitsstandard gehören und fester Bestandteil der Leistungsvereinbarungen mit Kostenträgern sind, finden sie sich in anderen Handlungsfeldern noch eher selten. Es ist lohnenswert, in regelmäßigen Abständen externe, unabhängige Personen zu beauftragen, um Supervisionstermine oder Prozessbegleitungen anzubieten bzw. um ein persönliches Coaching in Anspruch zu nehmen.

Coaching, als individuelles und zielorientiertes Beratungsangebot, kann äußerst hilfreich bei der Entwicklung der eigenen Gesprächsführungspersönlichkeit sein. Gibt es wiederkehrende Themen oder Unsicherheiten in der Gesprächsführung, kann eine persönliche Beratung und die Entwicklung individueller Strategien helfen, diese zu bewältigen. Die möglichen Fragen und Anliegen hierzu sind vielfältig:

»Was mache ich, wenn in mir ein heftiges Gefühl gegenüber einem Gesprächsbeteiligten entsteht?«
»Wie kann ich damit umgehen, dass mich das Thema der Familie so berührt?«
»In der Supervision möchte ich thematisieren, wie ich reagieren kann, wenn sich ein Paar im Gespräch anfängt zu streiten.«
»In der Supervision will ich die letzte Familienberatung noch einmal thematisieren. Ich habe da noch kein klares Bild.«
»Ich möchte ein Coaching dazu, wie ich gelassener damit umgehen kann, wenn jemand im Gespräch sehr zustimmend ist, ich aber den Eindruck habe, dass diese Person sich dann nicht an die Vereinbarungen hält. Vielleicht muss ich bei einigen Personen auch selbst mehr über deren kulturellen Hintergrund und die üblichen Umgangsformen lernen.«
»Ich würde gern ein paar Ideen sammeln, was man in einer solchen Situation noch tun könnte.«
»Ich habe Schwierigkeiten, mich in die Mutter hineinzuversetzen. Ich würde sie aber gern verstehen.«

3.18 Baustein 18: Umsetzung

Dieser Baustein steht für die Umsetzung aller im Gesprächstermin vereinbarten Handlungen und Maßnahmen sowie dem Einbeziehen relevanter Personen, die vom Verlauf, den Inhalten oder den Ergebnissen des Gesprächs erfahren müssen und sich gegebenenfalls beteiligen sollen.

Einbeziehen relevanter Personen

Im Gespräch wurde gegebenenfalls vereinbart, andere relevante Personen, die selbst nicht an dem Gespräch beteiligt waren, zu informieren oder zur Mitwirkung einzuladen.

> »Wen habe ich zugesagt zu informieren?«
> »Mit wem muss ich mich über Ergebnisse des Gesprächs austauschen?«
> »Mit wem muss ich die vereinbarte Umsetzung konkretisieren?«

Um andere relevante Personen einzubeziehen, reicht oft eine kurze Information. Mitunter sind aber auch weitere Gespräche oder eine Thematisierung im Rahmen einer Teambesprechung notwendig.

> »Wir hatten gestern ein Gespräch wegen der Ernährung von Shildan. Ich habe die Informationen in der Liste aktualisiert.«
> »Ich hatte vorgestern ein Gespräch mit Frau Scheidel. Es ging um die Weiterleitung und Präsentation der Projektergebnisse. Ich würde gern mit euch besprechen, was wir vereinbart haben.«
> »Ich habe mit Frau Kraidmann über die Bring- und Abholzeiten geredet. Dabei kamen wir auch auf ihre Lebensumstände und die gerade eingesetzte Familienhilfe zu sprechen. Sie hat eingewilligt, dass ich mich mit euch dazu austauschen darf. Jetzt würde ich euch gern davon berichten und überlegen, was wir tun können, um sie und Filippo zu unterstützen.«

Handlungen und Maßnahmen

Alles, was zu einem Thema vereinbart wurde, muss auch erledigt werden. In vielen Fällen wurden Aufgaben verteilt, die sich auf den weiteren Prozess der Zusammenarbeit beziehen. Diese Aufgaben sollten wie vereinbart oder angekündigt erledigt werden. Zu diesen **Prozessaufgaben** gehören:

- die Nachbereitung des Gesprächs,
- das Abfotografieren und Zusenden von Arbeitsergebnissen und Visualisierungen,
- das Schreiben und Verschicken von Protokollen,
- das Ausformulieren von Vereinbarungen und Verträgen,
- die Einladung zu weiteren Terminen.

Neben den Aufgaben der Gesprächsführung können sich für Sie auch **Fachaufgaben** ergeben haben. Möglicherweise wurden diese auch im Rahmen der Handlungsideen und Vereinbarung (→ Bausteine 12 und 13) festgehalten. Zu diesen Aufgaben zählt alles, was Sie im Rahmen Ihrer professionellen Tätigkeit tun:

- Beobachtung,
- Diagnostik,
- Informationen beschaffen,
- Präsentation vorbereiten
- Förderangebote durchführen,
- Berichte schreiben,
- den Gruppen-, Team- oder Abteilungsalltag gestalten,
- Termine mit Kooperationspartnerinnen und -partnern vereinbaren,
- Kontakt mit anderen Fach- oder Beratungsstellen aufnehmen.

Erinnerungshilfen und Umsetzungsunterstützung

Zunächst ist jede beteiligte Person, die die Übernahme einer Aufgabe zugesagt oder übertragen bekommen hat, selbst für deren Erledigung zuständig. Falls diese – aus welchen Gründen auch immer – jedoch nicht erfolgt, sind die Folgen frustrierend. Egal, ob es überlastete Kollegen oder Kooperationspartnerinnen, erkrankte Beteiligte oder Personen mit einem schlechten Zeitmanagement sind: Wenn zugesagte Aufgaben nicht erledigt werden, ist dies ärgerlich. Vor allem dann, sobald das erst beim nächsten Termin offensichtlich wird und man den Eindruck bekommt, dass alle wieder am Anfang stehen und viel Zeit ohne nennbare Veränderungen verstrichen ist.

Kommen zum Ärger über die Verzögerungen, die aus nicht erledigten

Aufgaben entstehen, Ausflüchte und Rechtfertigungen hinzu, warum die Aufgaben nicht umgesetzt wurden oder aktuell nicht mehr hilfreich und sinnvoll erscheinen, beendet das oft auch die Bereitschaft anderer Personen, sich zu engagieren. Um dem vorzubeugen, ist es sinnvoll, Erinnerungshilfen und Umsetzungsunterstützungen zu vereinbaren → **Baustein 14: »Handlungsplanung«**.

Aber auch ohne vorherige Vereinbarung kann nachgefragt werden, was getan wurde:

> »Gestern sollte ja die erste Ergotherapie-Stunde stattfinden, und da wollte ich mich mal erkundigen, wie sie war.«
> »Du wolltest letzte Woche im Amt anrufen und einen Termin vereinbaren, hat das funktioniert?«
> »Hallo Frau Hoffer, zwei Wochen sind seit unserem gemeinsamen Gespräch vergangen. Und da wollte ich heute mal kurz nachfragen, wie es mit den neuen Lieferzeiten klappt.«
> »Dass wir die Umbaumaßnahme direkt nach dem Gespräch gemeinsam per E-Mail beim Träger beantragt haben, war erfolgreich. Für den Umbau gibt es jetzt bereits einen Termin.«

Ergebnisüberprüfung

Im Unterschied zu »Erinnerungshilfen und Umsetzungsunterstützung« wird in diesem Schritt auf die Ergebnisse der vereinbarten und durchgeführten Handlungen und Maßnahmen geschaut.

Solche Veränderungsfeedbacks und -nachfragen können begleitend oder in kürzeren Intervallen stattfinden. Wenn erst nach längerer Zeit festgestellt wird, dass Aufgaben zwar erledigt wurden, aber die dadurch erhofften Veränderungen ausgeblieben sind, frustriert das unnötig. Deshalb lohnt es sich, zwischendurch nachzufragen, was die vereinbarten Maßnahmen gebracht haben:

> »Damit wir einen Überblick darüber behalten, wie unsere Veränderungen greifen, möchte ich euch darum bitten, hier an der Pinnwand rote Notizzettel anzupinnen, auf denen ihr mit Datum und Uhrzeit aufschreibt, wenn es nicht funktioniert, und grüne Notizzettel, auf denen festgehalten wird, wenn es klappt.«

> »Seit zwei Wochen sollen die Angebote fachgruppenübergreifend stattfinden. Da wollte ich mal nachfragen, wie es funktioniert und ob wir noch etwas tun können, um das zu unterstützen.«
> »Ich habe hier an der Wand ein Zufriedenheitsbarometer aufgehängt und für jeden von uns eine Wäscheklammer mit seinem Namen. Ihr könnt dann immer anzeigen, wie unsere neuen Vereinbarungen funktionieren.«
> »Frau Jordan, seit vier Wochen arbeiten Sie mit dem neuen Dokumentationssystem. Ich möchte mit Ihnen heute kurz besprechen, wie Sie die Neuerung sehen. Wie schätzen Sie denn bis jetzt die Veränderung auf einer Skala von 1 für »es hat sich eigentlich nichts verbessert« bis 10 für »es ist alles bestens« ein? Wo würden Sie Ihre bisherigen Erfahrungen einordnen?«
> »Auf einer Skala von 1 bis 10: Wie hilfreich war im Mittagsdienst diese Woche das Karteikartensystem mit den Spielen? … Was könnten wir tun, damit du einen Punkt höher wertest?«
> »Auf einer Skala von 1 bis 10: Wie ruhig war es heute im Eingangsbereich bei den Bücherkisten? Was könnten wir tun, damit wir einen Punkt höher werten?«

Andere Formen der Ergebnisüberprüfung bestehen in:

- Tests (z. B. Diagnostik, Überprüfung, praktische Übung),
- Befragungen (z. B. Interview, Gespräch, Fragebogen),
- Anzahl relevanter Ereignisse (z. B. Anrufe, Beschwerden, Zettel im Feedback-Briefkasten),
- Dauer von Tätigkeiten (z. B. Kundengespräch, Teamsitzung),
- Einhalten standardisierter Abläufe (z. B. Einarbeitung, Übergabe, Sicherheitscheck).

Die Ergebnisse bestehen in der Regel in Beobachtungen, die die Grundlage weiterer Gespräche und Rückmeldungen darstellen können.

Wenn Sie selbst nicht involviert sind, machen Sie sich klar, dass nicht Sie als ursprüngliche Gesprächsleitung für den Erfolg von Handlungen und Maßnahmen verantwortlich sind. Es ist auch nicht Ihre Aufgabe, das Verhalten und die Umsetzungsbereitschaft der anderen Beteiligten einzufordern oder zu bewerten. Begleiten Sie diejenigen Personen, die für sich einen Handlungsauftrag erarbeitet oder übernommen haben dabei, sich selbst zu überprüfen und die eigenen Fortschritte zu bewerten.

3.19 Baustein 19: Prozesse abschließen

Dieser Baustein lenkt den Fokus darauf, beendete Themen und Prozesse abschließend zu würdigen. Er richtet den Blick auf die Schritte, die die Beteiligten gemeinsam gegangen sind. Das können kleine Schritte sein oder abgeschlossene Projekte.

Abschließende Würdigung

Nachdem ein Thema abgeschlossen ist, ein Projekt beendet oder ein geplantes Ziel erreicht wurde, kann eine abschließende Rückmeldung an beteiligte Personen gegeben werden. Wichtig ist, dass der Abschluss nicht erfolgreich sein muss. Es kann auch ein Ende geben, bei dem man nicht das Gewünschte erreicht hat. Aber auch dieses Ende verdient einen Abschluss und eine Würdigung.

Ein solches Feedback kann etwa in einer mündlichen oder schriftlichen Kurzrückmeldung bestehen. Es lassen sich auch Teamsitzungen oder Abschlussgespräche organisieren, um den Verlauf und die erzielten Ergebnisse abschließend zu würdigen. Der Schwerpunkt liegt darauf, Wertschätzung auszudrücken und gegebenenfalls Wünsche für die Zukunft zu äußern. Hierfür bieten sich zahlreiche Möglichkeiten:

- persönliche Ansprache,
- Personalgespräch,
- Dankschreiben
- kleine Geschenke,
- Einladung zu einem Team- oder Projektessen,
- Schulterklopfen,
- Foto-Spruch-Karten,
- sich selbst belohnen,
- feiern,
- trauern und Abschied nehmen.

»Herr Kahabad, ich bin froh, dass wir die letzten drei Monate so gut und eng zusammengearbeitet haben. Charus Wortschatz hat sich wirklich sehr gut weiterentwickelt. Ich denke, wir können jetzt auf das Sprachtagebuch verzichten. Das haben Sie wirklich sehr gut unterstützt! Wir achten natürlich auch

> weiterhin auf Charu und beobachten ihre Entwicklung. Und dann treffen wir uns in einem halben Jahr zu einem neuen Austauschgespräch. Was meinen Sie, wollen wir das so verabreden?«

> »Wir haben alle viel Energie in die Planung der neuen Werkshalle gesteckt. Nach dem Wechsel der Geschäftsführung steht nun endgültig fest, dass es in absehbarer Zeit keine neue Werkshalle geben wird. Ich möchte aber mit euch feiern, wie gut wir als Team zusammengearbeitet haben, wie kreativ und begeistert wir waren. Ich will mit euch aber auch trauern und Abschied nehmen. Lasst uns das bitte auf der nächsten Teamsitzung tun. Wer Ideen hat, wie wir uns feiern können, kann mir diese gern mitteilen. Wer Ideen hat, wie wir trauern und Abschied nehmen können, kann mir auch das gern sagen.«

Eine abschließende Würdigung kann durch **Reflexionsfragen** eingeleitet werden:

> »Wie habt ihr das geschafft?«
> »Wozu könnte es gut gewesen sein, dass wir uns mit dem Thema beschäftigt haben?«
> »Was haben wir erreicht?«
> »Auch wenn Sie Ihr formuliertes Ziel noch nicht erreicht haben, was ist trotzdem in Bewegung gekommen?«
> »Wenn Sie an den Tag denken, an dem Sie mich um das Gespräch gebeten haben, was hat sich seitdem ein bisschen verbessert?«
> »Was ist uns besonders gut gelungen?«
> »Wann haben Sie die Zusammenarbeit als konstruktiv erlebt? Und wie ist uns das gelungen?«
> »Von welchen Veränderungs- und Zielideen möchten Sie sich (erst mal) verabschieden?«
> »Wozu könnten die Auseinandersetzungen auch gut gewesen sein?«
> »Was brauchen Sie, um das Thema jetzt ruhen zu lassen?«
> »Wie und mit wem werden Sie das Ergebnis feiern?«

Öffentlichkeit herstellen

Neben direkt und indirekt beteiligten Personen, denen man in Form eines Feedbacks Rückmeldung geben kann, sollte auch überlegt werden, ob weitere Personen über den Prozessabschluss informiert werden müssen.

Hierzu können bestehende Gelegenheiten genutzt werden, wie regelmäßig stattfindende Sitzungen oder Jahresfeiern, oder es können eigens Gelegenheiten zum Ausdruck von Wertschätzung der erzielten Ergebnisse geschaffen werden, etwa bei Umbauprojekten oder anderen großen Veränderungen. Hierfür bieten sich an:

- namentliche Erwähnung auf Sitzungen und Versammlungen,
- Halten einer Rede,
- Dankesrede bei Sommerfest oder Weihnachtsfeier,
- Einweihungs- und Eröffnungsfeiern,
- Pressemitteilung,
- Fernsehbericht,
- Beitrag auf der Website.

Auch zur Vorbereitung der Herstellung von Öffentlichkeit hilft es, sich Fragen zu stellen:

> »Wer sollte von dem, was wir erreicht haben, erfahren?«
> »Wer sollte nicht davon erfahren?«
> »Was sollten andere darüber wissen, wie es ausgegangen ist?«
> »Wen könnte es interessieren, davon zu hören?«
> »Was soll von dem, was wir besprochen haben, geheim bleiben?«
> »Wie können wir die Gruppe angemessen informieren? Was wäre Ihnen dabei wichtig?«
> »Wie möchten Sie Jonah davon erzählen?«
> »Welche Feier wäre eine gute Möglichkeit, um von den Ergebnissen zu berichten?«
> »Bei welchem Anlass könnten wir die neuen Regeln unseres Miteinanders in der Öffentlichkeit üben?«

3.20 Tipps für eine effiziente Gesprächsführung

Achtzehn Bausteine mögen für das Führen von Gesprächen viel erscheinen. Sie erwecken vielleicht auch den Eindruck, als müsse man für gute Ergebnisse alle Bausteine durchlaufen und zudem stundenlange Gespräche führen und Sitzungen abhalten. Das ist nicht so.

Zunächst sollte bedacht werden, dass drei Bausteine der Vorbereitung und vier Bausteine der Nachbereitung des Gesprächs dienen, das eigentliche Gespräch ist in elf Bausteine gegliedert. Viele Gespräche benötigen nicht alle Bausteine und diese auch nicht in derselben Ausführlichkeit. Zudem erfordern unterschiedliche Gesprächssituationen auch unterschiedliche inhaltliche Ausgestaltungen der einzelnen Bausteine.

In den einzelnen Bausteinen wurden bereits Hinweise gegeben, die es erlauben, Gespräche nicht nur zielführend, sondern auch effizient zu führen. Hier soll abschließend noch einmal zusammengefasst werden, an welchen Stellen und durch welche Handlungen Zeit gespart werden kann.

1. Eine gute eigene Rollenklärung

Je klarer Sie als Gesprächsführung Ihre eigene Rolle und die Rollen der anderen Beteiligten vorbereitend reflektiert haben, desto leichter werden die Gespräche zu führen sein (→ **Baustein 1: »Klärung«**).

2. Vorbereitende Tätigkeiten vor dem Gespräch erledigen

Sobald Texte, Unterlagen und dergleichen vor dem Gespräch von den Beteiligten gesichtet und bearbeitet werden, spart dies in den Gesprächen Zeit (→ **Baustein 2: »Einladung«**).

3. Eine gute Vorbereitung der Beteiligten

Je besser sich die Beteiligten auf Themen, Bedürfnisse, Handlungen, Maßnahmen und deren Umsetzung vorbereitet haben, desto schneller gelingt es in den Gesprächen, diese zu sammeln und zusammenzuführen.

4. Eine gute Vorbereitung auf eigene Themen

Wenn Sie selbst an einem Thema beteiligt sind und nicht nur moderieren, klären Sie für sich vorher, welche Themen, Sichtweisen, Bedürfnisse, Ideen und Bereitschaft Sie einbringen wollen (→ **Baustein 1: »Klärung«**).

5. Eine klare und eindeutige Strukturierung

Je deutlicher die Gesprächsführung feststeht oder beauftragt ist (→ **Baustein 1: »Klärung«**) und je klarer sie das Gespräch strukturiert, desto schneller lassen sich die einzelnen Bausteine gestalten.

6. Eine vorbereitete Umgebung

Der Gesprächsort sollte ohne viel Aufwand herzurichten sein (→ **Baustein 3: »Raumgestaltung«**) und die Moderationsmaterialien griffbereit und vollständig sein.

7. Das Material im Griff haben

Der Umgang mit den Moderationsmaterialien und auch die Anleitung der Teilnehmenden im Umgang damit sollten geübt sein.

8. Den Bearbeitungsrahmen prüfen

Achten Sie darauf, dass nur Themen ausführlich besprochen werden, die auch im Zuständigkeitsbereich der Anwesenden liegen. Gegebenenfalls gehört ein Thema an einen anderen Ort, sollte delegiert oder auf einen anderen Termin gelegt werden.

9. Gesprächsziele klären und Gesprächs-/Beratungsauftrag konkretisieren

Bevor Sie anfangen, ein Gespräch zu einem Thema zu leiten, sollten Sie herausfinden, welche Ergebnisse von den Beteiligten zu dem gewählten Thema erwartet werden (→ **Baustein 6: »Themen«**). Sie können viel Zeit sparen, wenn die Ziele des Gesprächs klar benannt und vereinbart sind.

10. Standardisierung

Vor allem bei organisationalen Besprechungen sollten möglichst viele Schritte standardisiert ablaufen. Von der Benennung von Themen, der Sammlung von Bedürfnissen bis hin zum Controlling sollten einzelne Absprachen nicht jedes Mal neu getroffen werden. Sorgen Sie für eine klare Struktur, in der alle Beteiligten vorbereitet sind, entwickeln Sie gegebenenfalls Arbeitsblätter für die Vorbereitung auf die Gespräche.

11. Lösungen statt Probleme

Das Sprechen über die Vergangenheit, über Probleme und das Beschreiben von Ursachen ist zeitaufwendig, oft emotional belastend und meistens nicht zielführend. Verringern Sie das Jammern, Klagen und die Suche nach Schuldigen, indem Sie immer wieder darauf fokussieren, wie es in Zukunft sein soll, was man tun kann und wie Lösungen aussehen könnten (→ **Baustein 9: »Sichtweisen hören«**).

12. Delegation

Vor allem, wenn es um die Konkretisierung von Handlungen und Maßnahmen geht (→ **Baustein 14: »Handlungsplanung«**), sollten Sie das Gespräch nach dem Prinzip »So wenig, wie möglich, aber so viel, wie nötig« steuern. In der Regel ist es ausreichend, festzuhalten, wer verantwortlich ist, bis zu einem festgelegten Termin einen detaillierten Arbeitsplan vorzuschlagen und Konkretisierungen an Einzelpersonen oder Gruppen zu delegieren.

13. Gute Zielformulierungen und Vereinbarungen

Im Falle, dass Handlungen und Maßnahmen vereinbart werden, achten Sie auf erfüllbare Aufträge und eindeutige Formulierungen (→ **Baustein 14: »Handlungsplanung«**). Nach einem Gespräch Missverständnisse auszuräumen und Vereinbarungen zu verändern, kann äußerst zeitaufwendig sein.

14. Erinnerungshilfen, Umsetzungsunterstützung und Ergebnisüberprüfung ernst nehmen

Vereinbarungen, die nicht eingehalten werden, sind nicht nur demotivierend für alle Beteiligten, sondern führen oft dazu, dass sich die Situation durch das Nichtstun verändert, sinnvolle Zeitfenster verpasst werden und notwendige Termine ungenutzt verstreichen. Fast die gesamte Erarbeitung kann dann – mit viel Ärger und unter dem Eindruck, Zeit verschwendet zu haben – wiederholt werden. Legen Sie, um dies zu vermeiden, Erinnerungshilfen, Umsetzungsunterstützung und Ergebnisüberprüfung fest (→ **Baustein 14: »Handlungsplanung«**) und tragen Sie zu deren Umsetzung bei (→ **Baustein 18: »Umsetzung«**).

15. Übung und Routine

Mit jedem Gespräch, das in Orientierung an den Bausteinen gestaltet wird, verkürzt sich die Zeit, da Sie routinierter werden. Auch andere Beteiligte werden immer geübter im Durchlaufen der Schritte.

16. Feedback

Kümmern Sie sich um Feedback zu Ihrer Gesprächsführung und geben Sie selbst anderen Feedback (→ **Baustein 16: »Verabschiedung«**, → **Baustein 13: »Nachbereitung«** und → **Baustein 19: »Prozesse abschließen«**). Ohne Rückmeldung bleiben zeitraubende Vorgehensweisen bestehen, anstatt verändert zu werden.

Dank

Ich danke allen Teilnehmerinnen und Teilnehmern von Seminaren, Fortbildungen und Workshops, in denen ich systemische und lösungsorientierte Gesprächsführung und Beratung vermittelt habe. Durch ihre Fragen und den Austausch habe ich viel gelernt.

Direkt daran anschließend möchte ich den Supervisionsgruppen, Arbeitsgruppen, Teams, Kollegien, Unternehmen, Klientinnen und Klienten danken, für die ich in Beratung, Supervision, Mediation und Organisationsentwicklung tätig war und von denen ich lernen durfte.

Mein Dank gilt auch allen Kolleginnen und Kollegen aus den Bereichen Beratung, Therapie, Mediation, Bildung, Organisationsentwicklung, Pädagogik und Wirtschaft, die das Manuskript gelesen und mir Rückmeldungen gegeben haben. Besonders danke ich all jenen, die ihr Wissen als Co-Autorinnen und Co-Autoren in einzelne Bände der Buchreihe »Systemisch-lösungsorientierte Gesprächsführung« eingebracht haben: Falko von Ameln, Ursula Günster-Schöning, Petra Lahrkamp, Claude-Hélène Mayer, Ilse Osterfeld und Nikola Siller. Sie haben mich nicht nur darin bestärkt, dass die hier vorgestellten Methoden und Bausteine auf die verschiedensten Handlungsfelder sinnvoll übertragbar sind und den roten Faden für die Buchreihe zur systemisch-lösungsorientierten Gesprächsführung und dieser Einführung bilden können, sondern auch wichtige Impulse für die Weiterentwicklung der Buchreihe gegeben. Vielen Dank, dass ich so viel von und mit euch lernen durfte!

Vandenhoeck & Ruprecht danke ich für die hervorragende Unterstützung bei der Umsetzung dieses Buches.

Literatur

Anderson, H. (2005). Myths about »not-knowing«. Family Process, 44 (4), 497–504.

Andreas, S., Faulkner, C. (Hrsg.) (2005). Praxiskurs NLP. Paderborn: Junfermann.

Antonovsky, A. (1997). Salutogenese. Zur Entmystifizierung der Gesundheit. Tübingen: dgvt.

Balgo, R. (1997). Vom Defizit zum Profizit – oder: von Lern- und Verhaltensproblemen zu möglichen Lösungen. System Schule – Zeitschrift für innovative Schulpraxis, 1 (3), 90–93.

Barthelmess, M. (2016). Die systemische Haltung. Was systemisches Arbeiten im Kern ausmacht. Göttingen: Vandenhoeck & Ruprecht.

Boszormenyi-Nagy, I., Spark, G. M. (1981). Unsichtbare Bindung. Die Dynamik familiärer Systeme. Stuttgart: Klett-Cotta.

Cecchin, G., Lane, G., Rey, W. A. (1993). Respektlosigkeit – eine Überlebensstrategie für Therapeuten. Heidelberg: Carl-Auer.

De Jong, P., Berg, I. K. (1998). Lösungen (er-)finden. Das Werkstattbuch der lösungsorientierten Kurztherapie. Dortmund: modernes lernen.

de Shazer, S. (1989). Der Dreh. Überraschende Wendungen und Lösungen in der Kurzzeittherapie. Heidelberg: Carl-Auer.

Doppler, K., Furmann, H., Lebbe-Waschke, B., Voigt, B. (2002). Unternehmenswandel gegen Widerstände. Change Management mit den Menschen. Frankfurt a. M./New York: Campus.

Drucker, P. F. (1954). The practice of management. New York: Harper and Brothers.

Eggert, D. (1997). Von den Stärken ausgehen ...: Individuelle Entwicklungspläne in der Lernförderungsdiagnostik. Dortmund: Borgmann.

Emmerson, G. (2015). Ego-State-Therapie. München: Ernst Reinhardt.

Erpenbeck, M. (2018). Wirksam werden im Kontakt. Die systemische Haltung im Coaching. Heidelberg: Carl-Auer.

Fengler, J. (2004). Feedback geben. Strategien und Übungen (3., neu ausgestattete Aufl.). Weinheim: Beltz.

Foerster, H. von (1993). Wissen und Gewissen. Frankfurt a. M.: Suhrkamp.

Fritzsche, K. (2013). Praxis der Ego-State-Therapie. Heidelberg: Carl-Auer.

Früchtel, F., Budde, W., Cyprian, G. (2012). Sozialer Raum und Soziale Arbeit: Fieldbook: Methoden und Techniken (3., bearb. Aufl.). Wiesbaden: Springer VS.

Gray, D., Brown, S., Macanufo, J. (2011). Gamestorming. Ein Praxisbuch für Querdenker, Moderatoren und Innovatoren. Köln: O'Reilly.

Gührs, M., Nowak, C. (2014). Das konstruktive Gespräch. Ein Leitfaden für Beratung, Unterricht und Mitarbeiterführung mit Konzepten der Transaktionsanalyse (7., überarb. u. erw. Aufl.). Meezen: Limmer.

Haken, H. (1991). Die Selbstorganisation der Information in biologischen Systemen aus Sicht der Synergetik. In B.-O. Küppers (Hrsg.), Ordnung aus dem Chaos. Prinzipien der Selbstorganisation und Evolution des Lebens (S. 127–242). München: Piper.

Haken, H., Schiepek, G. (2006). Synergetik in der Psychologie. Selbstorganisation verstehen und gestalten. Göttingen: Hogrefe.

Hammel, S. (2011). Handbuch der therapeutischen Utilisation. Vom Nutzen des Unnützen in Psychotherapie, Kinder- und Familientherapie, Heilkunde und Beratung. Stuttgart: Klett-Cotta.

Hanswille, R. (2016). Haltungen systemischer Therapeuten und Therapeutinnen. In R. Hanswille (Hrsg.), Handbuch systemische Kinder- und Jugendlichenpsychotherapie (S. 23–69). Göttingen: Vandenhoeck & Ruprecht.

Heiden, U. an der (1992). Selbstorganisation in dynamischen Systemen. In W. Krohn, G. Küppers (Hrsg.), Emergenz: Die Entstehung von Ordnung, Organisation und Bedeutung (S. 57–88). Frankfurt a. M.: Suhrkamp.

Hoffman, L. (1996). Therapeutische Konversationen. Von Macht und Einflussnahme zur Zusammenarbeit. Dortmund: modernes lernen.

Holmes, T. (2013). Reisen in die Innenwelt. Systemische Arbeit mit Persönlichkeitsanteilen. München: Kösel.

Jaspers, K. (1948). Der philosophische Glaube. München: Piper.

Jaspers, K. (1949). Vom Ursprung und Ziel der Geschichte. Zürich: Artemis.

Karpman, S. (1968). Fairy tales and script drama analysis. Transactional Analysis Bulletin, 7 (26), 39–43.

Kumbier, D. (2016). Aufstellungsarbeit mit dem Inneren Team. Stuttgart: Klett-Cotta.

König, E., Vollmer, G. (2000). Systemische Organisationsberatung. Grundlagen und Methoden. Weinheim: Deutscher Studien Verlag.

Küppers, G., Krohn, W. (1992). Selbstorganisation. Zum Stand einer Theorie in den Wissenschaften. In W. Krohn, G. Küppers (Hrsg.), Emergenz: Die Entstehung von Ordnung, Organisation und Bedeutung (S. 7–26). Frankfurt a. M.: Suhrkamp.

Lindemann, H. (2003). Perspektiven erweitern: Von der Ursachensuche zu systemischem Denken. In R. Balgo, R. Werning (Hrsg.), Lernen und Lernprobleme im systemischen Diskurs (S. 131–152). Dortmund: Borgmann.

Lindemann, H. (2017a). Moderation, Mediation und Beratung in der Schule. Göttingen: Vandenhoeck & Ruprecht.

Lindemann, H. (2017b). Unternehmen Schule: Führung und Zusammenarbeit. Göttingen: Vandenhoeck & Ruprecht.

Lindemann, H. (2023a). Die systemische Metaphern-Schatzkiste: Grundlagen und Methoden für die Beratungspraxis (5., durchges. Aufl.). Göttingen: Vandenhoeck & Ruprecht.

Lindemann, H. (2023b). Systemisch-lösungsorientierte Gesprächsführung in Beratung, Coaching, Supervision und Therapie (3., erw. u. aktual. Aufl.). Göttingen: Vandenhoeck & Ruprecht.

Lindemann, H., Günster-Schöning, U., Lahrkamp, P., Siller, N. (2021). Systemisch-lösungsorientierte Gesprächsführung und Beratung in Kindertageseinrichtungen. Göttingen: Vandenhoeck & Ruprecht.

Lindemann, H., Ameln, F. von, Siller, N. (2023). Systemisch-lösungsorientierte Gesprächsführung für Führungskräfte. Ein Lehr-, Lern- und Arbeitsbuch für Ausbildung und Praxis. Göttingen: Vandenhoeck & Ruprecht.

Lindemann, H., Mayer, C.-H., Osterfeld, I. (2023). Systemisch-lösungsorientierte Mediation und Konfliktklärung. Ein Lehr-, Lern- und Arbeitsbuch für Ausbildung und Praxis (3., erw. u. überarb. Aufl.). Göttingen: Vandenhoeck & Ruprecht.

Lindemann, H., Caby, A. (in Vorb.). Systemisch-lösungsorientierte Gesprächsführung in Kliniken, Medizin und Pflege. Ein Lehr-, Lern- und Arbeitsbuch für Ausbildung und Praxis. Göttingen: Vandenhoeck & Ruprecht.

Luhmann, N. (1990). Die Wissenschaft der Gesellschaft. Frankfurt a. M.: Suhrkamp.

Maturana, H. R., Varela, F. (1987). Der Baum der Erkenntnis. Die biologischen Wurzeln des menschlichen Erkennens. Bern u. a.: Scherz.

Moreno, J. L. (1974). Die Grundlagen der Soziometrie. Wege zur Neuordnung der Gesellschaft. Opladen: Westdeutscher Verlag.

Palmowski, W. (1995). Der Anstoß des Steins. Systemische Beratungsstrategien im schulischen Kontext. Dortmund: Borgmann.

Peichl, J. (2012). Hypno-analytische Teilearbeit, Ego-State-Therapie mit inneren Selbstanteilen. Stuttgart: Klett-Cotta.

Rosenberg, M. B. (2005). Gewaltfreie Kommunikation. Paderborn: Junfermann.

Radatz, S. (2002). Beratung ohne Ratschlag. Wien: Edition Institut für systemisches Coaching und Training.

RTC – Roundtable der Coachingverbände (2018). Ethisches Verhalten im Coaching. Ein Commitment des Roundtable der Coachingverbände. Zugriff am 05.08.2018 unter https://www.roundtable-coaching.eu/wp-content/uploads/2018/05/RTC-Ethik-2018-03-19-Compliance-Richtlinie.pdf.

Schiffer, E. (2001). Wie Gesundheit entsteht. Salutogenese: Schatzsuche statt Fehlerfahndung. Weinheim/Basel: Beltz.

Schlippe, A. von (2015). Systemisches Denken und Handeln im Wandel. Impulse für systembezogenes Handeln in Beratung und Therapie. Kontext – Zeitschrift für systemische Therapie und Familientherapie, 46 (1), S. 6–26.

Schlippe, A. von, Schweitzer, J. (2012). Lehrbuch der systemischen Therapie und Beratung I. Das Grundlagenwissen. Göttingen: Vandenhoeck & Ruprecht.

Schmidt, G. (2005). Einführung in die hypnosystemische Therapie und Beratung. Heidelberg: Carl-Auer.

Schulz von Thun, F. (1981). Miteinander reden 1. Störungen und Klärungen. Allgemeine Psychologie der Kommunikation. Reinbek b. Hamburg: Rowohlt.

Schulz von Thun, F. (1989). Miteinander reden 2. Stil, Werte und Persönlichkeitsentwicklung. Differentielle Psychologie der Kommunikation. Reinbek b. Hamburg: Rowohlt.

Schulz von Thun, F., Stegemann, W. (Hrsg.) (2004). Das Innere Team in Aktion. Praktische Arbeit mit dem Modell. Reinbek b. Hamburg: Rowohlt.

Schwing, R., Fryszer, A. (2006). Systemisches Handwerk. Werkzeug für die Praxis. Göttingen: Vandenhoeck & Ruprecht.

Selvini Palazzoli, M. (1979/2017). »Es ist unmöglich, wirklich oder systemisch zu denken, weil wir die Sprache benutzen«. Klaus G. Deissler im Gespräch mit Mara Selvini Palazzoli. In W. Ritscher, T. Levold, D. Foertsch, P. Bauer (Hrsg.), Erkunden, erinnern, erzählen. Interviews zu Entwicklung des systemischen Ansatzes (S. 25–54). Göttingen: Vandenhoeck & Ruprecht.

Stadler, M., Kruse, P. (1992). Konstruktivismus und Selbstorganisation: Methodologische Überlegungen zur Heuristik psychologischer Experimente. In S. J. Schmidt (Hrsg.), Kognition und Gesellschaft. Der Diskurs des Radikalen Konstruktivismus (2. Aufl., S. 146–166). Frankfurt a. M.: Suhrkamp.

Steiner, T., Berg, I. K. (2005). Handbuch lösungsorientiertes Arbeiten mit Kindern. Heidelberg: Carl-Auer.

Stewart, I., Joines, V. (2000). Die Transaktionsanalyse. Eine Einführung. Freiburg i. Brsg.: Herder.

Thomann, C., Schulz von Thun, F. (1988). Klärungshilfe. Handbuch für Therapeuten, Gesprächshelfer und Moderatoren in schwierigen Gesprächen. Theorien, Methoden, Beispiele. Reinbek b. Hamburg: Rowohlt.

Watkins, J. G., Watkins, H. H. (2003). Ego-States – Theorie und Therapie. Ein Handbuch. Heidelberg: Carl-Auer.

Whitmore, J. (1997). Coaching für die Praxis. München/Frankfurt a. M.: Heyne/Campus.

Der Autor

Prof. Dr. Holger Lindemann

Foto: Foto- und Bilderwerk, Oldenburg

Jahrgang 1970

- Erziehungswissenschaftler
- Doktor der Philosophie
- Habilitation mit der Venia Legendi für Bildungsmanagement und Sonderpädagogik
- zertifizierter Lehrender (SG/DGSF) für Systemische Beratung, Systemisches Coaching, Systemische Supervision und Systemische Organisationsentwicklung
- zertifizierter Mediator

- Professor für Entwicklungspsychologie und Systemische Beratung an der Medical School Berlin
- Leiter HafenCity Institut für Systemische Ausbildung (HISA) an der Medical School Hamburg
- freiberufliche Tätigkeit als Fortbildner, Supervisor, Coach, Mediator und Organisationsberater
- langjährige Erfahrung als Führungskraft und Einrichtungsleitung in der offenen Kinder-, Jugend- und Behindertenhilfe
- zahlreiche Veröffentlichungen zu Konstruktivismus und Systemtheorie, systemisch-lösungsorientierter Beratung, Coaching und Therapie, zu Schulorganisation und Schulentwicklung

E-Mail: holger.lindemann@lindecon.de
Website: www.lindecon.de